FORENSICS: THE ANATOMY OF CRIME

只有罪知道

从犯罪现场到法庭鉴证

【英】薇儿·麦克德米德 著

张超斌 译

上海交通大学出版社
SHANGHAI JIAO TONG UNIVERSITY PRESS

内容提要

　　本书是一部讲述犯罪现场分析和法庭鉴证科学的非虚构作品，完整记录了英国两百年犯罪鉴证的发展史。作者通过对鉴证科学发展的研究梳理，将刑侦过程中的法证科学分门别类，例如犯罪现场调查、毒理学分析、犯罪心理学分析等等。此外，作者结合对业界顶级专家采访、著名案件分析以及其个人的亲身经历，为读者展现了与犯罪小说截然不同的真实犯罪分析。事实上，真实案件的侦破过程，往往要比小说家笔下的虚构情节更具有戏剧性，震撼人心。

图书在版编目（CIP）数据

只有罪知道：从犯罪现场到法庭鉴证 / （英）薇儿
·麦克德米德（Val McDermid）著；张超斌译. —上海：
上海交通大学出版社，2016（2017重印）
ISBN 978-7-313-15537-5

Ⅰ.①只… Ⅱ.①薇… ②张… Ⅲ.①刑事侦查—通
俗读物 Ⅳ.①D918-49

中国版本图书馆CIP数据核字（2016）第178096号
上海市版权局著作权合同登记号：图字09-2015-1035号

Forensics: The anatomy of crime Copyright@Val McDermid, 2014, 2015
Translation copyright @ Shanghai Jiaotong University Press, 2016.

只有罪知道：从犯罪现场到法庭鉴证

著　　者：[英]薇儿·麦克德米德　　　　译　　者：张超斌
出版发行：上海交通大学出版社　　　　　地　　址：上海市番禺路951号
邮政编码：200030　　　　　　　　　　　电　　话：021-64071208
出 版 人：郑益慧
印　　制：山东临沂新华印刷物流有限公司　经　　销：全国新华书店
开　　本：787mm×960mm　1/16　　　　印　　张：18.5
字　　数：230千字
版　　次：2016年9月第1版　　　　　　 印　　次：2017年5月第2次印刷
书　　号：ISBN 978-7-313-15537-5 / D
定　　价：45.00元

前　言
PREFACE

　　我们今天所知的司法公正并非总是还原真相的，刑法应当"以证据为基础"这个概念还相对比较新颖。数世纪以来，人们遭受控诉和定罪的原因多种多样：因为缺乏社会地位；因为不是本地人；因为自己或妻子、母亲擅长药草；因为肤色；因为找错了性伴侣；因为在错误的时间出现在错误的地点；或者因为莫名其妙的原因。

　　随着人们逐渐认识到犯罪现场能够提供各种有益的信息，新的科学分支不断涌现，解读这些信息并将其呈上法庭成为了可能。

　　18世纪科学发现的涓涓细流在19世纪以后变成了滔天洪水，它们也在实验室之外得到了实际应用。犯罪调查规范才刚刚萌芽，一些早期侦探就已热切期望从所调查的罪案中搜寻出能够佐证自己理论的证据。

　　鉴证——一种法律证据——科学应运而生，人们迅速认识到科学探索的许多分支都将对这一新的方法论做出一定贡献。

　　最早的案例之一将病理学和现在所谓的文证审查结合了起来。1794年，爱德华·卡尔肖被手枪击中头部致死。当时，手枪均为前装式，枪口用一团纸填实，以防枪内的钢珠和火药掉落。外科医生检查尸体时，从头部受伤部位找到了纸团。他打开纸团，发现这是从一张民谣歌单上撕下来的一角。

对谋杀案嫌疑人约翰·汤姆斯进行搜查之后，从其口袋内找出一张民谣歌单，与手枪内的纸团完全吻合。在兰卡斯特进行的审讯中，汤姆斯被判谋杀。

科学进步使得法律越来越成为维护正义的必然工具，这实在令人欣喜。科学家们在帮助法庭拨开迷雾，寻找真相。

以毒药为例，数百年来，毒药一直是谋杀首选工具。但是，若没有可靠的毒理学分析，几乎不可能进行佐证。这一困境即将得到改变。

即便是在早期，科学佐证也饱受质疑。8世纪末期，人们曾设计一个试验来检测砒霜，但只有存量很大的情况下才能被检测到。后来，多亏了英国化学家詹姆斯·马什，该试验才得以改良，变得更加实用。

1832年，一男子因在咖啡中投放砒霜致其祖父死亡被法庭指控谋杀，马什以鉴定人身份出庭作证。他已从可疑咖啡中采取样品并进行了检测，从中发现了砒霜。可是在向陪审团呈递的时候，试样已变质，检测结果随之作废，被告因存在合理的怀疑被无罪释放。

但对于羽翼未丰的科学家来说，这算不上挫折。詹姆斯·马什是位高尚的科学家，他将这次失败看做通往成功之路的激励。面对出庭作证的尴尬，他又设计了更好的试验方法。他最终设计出的具有决定性的试验方法极为有效，能够检测出哪怕一丝一毫的砒霜残留；多亏了这项试验，维多利亚时代许多因缺乏鉴证科学而逍遥法外的罪犯都被绳之以法。而且这项试验今时今日依然在发挥其作用。

鉴证科学和从犯罪现场到法庭的这段路程是千千万万罪案小说百用不厌的话题。致力于将科学应用到破案中，这是我衣食无忧的保障，但这并非浅层次的原因——鉴证科学家慷慨地腾出时间、分享知识，而是因为通过他们的努力改变了全世界的法庭面貌。

我们罪案作家总喜欢说这一类型扎根于文学史的最深处，声称从《圣经》中寻找先例：伊甸园中的蒙骗；该隐对兄弟亚伯的血腥残杀；大卫王对乌利亚的血腥屠戮。我们试图说服自己：莎士比亚就是同行。

可事实上，罪案小说是从"以证据为基础"的法律体系中生发出来的，而这正是无数科学家和侦探先驱们遗赠给我们的宝贵资产。

即便是在早期，人们就已清楚地认识到，既然科学有助于审案，那么审案也能将科学家们推到新的高度，双方在维护正义上都扮演着重要角色。为了写好这本书，我向顶尖鉴证科学家咨询了该行业的历史、实践和未来；为了弄清楚蝇蛆这种东西，我爬上了自然历史博物馆高塔的最顶端；我回想起自己所面对过的暴力死亡事件；我亲手捧过某位逝者的心脏。这段旅程令我充满敬畏和敬意。这些科学家所讲述的故事说明一个道理：从犯罪现场到法庭这段曲折的道路是你所能读到的最令人着迷的主题之一。

它同时提醒着你，现实比虚构作品更加不可思议。

薇儿·麦克德米德

Contents / 目录

01

无声的证人：犯罪现场
THE CRIME SCENE

犯罪现场就像无声的证人。

彼得·阿诺德（Peter Arnold），

犯罪现场专家

　　"注意……注意，警员需要帮助。"这是每位警员最害怕听到的呼号。2005 年 11 月一天的下午，布拉福德的天灰蒙蒙的，无线电台传来警员特蕾莎·米尔本令人心酸的声音，使西约克郡警局控制室里的人一阵冷颤。她的这条消息传达了一个牵动着警局和社区每个人心弦的案件。当天下午，警察们一生最惧怕的事情在两个女人身上变成了可怕的现实。

　　警员特蕾莎和同伴莎伦刚入职 9 个月，当时两人在巡逻车内执行街道巡逻任务，马上就要交接班了。莎伦期待着家中小女儿的四岁生日派对，她和特蕾莎距离下班只有不到一个小时，所以应该能赶得上吃蛋糕和玩游戏。

然而，三点半刚过，她们收到一条消息：当地一家名叫全球速游的旅行社商店内，直接与警局中心控制室相连的无声袭击警报被触动。本来回警局的路上就会经过那里，所以她们俩决定接警。她们把车停到商店对面，穿过繁忙的街道，走向一座窄长的单层砖砌建筑，它的风景窗被垂直的窗帘遮得严严实实。

　　到达商店之后，她们迎面碰上三名持枪抢劫犯，莎伦近距离胸部中枪。不久后，在审判杀害莎伦的罪犯的法庭上，特蕾莎说："我们相距仅一步之遥。莎伦走在我前边，然后她突然停下脚步，那时候她已经死了——她停得那么突然，我一下子冲到前边。我听到嘣的一声，莎伦就倒在了地上。"

　　片刻之后，特蕾莎同样胸部中枪，"我躺在地上，血从嘴里咳出来。我能感觉到血从嘴里流出来，流得满脸都是，而且呼吸不畅"。不过她按下了紧急按钮，向控制室发出了决定性的"注意"警告。

　　彼得·阿诺德是约克郡和亨伯赛德郡科学支持服务处的犯罪现场调查员，他也听到了电台里的呼号。"那一幕我永远无法忘记。我能从警察局看到现场，那里几乎就在大街上。突然之间，一大群警员涌到街上。我从来没见过这么多警员同时跑动，就像火警疏散一样。"

　　"起初我并不知道是怎么回事，之后从电台里听到有人被枪击，可能是警员。所以我也跑了出去。我是第一个到场的犯罪现场调查员。我想帮警员们拉起警戒线，保护好现场，因为当时人们的情绪都很激动，你应该能想象得到，我们得维持好秩序。"

　　"我用了差不多两周时间处理那个现场，有时候会工作到很晚。我每天7点开工，午夜才回家。我记得每天都累得要死，但当时并不在乎这些。我将永远记得那天，记得那个现场，这不是因为它很轰动，而是因为它与我息息相关，因为被杀的是我同事。莎伦是个警员，是我们这个大家庭的一员。和她相识的其他人更是悲痛不已，但他们咽下悲痛，继续做好本职工作。"

"我们获得了一些极好的鉴证结果，不只是谋杀现场的，还有周边的现场：逃逸车辆和他们逃往的方向。这些都非常有助于破案。"

莎伦的丈夫失去了妻子，她的三个孩子失去了母亲，持枪抢劫犯随后受审并被判终身监禁。这一判决主要是犯罪现场调查员和其他鉴证专家的功劳，他们寻找证据、解读证据，最终把证据呈递法庭。在这本书中，我们将会走上寻求证据的旅程。

每一起突发性暴力死亡事件都有它背后的故事。为了解读这个故事，调查专家要从两个最基本的来源着手——犯罪现场和逝者尸体。理想状态下，他们会在现场找到尸体；审视尸体与现场之间的关系有助于调查专家重构事情发生的顺序。但现实终究不同于理想，哪怕只有一丁点的希望，人们也要努力救活她。有时候，受了致命伤的人反而离受袭地点有些距离；有些凶手为了藏匿尸体，或者仅仅为了迷惑侦探，也会移动尸体。

不论出于哪种情况，科学家已经找到许多方法，这些方法能为侦探们解读死亡故事提供大量信息。为了使该故事在法庭上显得真实可靠，检方须证明其所出示的证据健全且未受污染，所以犯罪现场管理就成了谋杀案调查的第一线。正如彼得·阿诺德所言，"犯罪现场就像无声的证人。受害者无法告诉我们事情的经过，嫌疑犯大概也不会乖乖坦白，所以我们要做出假设，以解释事情的经过。"

随着我们逐渐意识到能够从犯罪现场了解哪些东西，这种假设的准确性也得到了提高。在 19 世纪，随着"以证据为基础"成为标准法律程序，证据的保存程序依然不完善，"证据受污染"这一概念根本不在人们的思考范围之内。考虑到科学分析所能获得的结果具有极大局限性，这并非什么大问题，然而，当科学家将不断积累的知识应用到实际中时，发现这种局限性越

艾德蒙·罗卡，世界上第一所犯罪调查实验室创始人，留下了鉴证科学家的格言："凡两个物体相接触，必会发生转移现象。"供图：Getty Images

来越大。

法国人艾德蒙·罗卡（Edmond Locard）是在认识犯罪现场证据方面的一位重要人物。在里昂研读医学和法律之后，他于1910年开办了世界上第一个犯罪调查实验室。里昂警察局为他安排了两间顶楼房间和两名助手，他从将陋就简开始，把这里变成了国际中心。从小时候起，罗卡就已经是阿瑟·柯南·道尔（Arthur Conan Doyle）小说的忠实粉丝，并深受《血字的研究》（*A Study in Scarlet*，1887）的影响，闻名天下的夏洛克·福尔摩斯（Sherlock Holmes）首次露面就是在这本书中。福尔摩斯在书中说道，"我曾经专门研究过雪茄烟灰。事实上，我还写过这方面的专题论文呢。我可以夸口，无论什么名牌的雪茄或纸烟的烟灰，只要我看上一眼，就能识别出来。"1929年，罗卡通过研究犯罪现场发现的烟灰，发表了文章《烟灰微迹分析》（*The Analysis of Dust Traces*）讨论辨识香烟。

他就"犯罪侦查学"写了里程碑式的7卷本教科书，但他对鉴证科学最具影响的贡献还是那句简单至极的短语，即众所周知的罗卡交换定律："凡两个物体接触，必会产生转移现象。"他写道："考虑到犯罪的紧张程度，罪犯不会不留下蛛丝马迹。"这些包括指纹、足迹、罪犯衣服上或周围环境中可辨识的纤维、毛发、皮肤、武器或其他无意中掉下、落下的物品。但相反亦然，犯罪现场也会在罪犯身上留下微迹：尘土、受害者或现场本身的纤维、DNA、血液或其他污迹。罗卡在自己的调查中展现了这一定律的强大力量。在一个案子中，一男子的女友被杀，他的不在场证明无懈可击，却被罗卡揭穿谎言。罗卡分析了从嫌疑人指甲下面灰尘中提取出来的粉红色尘土微迹，证明其是为受害人特制的化妆品。面对确凿的证据，凶手坦白了罪行。

具有献身精神的实验科学家的影响力越来越大，但若没有对犯罪现场最初的一丝不苟的调查，科学也毫无用武之地。弗朗西斯·格勒斯纳·李

（Frances Glessner Lee）是把解读犯罪现场当成看小说的先驱之一，以她芝加哥女继承人的高贵身份来看，实在有些不可思议。她于1931年创立了哈佛医学院法医学专业，开创了美国法医学院的先例。她将这些可怕的人偶房间称为"凶杀谜团'小'研究"，并在一系列有关认识犯罪现场的会议上作为教具使用。调查者先用90分钟时间仔细观察立体模型，然后进入房间写出结论。罪案小说家厄尔·斯坦利·加德纳（Erle Stanley Gardner）的"佩里·梅森探案系列"被改编成放映多年的电视连续剧，他写道："花一个小时去研究

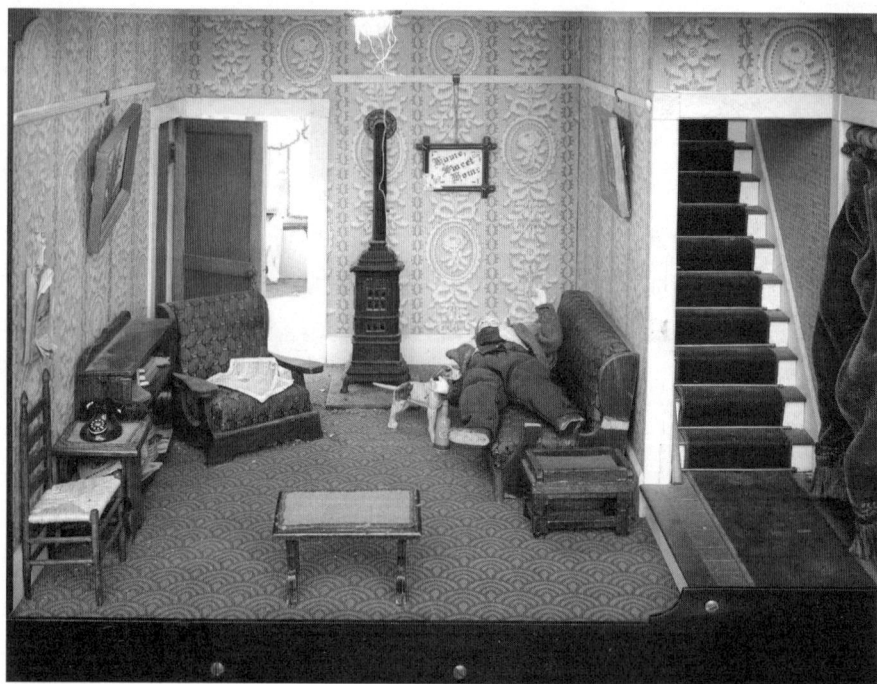

弗朗西斯·格勒斯纳·李的"凶杀谜团小研究"的人偶房间之一。这些"小研究"意在协助培训警员发现证据，把犯罪现场最微小的细节都展现了出来。供图：SPNHF

这些模型，比数月的枯燥研究能学到更多有关旁证的知识。"50多年后，这18个模型依然被马里兰州首席法医办公室当做教具使用。

虽然弗朗西斯·格勒斯纳·李认可现代犯罪现场管理的原则，但其中的大部分细节对她而言却犹如天书。防护服、腈橡胶手套、防护面罩——现代犯罪现场调查工作所需的这些严格的装备都是早期犯罪学家梦寐以求的。针对莎伦凶杀案调查的严苛也同样如此。调查者们追踪每一条有价值的线索，直到得出答案，成为教科书式的典范。如往常一样，侦探们极大地依赖鉴证队伍所提供的信息。

在这一过程中，处于第一线的就是犯罪现场调查员。他们先参加居民区发展项目，学习辨认、收集和保存证据的基本技巧和技术，从而走上职业道路。回到基地后，他们将得到密切指导，先接触较低级别的犯罪，随着知识和技能的积累，再接受难度较高的案子，逐步形成实战经验。在此过程中，他们需要提交证据卷宗，以展示其作证能力。

我们从电视上看到过许多犯罪现场调查，都觉得自己明白它是怎么操作的：身着白衣的专家们小心翼翼地拍照、装袋、保存重要证据。但现实中呢？犯罪现场调查者们到底做些什么？发现尸体后会有怎样的程序？

一般来说，第一批到达现场的警察都身着制服，至于死亡是否可疑，则由探长或以上级别的便衣警官确定。一旦探长认定可能是凶杀，案发现场就会得到保护，以供犯罪现场调查员进行调查。警察撤出现场，拉起警戒线保护案发现场，同时开始案发现场记录。任何进入或离开案发现场的人都会被记录在案，所以任何可能污损证据的来源都能查证。

之后，警察局会任命一名高级调查官员负责该案，所有的犯罪现场调查都由高级调查官员负责，且责任止于他们。地方鉴证管理员为高级调查官员提供意见后，再协调高级调查官员所需的科学资源。

作为地方鉴证管理员，彼得·阿诺德精力充沛，时刻备战，眼神如炬，对这份工作充满激情。他所带领的团队人数在 500 人左右，为 4 支警察队伍服务，是伦敦大都会警察局系统外最大的科学支持服务提供者。他们 24 小时轮值，为调查各种各样的犯罪提供全天候服务。他们的总部位于韦克菲尔德附近的 M1 高速公路旁，是一座以 DNA 鉴定之父阿列克·杰弗里斯爵士命名的定制建筑。它俯瞰着一片人工湖，这样的田园宁静感与楼内高尖端科学形成强烈对比。

"接到第一通电话之后，我就开始协调各项资源。"彼得说，"如果案发现场在室内，就不必着急，因为任何证据都不会被雨雪等破坏；这样的话，它就是一个无菌且得到保护的现场，我们便可以更加深思熟虑地去处理应对。但如果案发现场在室外，且正值寒冬，大雨将至，我就得马上带着工作人员迅速赶往现场收集证据，以免遭到破坏。"

由于莎伦·别尼舍夫斯基凶杀案的第一现场位于室外的繁忙大街上，保存证据便成为首要任务，但这并非彼得及其同事的唯一担忧。"普通人是孤立地看待犯罪现场的，我们通常则会在一起凶杀案中找到 5—6 个相关现场，包括受害者遇害地点、嫌疑人行凶之后的去向、嫌疑人所乘坐的交通工具、嫌疑人被逮捕的地点，还有如果尸体被移动了的话，它的具体位置在哪里。所有这些不同的现场都需要分别保护起来。"

负责这些案发现场的犯罪现场调查员的首要问题是安全。有可能一人被枪伤后，嫌疑人仍在附近。犯罪现场调查员没有防刺背心，不会携带枪支、电击枪或手铐，虽然他们经常处理暴力人群留下的现场，却没有受过如何逮捕这类人的训练。所以，如有必要的话，案发现场会安排荷枪实弹的警员保护犯罪现场调查员。

仅次于安全的问题是保护现场。彼得解释道："有时候会遇到一所房子被当做案发现场而围上警戒线，但嫌疑人跑到路上，乘车逃走。如果路上还有车辆通行的话，他们可能会碾上子弹、血迹或轮胎痕迹，所以把整条街道都封锁起来收集证据比较合适。"

封锁完毕后，犯罪现场管理人员穿戴起全套保护装备：白色案发现场制服、发网或兜帽、两双保护手套（因为有些液体可能浸透第一层手套），以及套鞋。他还需戴上外科口罩，既能防止自己的 DNA 污损现场，又能保护自身免受生物学危害——血液、呕吐物、排泄物等等。

接下来，他行走于案发现场内，在地上放置脚踏板，以保护地面。第一遍时，他要寻找可能有助于迅速确认罪犯身份的证据。对于这种"最初的"证据，他会采用最迅捷的办法。例如，凶手从窗户逃出时留在窗户上血迹中的指纹，或者从房子里逃到街上留下的血滴。仅需 9 个小时，就可以从简单的血迹中获取可能的 DNA 鉴定结果，根据结果回复时间的不同，鉴定花费会有所起落。

有些事情彼得必须谨记在心。国家 DNA 数据库只在周末的部分时间开放，如果鉴定程序必定要等到数据库开放时才能进行的话，就没有必要为了得到结果而支付加急费用。选择 24 小时出结果相对较好，这样的话，等周一早上数据库开放的时候，结果就已经出来了。"我们得考虑为了得到结果，需要准备哪些东西。你在电视上经常看到的有些东西其实很少出现，基本上都是万不得已才用。但在法律界，时间很重要。为了按规操作，鉴证队伍必须睡足睡饱。然而，一旦警察逮捕了嫌疑人，他们的看押时间就开始倒计时，我们必须提供从最初证据中获取的结果，为他们决定是否提起控诉提供资料。所以我们总是要权衡兼顾。"

在这些管理决策制定过程中，案发现场的调查工作也在继续进行。犯罪现场调查员站在房间的每一个角落，拍下对面的情况。他们会涵盖每间房子的方方面面，包括地板和天花板，所以即便挪动了一样证据，也能知道它的原始位置。有时候，所有证据看起来没什么必然联系，然而10年后，悬案审查小组或许会找出至关重要的东西。

犯罪现场调查员还会在房间内放置一台旋转摄像机。它拍下一系列照片，通过软件拼接到一起，使陪审团能够看到室内的走动情况，并且可以查看特定物品。他们甚至可以点击一下门，穿过它走到隔壁房间。"举个例子，"彼得说，"如果数颗子弹穿窗、墙而过，击中室内的人，就可以扫描整个房间，之后退出房间。还能非常精确地演示子弹的弹道——甚至能指出开枪者所站的位置。"如此一来，该事件的两个案发现场——外面的街道和室内受击地点——就可以综合起来呈现给陪审团。

同样地，布拉德福德事件当天下午，犯罪现场调查员从一开始就同时处理街道（持枪歹徒开枪的地方）和旅行社内部（持枪歹徒抢劫、关押人质的地方）两个现场。对于街道方面，血迹专家要对血迹进行拍摄和分析，以证实目击者对事件及其先后顺序的描述。通过拉网式搜查，鉴证人员发现了3颗9毫米手枪——标准手枪，是职业罪犯极易获取的非法武器——子弹弹壳。

在旅行社内，鉴证人员仔细搜索，找到了大量关键证据：用来装枪支的手提电脑包、一名持枪歹徒使用的刀子，以及一颗嵌入墙壁的子弹。弹道专家辨识出了发射该子弹的枪支类型。如今，枪管内壁都分布有螺旋槽，即"膛线"，子弹旋转后，精确度大大提高，而每种枪的膛线都有细微差别。回到布拉德福德，弹道专家检查了从旅行社内墙壁上取得的子弹的刻痕和划痕，确定它发射自一支MAC-10冲锋枪。随后，他们解释说这支MAC-10冲锋枪可能卡壳了，所以那天下午许多人才幸免于难。

虽说布拉德福德的弹道专家们在辨识过程中会用到高倍显微镜和大量的数字数据库，弹道学作为鉴证学的一个分支，实际上起源于19世纪的侦探探案。那时候，子弹通常是枪支的拥有者用私人模具制成，而不是由工厂大规模量产。1835年，弓街侦探（Bow Street Runners，英国第一支侦探队伍）成员亨利·戈达德（Henry Goddard）受命前往南安普顿一名叫麦克斯维尔女士的家中。她的管家约瑟夫·兰德尔声称与一名窃贼发生枪战，自己冒着生命危险把窃贼打跑了。戈达德发现后门有强行进入的迹象，房子里乱糟糟的，但疑点重重。戈达德取走兰德尔的枪支、弹药、模具以及朝他发射的子弹，发现这几样东西完全相符：子弹上有一细微的圆形凸起，与兰德尔模具中大小相等的裂痕相匹配。面对确凿的证据，兰德尔坦白说这一切都是他策划的，目的是要让麦克斯维尔女士为他的英勇付出赏金。通过鉴证的方式将一颗子弹上溯至特定的枪支，这在历史上尚属首例。

案发现场或许是犯罪的无声的证人，证人所提供的证据常常也能够提供线索。在莎伦·别尼舍夫斯基一案中，证人指出抢劫犯乘坐一辆银色4×4运动型多功能车逃逸。交通警察立即开始查看当地闭路电视的视频录像，不久后找到该车，认定其为丰田RAV4。放到数月前，这方面的调查或许到此就该画上句号了，但在2005年，布拉德福德成为英国第一批架设摄像机记录进出该市车辆的城市之一。有了"大鱼项目"（Big Fish Programme），每天都有10万张车辆照片被拍摄并被储存下来。

逃逸车辆驶出布拉德福德市中心后，警察便找不到它的踪影了。然而，将车牌号输入国家车牌自动识别系统后，分析师告诉侦探们，那辆银色4×4丰田汽车是从希思罗机场租来的。数小时内，大都会警察局就找到了逃逸车辆，并逮捕了6名嫌疑人。

只不过，布拉德福德侦探们的运气似乎耗光了。被逮捕的6人很快证明自己与布拉德福德致命抢劫案无关，随后被无罪释放。警察们再次走入了死胡同。

犯罪现场调查员再一次帮助他们摆脱了困境。通过搜查这辆丰田 RAV4，他们发现了大量证据：一个利宾纳饮料纸箱、一个水瓶、一张三明治包装纸和一张收银机收据。收据来自里兹南部 M1 高速公路上的吴力艾基加油站，时间是下午 6 点，距持枪歹徒与莎伦之间的致命对决不足两个小时。所有这些物品都是可以用作迅速辨识的最初证据，堪称经典案例。

警察检查那家高速公路加油站商店内的闭路电视录像视频时，发现一人正在购买从那辆丰田 RAV4 中找到的物品。与此同时，其他人员正在检查这些物品，以寻找指纹和 DNA，将结果输入国家数据库后，警察查出了这 6 个嫌疑人的名字，原来他们都与伦敦的一个暴力犯罪团伙有牵连。

事到如今，将这几个罪犯逮捕归案只是时间问题了。其中三人在抢劫过程中负责驾驶和望风，被判抢劫罪和过失杀人罪；两人犯有谋杀罪，被判终身监禁；一人穿着袍子装成女人逃回了家乡索马里。但西约克郡警方没有轻易放弃，他们通过内政部的一次卧底行动将此人引渡回国，他同样出庭受审，并被判终身监禁。莎伦·别尼舍夫斯基的警察大家庭夜以继日，动用了所有能用到的人力物力，最终将凶手绳之以法，还她以公道。

犯罪现场调查员不只为重点案件不遗余力。在普通犯罪案件中，比如盗窃，如果确实有机会收集到鉴证证据，并且能够确认罪犯身份，他们也会用棉拭子刮取 DNA、指纹采集和足迹分析。有时候，如果能从一项检测中得到结果，就意味着不必再对该物品进行更为繁琐的检测。如果在用于刺杀的刀子上找到了指纹，就不需要再从上面寻找 DNA 了。彼得解释道，"如果通过较为简单、低廉的方式得到所需的结果，我们不愿意动用那些高尖端的设备。"一些爱看电视罪案剧的警员们偶尔会忽略这一原则。鉴证科学家瓦尔·汤姆林森（Val Tomlinson）说道，"原因可能在于高级调查官员现场经验不足。我记得有一个案发现场，一男子被刀伤致死，死的时候还是坐姿，那位高级调查官员说，'噢，接下来你得对伤口边缘进行金属分析，确认那把刀就是凶器了吧？' 我说道，'考虑到这把刀还插在他身上，金属分析就晚点再说吧。'"

但如果需要用到高尖端设备，也是会做的，正如本书中很多案子都会用到的那样。彼得尤其偏好英国国家鞋类数据库，该数据库可以通过足迹将不同案件联系到一起。最近，他在一个性侵案案发现场发现了一枚罕见的足迹，就用到了这个数据库。这枚足迹在西约克郡的其他几个犯罪现场也有发现，这种巧合令警察们将注意力集中到一男子身上，此人最终受审获刑。

对于彼得来说，这是一起令人永远难以忘怀的成功案例。"每次有好结果的时候，我都会记得，因为这不是每天都能遇到的事情。我们的一位犯罪现场调查员去给一位被暴打的女性拍照，她已经住进了重症监护室。随后，这位女性因伤情过重去世，不过当那位犯罪现场调查员看到她的尸体时，他注意到她脸上有些古怪的印记。所以我们派了一位特别懂肖像的警员过去，用紫外线和红外线拍了更多照片。检视这些照片时，我们发现这些显然是运动鞋鞋底踩踏造成的。"

"不久后，我们找到嫌疑犯的鞋子，上面不仅有血，我们的鞋类专家还说受害者至少被踩踏了8次，因为同样的花纹至少有8个不同的方向。这一证据说明她曾遭受漫长的攻击。嫌疑犯声称他可能'不小心踩到她脸上'。但我认为，他之所以在法庭上被判重刑，完全是因为毫不含糊的鉴证证据。"

漫长的犯罪现场调查结束后，就到了法庭审判的步骤。在法庭上，彼得和同事所收集的证据要经受律师的重重考验，还要由法官和陪审团共同决定其有效性。这跟科学家客观冷静的世界可谓相差十万八千里，而且一视同仁，彼得回忆道。

"我记得有件案子，我在证人席上被交叉询问了大概 3 个小时。嫌疑人暴力抢劫一位女性的 DNA 证据十分确凿，但不得不说，为了定位和收集这一证据，我所做出的努力估计会超乎你的正常思维。"

"DNA 证据本身没有任何问题，但辩方律师认为这一证据是我设下的圈套。我的正直体现在能够经受得住检测，所以记录就变得至关重要。我拿出了接触或移动任何事物之前拍摄的原始照片，这样一来，陪审团就能看到案发现场的原貌。每收集一样物品，我都会拍下照片，最终轮到了检测到 DNA 证据的物品。陪审团可以看到我具体做了什么、我做这些事情的先后顺序以及该物品上独特的标识符。"

"接着，辩方问我之后是否有人污损过这一证据，但是我把检测它的每一个过程都记录了下来，所以连续性很明显。不过，他们依然在询问。最后，我穿上犯罪现场调查制服，戴上面罩、手套和发网，拿出一张无菌纸放到法庭内。接着，我打开物证。我把无菌纸拿给陪审团看，然后拿出照片对比，让他们明白这是具有同样独特标识符的同一个物证。我的证据经受住了考验，也让我明白，为了帮客户洗脱罪名，辩方会层层追问，极尽方法。"

"我个人对这一点很是厌烦，但其实我明白公众对这种对峙系统的需求。我是受到了询问，但这最终有助于案件，因为这个证据显然没有任何问题。10 年后，这件案子的被告不会提起上诉，说那个证据被人污损了。我很乐意现在就展示给大家，接受大家的询问，直面彻底的检查。"

科技已有了长足的发展，但它仍然还有很长的路要走。也正如彼得所说的那样，我们这些凶杀虚构作品的创作有时候还会帮倒忙。"公众的期望往往会因为他们在电视上看到的内容而有所提高。当我们出面解释为什么不能检查某样东西时，他们有时就是不肯相信。结果，因为不能满足他们的预期，我们倒成了坏人。"

彼得所指的是"犯罪现场调查效应"，得名于著名的美国电视连续剧《CSI：犯罪现场调查》(*CSI: Crime Scene Investigation*)，有些人说该剧误导了公众对鉴证科学真实能力范畴的理解。尤其是 DNA 证据，必须经过数个陪审团成员的亲自过目才可以看做不可或缺的证据。然而，许多人对犯罪现场调查效应持不同意见，他们认为普通人能从中一窥鉴证科学的面貌，虽然这"一窥"并不全面。专家和法官们按规操作时，就可以帮助陪审团成员理解不同种类证据的重要性。

2011 年，威尔特郡发生了一起大案。该案受害者模仿《犯罪现场调查》某集中的一招，希望能给将来做调查的鉴证队伍提供帮助。几个月来，一男子总是开车在奇彭纳姆附近徘徊。他先选定一名女性，戴上黑色巴拉克拉瓦帽和手套，把她拖进车里，然后开车跑掉，有时开进废弃的营房，在那里强奸她，再强迫她用毛巾给自己擦干净，借此毁掉鉴证证据。他的最后一位受害者在被放走之前扯下几根自己的头发，扔进他的车里，使他最终被绳之以法。她告诉警察，不管自己能否活下来，肯定会有人来调查，这些头发必定成为 DNA 证据。"我一直是《犯罪现场调查》的忠实粉丝。我看了好多集，所以知道该怎么做，也知道整个程序是如何运转的。"在她的头发、她吐到车座上的唾液的帮助下，准下士乔纳森·海恩斯因涉嫌 6 起强奸案受到审判。

从许多方面来看，彼得·阿诺德认为英国的犯罪现场调查员应该多跟电视上的同行学学。"我们真的需要为犯罪现场调查员配备像样的移动端数据管理系统，方便他们在案发现场通过适度的计算机权限处理信息和记录物品，这样一来，他们就不用把时间浪费在来回奔波于现场和基地了。这听起来特别轻而易举对吧？因为我手持智能电话可以四处走动，各种东西尽在掌握。但是研发、提供这些软件是要花钱的，我们没那么多钱来给犯罪现场调查员开发这种程序。另外，这还涉及数据安全的问题。"

为了寻找证据，高级调查官员在仔细搜索莎伦·别尼
舍夫斯基一案现场。供图: Getty Images

　　"但如果我们能研发出实时鉴证，那该有多好。如果某家的房子被破门而入，我们找到了一些潜在的 DNA 证据，仍然需要通过送急件者把 DNA 证据从案发现场送到实验室去，然后经过预约，最后再进行检测。目前来说，我们可以快速查证盗窃案现场的某些证据，9 个小时内就能得到 DNA 结果，因为盗窃案向来都是首要的。9 个小时内就能查到盗窃犯的身份，然后拘留起来，防止他们今晚再犯案，何必要等上一两天呢？所以我们是把严重犯罪的原则应用到了普通犯罪中，指纹识别也同样如此。识别速度已经大大提高，但如果能在案发现场扫描指纹的话，速度肯定会更快。"

"想象一下，如果我们在一个小时内到达盗窃案现场，用半个小时检查现场，就可能在犯罪行为被发现之后的一个半小时内查出盗窃犯的名字。警察到达盗窃犯家，敲开门，他们包里都还装着被盗物品，正好人赃俱获。失主东西找回来了，盗窃犯也只好乖乖认罪。"

　　这份工作能带来满足感，也会带来紧张和压力。我们期望能够主持正义的人，我们对他们严格要求，却不一定明白这种压力给他们带来的烦恼。彼得·阿诺德说，"我们见识过人类之间的许多恶行，有时候仍不免感到震惊。大多数人下班回家可以跟家人说说这一天都忙了什么，我们不能。就算可以，我见到的一些东西也不想让家人知道。"

02

焦煳的吸引力：火灾现场调查
FIRE SCENE INVESTIGATION

"火灾现场通常黑漆漆的，气味难闻，令人不适，对体力要求又很高。调查的日子都很漫长，每天回家都脏兮兮的，身上散发着烧焦的塑料的味道。这没什么诱人之处，却令我神往。"

尼亚姆·尼克·妲伊德（Niamh Nic Daeid），

火灾现场调查员

1666 年 9 月 2 日，星期日，伦敦布丁巷，一个家仆从梦中咳醒。他意识到楼下的商店里起了火，于是猛敲主人——面包烘烤师托马斯·法瑞纳——卧室的门。全家人都爬上屋顶避难，只有女仆罗斯被恐惧吓坏，葬身火海。

火苗迅速蔓延至相邻房子的墙壁，市长托马斯·布拉德沃斯爵士到达现场，命令消防员推倒数座建筑，以防火势进一步蔓延。布拉德沃斯因美梦被吵醒而盛怒不已，完全无视了消防员急切要求采取激烈措施的建议。"得了吧！"他说道，"女人一泡尿都能浇灭。"说完就离开了火灾现场。

第二日上午时分，日记名家塞缪尔·佩皮斯（Samuel Pepys）写道，"大风将火赶入市内，在一场旷日持久的大干旱之后，一切都成了助燃物，就连教堂的石头都着了起来。"到了下午，伦敦一片火海，火苗蹿过"油库、酒窖和葡萄酒库"，木房子、茅草屋顶、帐篷、织物、肥油、煤炭和火药——17世纪生活中所有的可燃物体都难逃厄运。火焰热得令散发的气体迅速扩张升起，疯狂地卷入新鲜空气，给这片炼狱提供更多的氧气。伦敦大火形成了自己的天气系统。

4天后大火减弱的时候，中世纪的伦敦市大部分地区已经被烧毁，其中包括13000多间房子，87座教堂和圣保罗大教堂，8万名市民中有近7万人一时无家可归。

然而，灰烬的余温尚未散去，阴谋论便传开了。大多数伦敦人不肯相信这场大火是意外事件。这其中的巧合太多太多了：火从密集的木质建筑而起；人人都在睡觉；街上空无一人；狂风肆虐；泰晤士河正处于低潮期。

关于犯罪的谣言四起。外科医生托马斯·米德尔顿站在教堂塔尖的顶部，发现大火似乎从几个相距甚远的不同位置同时燃起。"诸如此类的现象让我觉得这场大火是有人有意为之。"

外国人尤其受到怀疑，有位法国人穆尔菲尔德（Moorfield）差点因所携带的盒子里有"生火球"而被殴打致死，结果发现原来是网球。各种诗作和歌曲频出，表达了人们对起火原因的不理解：

> 酒从哪里来，没有人知道；可能来自地狱，可能来自法国，可能来自罗马，也可能来自阿姆斯特丹。
>
> 无名氏《伦敦大火之歌》（A Poem on the Burining of London, 1667）

上层人士急切地想知道真相。国王查尔斯二世在这次火灾中的损失比谁都多，于是命令议会设立一个委员会来调查此次火灾。许多目击证人出面，有的说看到有人扔火球，还有人承认自己扔了火球。一个名叫爱德华·泰勒的人说他周日晚和他的荷兰叔叔去过布丁巷，发现托马斯·法瑞纳面包房的窗户开着，于是扔进去"两个用火药和硫黄做成的火球"。但由于爱德华·泰勒年仅 10 岁，他的描述被排除掉了。罗伯特·休伯特是一位法国表匠的儿子，他头脑单纯，承认火是自己放的。没人相信他，但他一再坚持，陪审团于是判他有罪，将他送往泰伯恩刑场绞死。

议会火灾调查委员会成员托马斯·奥斯伯恩（Thomas Osborne）写道，"所有的结论都是武断的，公众基本上都满足于火灾是场意外这一说法。"最后，委员会认为这场恐怖的大火"是上帝、大风和干季共同作用的结果"。

委员会得出这样不如意的答案也属正常。调查员若要评估复杂的火灾现场，他们需要明白火的规律。在 17 世纪，这方面的科学知识极度缺乏。直到 1861 年迈克尔·法拉第（Michael Faraday）将有关火的演讲写入书中时，公众才得以对火有所了解。《蜡烛的故事》（The Chemical History of a Candle）只是把他为年轻听众做的 6 次演讲整理成书，却仍被看做是该科目极为关键的教科书。法拉第用蜡烛来揭示燃烧的一般属性。在一次重大演讲中，他把一个罐子盖到蜡烛上，使蜡烛熄灭。"空气是燃烧的必要条件，"他解释道，"另外，你们还要明白这里需要的是新鲜空气。"他说的"新鲜空气"指的是"氧气"。

法拉第是位早期专家证人，脑子中总想着实验室的发现——有时候一点都不夸张。1819 年，伦敦白教堂区一家炼糖厂被大火焚毁，几个厂主因保险公司不肯支付 15000 英镑的赔偿金而将其告上法庭。新采用的炼糖程序涉及加热的鲸油——厂主在保险公司不知情的情况下就开始使用，关于这一物质是否提高了火灾发生的可能性，该案件出现了反转。作证之前，法拉第用鲸油做了实验，加热到200℃之后发现，"鲸油的所有蒸汽，水汽除外，都比油本身更具可燃性"。法庭上有位陪审团成员不相信他，所以法拉第点燃了随身携带小瓶中的一些鲸油蒸馏得到的蒸汽（石脑油），"一股刺鼻的气味瞬间弥漫了整个法庭"。

法拉第最知名的是对1844年达勒姆县海参崴煤矿爆炸事件的鉴证调查，这次爆炸造成95名壮年男子和男孩死亡。爆炸发生时，达勒姆煤矿正处于工业动乱时期。代表死者亲属的律师向首相罗伯特·皮尔请愿，要求派政府代表前来调查，法拉第就是其中一位代表。

调查小组用了一天时间检查煤矿，特别留意了煤矿的空气流动。一次，法拉第发现自己坐的火药桶旁边就是一支没有任何防护罩的蜡烛。他一下子跳了起来，"警告他们要多加小心"。陪审团做出意外死亡裁决，法拉第对此表示同意。但在回伦敦的路上，调查小组递交了一份报告，其中提到煤尘在爆炸中起到了重要作用，建议改善通风。煤矿主未加采纳，因为改善通风的费用太过高昂。这一风险被忽视了将近60年，直到1913年威尔士圣海德煤矿发生矿难，致使440名矿工遇难，成为英国历史上最大的矿难。

到了20世纪，政府想了解有多少火灾、火灾的起点及起因，在他们的鼓励下，消防局和科学界共同推进了火灾现场调查。在20世纪60年代和70年代，火灾现场调查变得越来越严格，越来越具有科学性：制定了调查准则；启用新工具，使得石油等复杂的化学物品能够在火灾现场得到辨识；该领域开始有专家出现。可能由于人们对这方面的知识有所增加，和平时代的火灾或爆炸——实质上就是速度更快的火灾——很少能再导致如此可怕的死亡事件了。然而若真的发生了，它们将会给调查者留下难以磨灭的记忆。

在新晋的火灾现场调查专家中有一对爱尔兰夫妇，他们的女儿是邓迪大学的鉴证化学家尼亚姆·尼克·妲伊德，她继承父母的衣钵，也走上了在遭受巨大破坏的现场中寻找真相的道路。尼亚姆解释道，"说起来，我在鉴证科学方面算是有渊源的，因为我父母都是独立的火灾调查员，我母亲现在仍在做火灾现场调查，所以我从小就受到了熏陶。我和哥哥常常通过把爸妈调查火灾的照片贴进报告里来挣零花钱——每张照片5便士。可以想象，我们在餐桌上的话题永远离不了火。"

　　无论是火灾焚毁了一个人的财产，还是夺去了他们挚爱的亲人，调查者总是在大自然最狂暴的力量和被它摧残的人类世界相互碰撞时工作。我不止一次回想问起尼亚姆哪次火灾对她影响最大，她说出的第一句话便是："星尘俱乐部大火。"

　　1981年情人节早上，我正在德比郡家里的床上睡觉。那时我还是个年轻的记者，给一家全国性星期日报纸的北方新闻编辑室写稿。我以前从没报道过重大灾难事件，但一大早电话铃声响起，我就知道这一现状要改变了。新闻编辑那生硬的声音传来，"都柏林舞厅发生了一起重大火灾，大概死了十几个人。你坐7点钟的飞机过去"。

　　等我到达曼彻斯特机场的时候，电台已经确认了我所听到的消息：大火，夺去了一群夜里出来寻欢作乐的年轻人的生命，他们再也回不了家了。机场内记者和摄影师四处走动，寻找着自己的同事，以便坚守自己的岗位，给另一头的人分派任务。

　　我所在的小组——另外3个记者和2个摄影师——好不容易挤到酒吧一角。我面前摆着双料威士忌，即便是在喝酒看报纸的日子里，我也不太习惯这样开始一天的工作。"喝吧，"一位同事坚持道，"相信我，它能保你撑过这一天。"

他说得对。飞机在都柏林降落后，本报爱尔兰记者给我们带来了沉重的消息：死了40多个人。由于我是个女人，他们觉得我还能处理悲痛，而且意志坚强，知道自己此行的目的，于是我被派去采访死者家属——用充满辛酸的引语和死者的照片充实我们的报道。

那天我一直待在库勒葛地方议会，此次"星尘大火"事件中丧生的年轻人大多来自这里。受害者家属得到消息时都十分震惊，不过对于有人愿意记录孩子们的逝世还是充满感激的。从来没有哪一天比这一天更令我悲痛的了，然而我只不过是一个旁观者。一想到经历丧亲之痛的那些人，我的心就揪了起来。

第一版截稿时间过去之后，我跟一位同事到火灾地点会面。从俱乐部前面看去，除了破烂的窗户和正面上半截冒出的浓烟，其他的什么都看不到。若不是刺鼻的烟味和焦煳味，很难想象这里死了48个人，伤者240多个。俱乐部内部被大火彻底焚毁；从外边看去，只有大街上密布的水枪和警车证明这里曾发生了大灾难。

尼亚姆·尼克·妲伊德的母亲是当晚负责查明星尘俱乐部内部状况的人之一。

这个夜晚，星尘俱乐部的情人节之舞本应该以别的方式为人们所铭记。841个人，大多刚刚十几岁，在门口交了3英镑，就可以随便吃香肠、薯片，跳舞到凌晨两点（多亏了特别颁发的夜场许可证）。

打烊前20分钟时，DJ宣布了最佳舞者得主。一分钟后，一些狂欢者发现舞场左边一个窗帘冒出浓烟，大多数人以为这是迪斯科灯光特效，没再管就继续跳舞去了。

窗帘后是五排电影院座位。有些舞者拉开窗帘，发现后排的几个座位着火。座位的聚氨酯填充物冒出含有剧毒氢氰化物的股股黑烟。起初，火势极小，尚可控制，但很快就大了起来。俱乐部员工把水枪的水全都打进火里，却徒劳无功。5分钟后，融化的塑料滴到舞场的顾客身上；天花板也有一块砸到他们身上；浓密的有毒烟雾笼罩了整个舞厅。幸存者无不对火势的迅速蔓延震惊不已。

人们惊慌的时候，总是本能地想沿着进来的路出去，于是通往星尘俱乐部主入口的狭窄门厅很快变成了瓶颈。冲到主门的人发现门被锁得死死的，一个保镖在绝望的人群中拿着钥匙挤了好久才挤到门口。

但这场灾难最后的悲剧结果原本是可以避免的。星尘俱乐部共有6个消防安全出口，可老板伊曼·巴特勒一直担心有人从外边开门，不付钱就溜进舞厅，于是锁上了其中一个，其他的都用链子缠着，看着就像上了锁一样。惊慌失措的顾客们踹了又踹，最终把门踹开了。另外一个消防安全出口两边全都摆着一大堆桌子和椅子；还有一扇门上缠着塑料绳子。

凌晨1点45分，舞厅天花板坍塌，电力被切断，约500人仍被困舞厅内。呼啸的火焰是他们唯一的光源，刚刚还在放的音乐被惊恐的呼喊声所取代。从看到火星到现在的9分钟时间里，星尘俱乐部内的一切都被笼罩在了火海之中——座位、墙壁、天花板、地板和桌子，就连金属烟灰缸也未能幸免。

一片混乱中，一些人逃进了厕所。6周前，巴特勒听说有些顾客想偷偷从厕所窗户往舞厅里弄酒，于是从内部加了钢板，跟外边本来就有的金属条起到互补作用。火灾开始后11分钟，消防员到达现场，他们用绳索连到金属条和汽车上，使劲拉也只能弄弯而已。厕所里的人被困在火焰和烟雾的炼狱之中。

周围——工人阶级社区安坦、吉尔莫和库勒葛——的所有人都认识一些受惨剧影响的人。整个爱尔兰都在为死去的48个人哀悼。其中5人烧得面

火灾现场调查员正在调查星尘俱乐部火灾现场。在这场事故中，共有 48 人死亡，240 多人受伤。供图：《爱尔兰时报》

目全非，无法辨认。（2007 年，他们的尸体被从公墓中挖掘出来，以便利用 DNA 分析来分离和辨认其身份。）

情人节上午 8 点 35 分，侦探加达·谢默斯·奎恩（Garda Seamus Quinn）开始检查一片狼藉的星尘俱乐部。他用 5 个小时细查现场，从最先看到火起的地方并未发现任何助燃物或电力故障。他将香烟扔到同样的座位上，发现其不可燃 PVC 表面并不会着火。是有人划破座位，故意点燃了其中的氢氰化物填充物？

英国消防研究站在贝德福德郡卡丁顿飞机修理库按原尺寸重建了着火点

区域。调查员比尔·马尔霍特拉（Bill Malhotra）通过两种方式成功点着了座位：一种是将座位划开；一种是在座位下面放了几张报纸。火焰引燃了较低的天花板，盖着地毯的地砖开始熔化，熔化的液滴掉落到其他座位上。由于地方狭窄，所有的座位迅速升温，沸腾的液滴足以融蚀其 PVC 表面。后排的 5 个座位着火之后，前排座位也开始燃烧。奎恩和马尔霍特拉的实验均表明是有人故意纵火。

1982 年 6 月，距火灾发生 18 个月后，爱尔兰政府发布了对大火起点和起因的公开调查结果。在起因方面，该报告含糊其辞，一会儿说"大火可能是人为故意导致"，一会儿又说"大火起因尚不可知，或许永远也无法得知。尚无确凿证据表明它是偶然事件，抑或有人蓄意为之"。提供证据的鉴证专家也分为两派。奎恩、马尔霍特拉和另外一位认为有人故意纵火的可能性极大，另外两位则不肯排除电力故障导致。

该报告对伊曼·巴特勒进行了多方面的谴责，其中包括违反电力安全标准，用锁封闭出口，而非用保镖看门。多雇佣一人的费用为 50 英镑，这和失去的每一条生命相比，只不过 1 英镑多一点。关于密闭的厕所窗户方面，报告称"窗户的首要目的是通风，但紧急情况下也可供人逃生"。尽管凡此种种，该报告依然从法律上证明巴特勒对此次火灾不负有任何责任，因为火灾"可能是蓄意纵火引起"。于是，在 1983 年，政府还为巴特勒遭受的巨大损失赔偿了 50 万英镑。1985 年，每个受害者的家庭所得到的赔偿平均仅 1.2 万英镑。

相比金钱而言，受害者家庭更关注为何家人殒命。许多潜在证据被抹去，想要查明真相似乎遥不可及。然而，这并未能阻挡他们。2006 年，星尘俱乐部受害者委员会获得新的一批鉴证专家的帮助，以期重新对该案进行公开调查。这些专家指出，在卡丁顿飞机修理库的现场重现中，火苗用了 13

分钟才烧毁所有的座位，且并未燃及屋顶，然而在有人看到——凌晨 1 点 41 分——第一个座位火起不到 5 分钟时间内，真正致命的东西从这里射向天空。这实在说不通。

专家们也对支持这一观点的多个证人描述予以关注。站在俱乐部之外的目击证人称他们在 1 点 41 分前几分钟就看到数缕火光从屋顶闪出。在情人节前几周，星尘俱乐部员工看到主酒吧上方的灯室里曾冒出类似烟雾的物质和"火星"，而这个灯室正好处于着火的座位旁边。情人节当天，琳达·毕谢普和朋友们正坐在一个天花板风栅的下方，听着"浴火重生"（Born to be Alive）这首歌，突然感觉四周温度升高。琳达低头看看自己的新数字手表——圣诞节礼物，时间是"1 点 33 分"。情人节当天曾参与救火的一位酒保说他"感到一股极大的热气从天花板扑面而来。我敢肯定火是从天花板烧起来的"。

星尘俱乐部受害者委员会专家们得出结论：起火的天花板引燃了座位，而不是座位着火引燃天花板。他们相信，灯室——位于屋顶区域，内有聚光灯和塑料座椅——的电力故障引燃了天花板。灯室旁边就是储藏室，专家们认为第一次公开调查被其中的一些物品误导了。伊曼·巴特勒的律师提供了储藏室"大致物品"清单，其中包括"漂白剂、布里奥蜡、气雾剂、石油蜡和上光剂"，但并未提及同样位于现场的高度可燃的"几桶食用油"。

火灾动力学教授迈克尔·德里切特西奥斯（Michael Delichatsios）做出推理：如果灯室产生足够的热量，储藏室内高度可燃的物品将会马上被引燃。这是火势急速扩张的原因之一，燃烧着的塑料如雨点般滴到舞厅里跳舞的人头上，最终导致天花板坍塌。2009 年，政府委托资深大律师保罗·科菲（Paul Coffey）审查星尘俱乐部受害者委员会一案，以便重新进行公开调查。他发现第一次调查得出的"可能是蓄意纵火措辞讲究，极易给人留下错误印象……有人蓄意纵火是基于证据得出的结论，而不仅仅是对起火原因可能性的猜测"。他反对重新进行调查，但建议政府修改公共档案，将起火原因改成未知。于是，在爱尔兰历史上最致命的火灾发生27年后，政府正式宣布起火原因不明。由于灯室"完全被烧毁"，800多个目击证人和大批冷静客观的鉴证科学家永远也无法得知火灾的真正起点，这场大火的秘密已经随之而去。这也常常是火灾调查令人倍感挫折的地方之一。

　　火灾现场的复杂程度各不相同，但相对简单的现场也会给调查员带来挑战，因为他们必须努力重现灾难性的一系列事件。这里以一个典型的代表为例。路人看见一家房子着火，打电话叫来了消防队，火被扑灭。结构工程师判断房子可以安全进入后，像尼亚姆·尼克·妲伊德这样的火灾现场调查员就要找出火的起点、起因以及如何扩散。

　　首先——对于鉴证从业者来说极为罕见地——尼亚姆有时可能会和目击证人面谈。他们具体在何处看到火苗？是汽油着火冒出的黄火苗和白烟，还是橡胶着火冒出的滚滚黑烟？尽可能地从目击者口中挖掘出信息需要技术。尼亚姆常常要和一些濒临崩溃、人生被大火付之一炬的人打交道。火灾调查员有时会"中断询问，示意警察这个人可能已成为嫌疑犯"。众所周知，每当经济不景气的时候，工业火灾就会剧增，因为有些公司会借此向保险公司索赔，这总比经营赔钱的工厂容易得多。暂且不说蓄意纵火，当意外发生时，人就会变得小心谨慎。当尼亚姆询问办公室起火之前员工在何处吸烟时，他们通常会说是在指定区域。但经验表明，"每当下雨的时候，人们都喜欢在后门吸烟，而这里正好是放置垃圾的地方"。

　　谈话结束后，尼亚姆一边绕着失火建筑外走一圈，一边思考。墙壁上有烟雾模式吗？窗户被打破了吗？花园里是否存在有潜在重要性的物品，比如汽油罐或散落的烟蒂？接着，她"手插口袋，什么都不动"，在失火建筑物内走一圈，寻找异常所在。这会儿她就要动手了。回到外边，她开始处理之前看到的汽油罐和烟蒂，"如果条件允许，用刻度尺作辅助将它们原地拍照，在图纸上描绘下来，然后小心装袋、标注"。在失火建筑内，她有计划地从受损程度最低的地方走向程度最高的地方，同时记录、拍摄火灾现场，最终走到"要害之处"——火灾起火点可能性最大的地方。

火势从起火点扩散的时候，会产生更多热量，引燃更多物品，形成一个受燃料和氧气控制的自给自足的链式反应。等到火势减退，它往往已经烧毁了天花板和墙壁——坍塌时会遮蔽其他物品。一旦消防员直接把几千加仑的水喷进去，对火灾现场的解读就变得难上加难。"只剩下一个被烧成空壳的房子，东西扔得到处都是。为了查清楚起火的地点，就得抽丝剥茧，像考古挖掘一样。"像病理学家锯开胸腔进行尸检一样，为了查明真相，尼亚姆也不得不多造成一些破坏。她之所以从受损程度最低的地方向里走，就在于"如果角落的那个大黑洞就是汽油泼溅的地方，你跑过去，绕着它转几圈，就把自己的现场给破坏了"。在极端情况下，调查员会用带子在现场上方扯一张网，丈量每一片区域，用桶把所有东西弄出来，以便筛选任何可能存在的证据。

由于火势较容易向上方、四周扩散，有时候会留下一个指向其起点的 V字形。然而，当纵火犯将汽油泼得满屋都是的时候，就不好办了。地面上会有焚烧严重的细线条，周围是较轻微的焚烧痕迹，说明这是汽油的痕迹，但火舌沿汽油走向扩散的速度极快，判断单一的起火点近乎不可能。如果尼亚姆发现焚烧程度相同但分散较远的几个点，就说明是有人蓄意纵火；一间屋子里两起没有关联的意外火灾同时发生的几率近乎为零。

尼亚姆找到可能性最大的火灾起点后，她会寻找引燃工具——火柴、打火机、蜡烛——和燃料——电视、报纸、废物箱。纵火犯通常会把火柴丢在现场，以为它会烧得干干净净。但火柴头的火药石含有单细胞藻类的化石残迹，称作"硅藻"（diatoms）。硅藻的壳由硅石构成，摩擦力很强，有助于擦燃火柴，又足够坚硬，耐高温。已知的 8000 多种硅藻都有着独特的壳结构，通过显微镜即可辨别。不同火柴厂家制造火柴所用的火药石来自不同的矿场。如果鉴证科学家能找到硅藻，就可以辨别火柴牌子，通过搜索嫌疑人的口袋，或查看地方商店的闭路电视录像视频，足以找到用于定罪的证据。

尼亚姆努力在脑海中想象大火爆发时现场是如何布置的，然后尽可能地按真实情况进行重现。火灾调查员并不总是毫无差错，尼亚姆就经历过一次，当时一家房子失火，火是从一张桌子开始的。警察要求火灾调查员把熏黑的物品放回到桌上的原始位置。等到尼亚姆到现场调查时，她觉得有必要自己进行重现，并和他们的作对比。

"其他调查员所重构的现场没有实物证据支撑，他们没有注意到桌上的杯子能防止冒烟这样的逻辑限定。他们把物品放错了位置，所拍摄的照片产生了误导。把物品放回正确位置后，火灾发生的情境就得以复原了。"2012年，尼亚姆在苏格兰管理着几个跟火灾现场调查相关的工作室，他们得出结论，尽管许多调查者的装备精良，"苏格兰 97% 的火灾都是由火灾现场调查培训不足一周的人员进行调查的"。虽说其中许多火灾都简单明了，缺乏培训的问题依然存在。在准确判断火灾起点和起源方面，训练有素的调查员起着至关重要的作用，尤其是"在致命火灾中，调查员对受害者及其亲属都负有责任，他们需要后者描述受害者是如何在火灾中死亡的"。

错误处理证据会导致混乱，呈上法庭的时间顺序也会相互矛盾，所以第一次就能正确处理证据至关重要，这不仅仅是因为线索往往非常容易受损。你能弄到指纹吗？能弄到 DNA 吗？能从焚毁的电脑硬盘里恢复数据吗？如

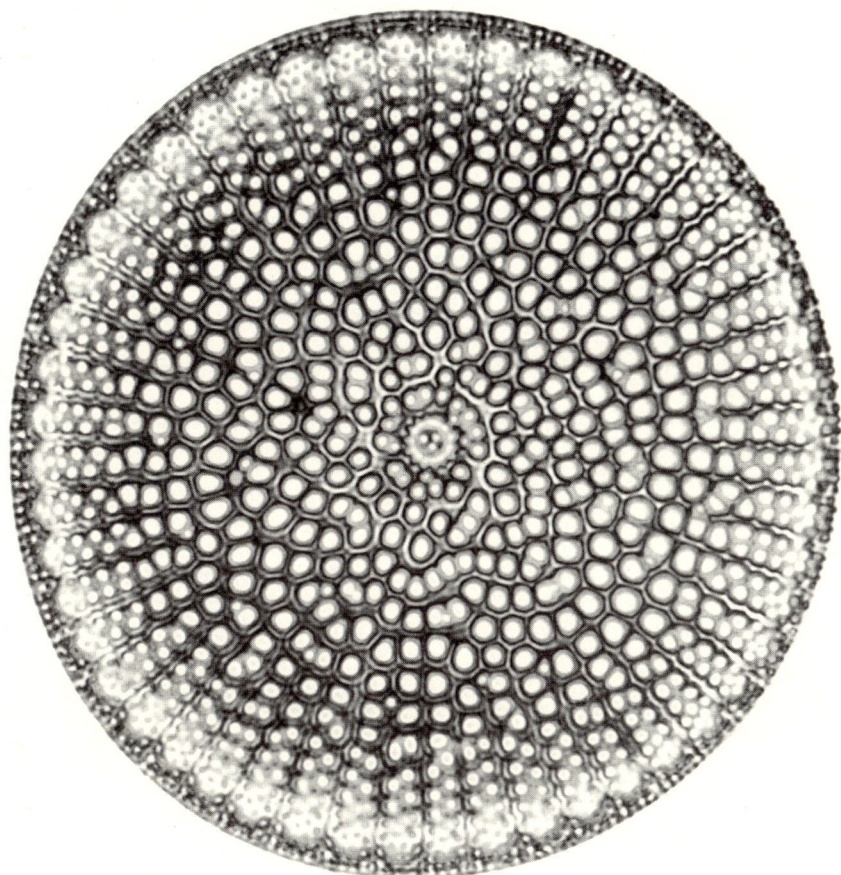

显微镜下的硅藻——单细胞生物——化石残迹。
供图: Spike Walker/Wellcome Images

果你有意识地不去大手大脚破坏物证，所有这些问题的答案都是"可以"。

对于身着笨重铁头靴、硬壳帽、保护性工作服的尼亚姆来说，轻手轻脚并不容易。她所进入的火灾现场可能随时会有电力危险、碎玻璃、部分坍塌的墙壁。"火灾现场通常黑漆漆的，气味难闻，令人不适，对体力要求又很高。调查的日子都很漫长，每天回家都脏兮兮的，身上散发着烧焦的塑料的味道。这没什么诱人之处，却令我神往。"

到达可疑的火灾起火点后，尼亚姆要收集碎片并用手筛选。"留存下来的东西令你震惊。纽扣、打火机、瓶瓶罐罐，金属类的东西相对比较容易留存下来。塑料物质的一边可能被熔化，另一边却完好无损。这样一来，就有可能从电视遥控器的背面获取指纹。"

在火灾现场里，电是良师益友，它能提供与火灾起因、起火点和扩散相关的确凿的物理证据。尼亚姆这样的调查员要手拿钳子在废墟中爬行，像阿里阿德涅① （Ariadne）跟着线穿过迷宫一样跟随电线的走向。"许多火灾现场调查员不明白电路的重要性。比起能更容易客观解读的燃烧痕迹来说，这种事劳心费力，耗时极长。"

尼亚姆办公室的墙上贴着两张照片，拍的是伦敦皮卡迪利（Piccadilly）地铁站旁边的一栋 12 层建筑。顶上 7 层被大火烧毁，损失约 1200 万英镑。到达现场后，调查员询问了一位清洁工，她说在某层照明系统刚起火的时候，她就看到了。这给了调查员一些启示，但要找出如此严重火灾的起火点依然困难重重。尼亚姆和同事在这栋建筑物内待了两天，终于将原因归结到一台饮水冷却器的电力故障上。"这场火很有意思，因为它涉及使用照明

---

① 阿里阿德涅（Ariadne），希腊勇士忒修斯为杀死克里特的牛头怪，进入了国王修建的迷宫。克里特的公主阿里阿德涅给了他一团线，让他在事成后顺利地走出了迷宫。

系统来确认火灾起点区域。这件事令我刻骨铭心，所以我才贴了一张它的照片。"

有些火灾是电力故障引起，有些就不那么单纯。火灾现场调查员通常会带着警犬，它们的嗅觉比人类敏感 200 倍，能够发现可燃的液体助燃物，如汽油、石蜡和白酒等。英国共有约 20 个碳氢化合物警犬队伍，其中许多警犬穿着小靴子来保护脚掌（也防止污损现场）。"我看过它们的实际行动，天呐，那叫一个厉害！它们往下一蹲，闻到东西之后就会示意。"尼亚姆说道。

有一次，一条警犬发现了碳氢化合物，火灾现场调查员开始把证据装袋。由于塑料袋会与石油等物质中的碳氢化合物发生反应，他们便把可疑物品放进尼龙袋，带回鉴证科学实验室进行分析。如果是像一片地毯一样的物质，调查员会从现场再找另外一片未经焚烧的地毯以作对比。在实验室里，鉴证化学家将分析呈递过来的火灾碎片。他们使用不同的技术，提取可能存在的化学助燃物，"顶空萃取法"（headspace extraction）即为其中一种。萃取的最常用办法是把该物质放进密闭的容器内加热，使水汽蒸发，用吸水物质收集蒸汽，再用化学溶剂萃取。鉴证化学家通常会采用气体色谱法从这一蒸汽中辨识特殊成分。通过这一相当复杂的科学程序，蒸汽混合物内的化学分子将根据大小不同互相分离。尼亚姆解释道："想象一个长 10 英尺[①]的雨滴，往上边浇糖浆，它的内层被糖浆罩住，就得到了一盒大小不同的玻璃球。把它们往下倒，小玻璃球会比大玻璃球粘得更久，所以大玻璃球先出来，之后才是小玻璃球。气体色谱法也是这样的道理，只不过是在极小的容器中。陪审员也能看到，所以他们会说，'噢，现在我懂了'。"

①　1 英尺 =0.3048 米。

如果检测出汽油，那么根据案件的不同，下一步可能是"辨别汽油品牌"。一桶汽油中的大多数分子会在室温下蒸发（所以你才会闻到汽油味），但生产商在汽油内放了无法蒸发的添加剂。这些添加剂能提高引擎运转效率，耐高温，并且各厂家的添加剂各不相同。添加剂十分稳定，除非使用清洁剂清洗，否则它们会一直粘在衣服上。

　　最近一起十分令人震惊的家庭火灾发生后，辨识石油品牌在给嫌犯定罪上起到了重要作用。2012 年 5 月 11 日凌晨 4 点，德比郡阿灵顿市胜利路（Victory Road）18 号院前门内开始着火。两分钟后，火势沿铺着地毯的楼梯蔓延至一间卧室。卧室门开着，里面睡满了小孩子们。他们的父亲米克·菲尔伯特拨打 999 报警——"帮帮我！我的孩子们被困在屋里！"年龄在 5 岁到 10 岁之间的嘉德·菲尔伯特、约翰·菲尔伯特、杰克·菲尔伯特和杰登·菲尔伯特全部当场死亡，年仅 13 岁的杜威恩·菲尔伯特不久后死在医院。所有孩子皆因吸入浓烟而死。

　　火被扑灭数小时后，德比郡消防局的马特·李（Mat Lee）到达现场。一位同事在胜利路附近找到了一个汽油桶和一只手套，所以李对蓄意纵火特别留神。他把前门下碎片的顶层移去，警犬开始狂吠。李把这些物质装起来，派人送去鉴证化学家瑞贝卡·朱厄尔（Rebecca Jewell）那里进行分析。

　　火灾发生 5 天后，米克·菲尔伯特和梅雷亚德·菲尔伯特——已逝孩子们的父母——召开新闻发布会，感谢朋友及家人所给予的支持，但他们的行为引起了警察的怀疑。助理警察局长史蒂夫·科特里尔认为米克像一个"兴奋的孩子"，而不像深切悲痛的父亲。"我原以为他的身心会彻底崩溃，"科特里尔随即说道，"在我看来，他完全是假装的。"

　　警察开始 24 小时暗中监视菲尔伯特夫妇。两人酒店房间里的窃听器传来米克对妻子说话的声音："你千万别乱说，"过了一会儿，"他们找不到证据的，对吧？懂我的意思吧？"5月29日，菲尔伯特夫妇因涉嫌谋杀被捕（后降级为过失杀人）。

在6个月的时间里，瑞贝卡·朱厄尔收到从案发现场和被告人衣物上获取的各种样本。在那个被扔掉的塑料罐里，她发现了包括壳牌汽油添加剂在内的添加剂混合物。她在房子门前的地毯上发现了汽油的踪迹，但由于这些添加剂被地毯下的一种化学用品污损，她无法判定是哪个品牌。她在米克的拳击短袖和右脚运动鞋上找到了壳牌添加剂，还在梅雷亚德的绑腿、皮带、拖鞋和保罗·莫斯利的衣物上发现了道达尔添加剂，后者因协助菲尔伯特纵火而被起诉。

2013年2月，审判开始，陪审团得知菲尔伯特夫妇和莫斯利放火是为了嫁祸给丽莎·威利斯，即米克·菲尔伯特的前任情妇。丽莎和米克、二人的4个孩子、同母异父的第5个孩子、梅雷亚德及其孩子在这所房子里共同生活了十年，不久前，她离开这里，带着孩子们去姐姐家居住。本来火灾发生的第二天要举行监护权听证会，米克·菲尔伯特希望把纵火罪撇到丽莎身上，防止她得到孩子们的监护权。米克和梅雷亚德将所有孩子们都集中到一间卧室里，又在卧室窗外放了一个梯子。按照计划，米克要爬进去营救他们，这样一来，他就既是受害者，又成了大英雄。但火势扩散太快，他根本没时间爬过窗户去救孩子们。三个被告人全被判过失杀人罪；梅雷亚德和莫斯利被判17年有期徒刑，米克被判终身监禁。几周以来，菲尔伯特纵火案遍布报端；《每日邮报》（*Daily Mail*）用"米克·菲尔伯特：英国福利社会的副产品"为题发布一篇报道。有些人怀疑米克是否在利用孩子们获取每周13英镑的儿童福利，尼亚姆·尼克·姐伊德的注意力却完全放在了别的地方："为什么烟雾探测器没能吵醒孩子们？"

她的一位博士研究生也是这个火灾调查组的一员，两人决定让他调查烟雾探测警报是否能吵醒孩子们，并以此作为论文研究课题。他们要求随机选择 30 个孩子的父母，要求他们在夜晚启动家里的烟雾探测警报。"80% 的孩子都没被吵醒，而且有些警报器还是安在孩子们的房间里的。"为了叫醒沉睡的孩子们而设计的不同频率很少奏效。据称，最有效的警报可以让母亲自己录入警报信息："她说道，'快起来！'孩子们听到她声调的高度与频率就会做出反应。"接下来的挑战是从火灾调查员的研究中吸取教训——尼亚姆的研究团队与烟雾探测器生产商的对峙。

对孩子监护权的渴求或许是蓄意纵火的独特缘由，普遍的作案动机包括报复、保险欺诈，或是为了掩盖抢劫和谋杀。但为了处理尸体而纵火烧房子，或者像在简·朗赫斯特谋杀案中直接放火烧尸体，这些行为往往难以达到目的。火灾鉴证调查员很快就能辨识出正常情况下火灾对尸体的影响，从中找出动机恶劣的证据。火势刚起时，无论人是否依然活着，热气都会使尸体的肌肉聚拢，腿和胳膊会向上提起，形成经典的"拳击"抱头姿势。脱水使四肢缩短，尸体的身高减少 60%。面部肌肉扭曲，四肢的皮肤和躯干炸裂，形成撕裂伤，就算经验丰富的调查员也可能会把这些当做死亡之前就已存在的伤口。因暴露在高温中而变得脆弱的骨头，通常会在尸体从现场搬运到验尸房的过程中折断。然而，即便尸体外部已经严重碳化，内部通常保存完好。在火葬场，经过大约 2 小时的 815℃ 高温加热，尸体会变成灰烬。建筑火灾温度可以达到 1100℃，但它们保持高温的时间不长，不足以彻底破坏不正当行为留下的证据。

有些人特别爱玩火，在没有明显动机的情况下就随意纵火，这就是纯粹的纵火犯。他们对火的热衷起初较微弱，但一定会逐渐累积，且无法治愈。它常常与性因素混合，非常容易令人上瘾。

自 1984 年起，一个连环纵火犯开始在加利福尼亚州（California）放火焚烧建筑，直到 1991 年被逮捕。在这 7 年时间里，联邦调查局探员估计他共纵火 2000 次。关于此人，约瑟夫·沃姆巴夫（Joseph Wambaugh）曾写过一本《爱玩火的人》（*Fire Lover*，2002），美国 HBO 电视台曾拍摄过一部名为《火线追凶》（*Point of Origin*，2002）的故事片。

故事源于 1987 年，贝克斯菲尔德消防局的马尔文·凯西上尉到一家织品店调查一起火灾。到达现场后，他又被叫到贝克斯菲尔德的另一起火灾现场，这回是一家艺术与手工品店。第二起火灾在烧毁整栋建筑前即已被扑灭，凯西得以复原一个延时引火装置—— 一张黄色便笺纸卷着 3 根火柴，用塑料带绑住，旁边放着一根点燃的香烟。纵火犯把香烟上移，使其底部与火柴头相接，在香烟燃烧完毕和起火之前，他有 15 分钟逃跑时间。

接下来的几个小时里，凯西听说弗雷斯诺市又有两起火灾，从贝克斯菲尔德沿 99 号公路到那里仅有 100 英里。这感觉不像巧合，凯西于是怀疑这几起火灾均为连环纵火犯所为。碰巧，弗雷斯诺市正在举办蓄意纵火调查员大会，火灾发生前不久，大会刚刚结束。

凯西派人把从贝克斯菲尔德手工品店拿到的引火装置送到指纹检查员那里，后者成功地从黄色便签纸上提取了清晰的左手无名指指纹。他把指纹输入州级和全国的犯罪记录数据库，结果一无所获。

凯西开始跳出常规思维。是参加会议的某个火灾调查员在回家路上放的火吗？他发现，在与会的 242 个调查员中，共有 55 人独自离开，沿着 99 号公路向南行驶。他决定向联邦调查局请求援助，于是打给了弗雷斯诺市的查克·盖兰（Chuck Galyan）。"55 个受人尊重的蓄意纵火调查员的名字？我觉得马尔文·凯西有些疯了。"盖兰说道。该案随之成为悬案。

两年后的 1989 年，太平洋丛林市也召开了一次蓄意纵火调查员会议，会议刚结束便又发生了一系列火灾。这一次是沿着环绕从洛杉矶到旧金山海岸的 101 号公路。凯西无法接受这样的巧合。经过查证，他发现参加过弗雷斯诺市和太平洋丛林市会议且家在南方的调查员仅有 10 人。这一次，查克·盖兰同意请一位指纹专家用加利福尼亚州公共安全从业人员数据库和相关指纹作比对。经验老到的专家做完了比对，结果依然一无所获。

1990 年 10 月至 1991 年 3 月期间，大洛杉矶地区周围发生了一连串的火灾，涉案的都是些和昌晟药店、达冈建筑者商场类似的连锁店铺。洛杉矶市消防局的格伦·卢赛洛（Glen Lucero）说道："这些火灾主要发生在营业期间。大多数蓄意纵火都是以黑夜作掩护，所以这种情况非常特殊，说明此人胆子很大，自信心很强。"

3 月下旬，火灾发生次数达到最高点，单日内共有 5 家商店被焚。一家中型手工品店员工在火势变大之前将其扑灭。调查员在那里也找到了一个状况良好的引火装置，与 4 年前凯西在贝克斯菲尔德找到的完全相同。之后调查员又复原了 6 个同样的装置，其中许多都是从枕头中发现的，该纵火犯由此得名"枕头纵火狂"（Pillow Pyro）。

调查员们明白自己追踪的这个人经验丰富，十分精明，极其危险。他知识丰富，知道在商店的合适位置纵火，以促进火势迅速蔓延。与 1984 年南帕萨迪纳市欧雷五金店中被困的人一样，这些店铺里的人也面临同样的危险。那次爆炸性火灾从聚氨酯制品而起，大火喷发着蓝色火焰，发出刺耳的吱吱声。一道闪燃——温度超过 500℃，处于封闭空间内的所有可燃物质被爆炸性引燃——将几具重度烧焦的尸体炸出店铺所在的建筑物，造成 4 人死亡，其中包括一位中年妇女及其 2 岁的孙子。

1991 年 4 月，一个 20 多人的"枕头纵火狂工作组"成立，他们与加利福尼亚州的警察局通力合作，共同追捕该纵火犯。3 位调查员到贝克斯菲尔德拜访了马尔文·凯西，后者迫不及待地给他们看了他在 1987 年提取的指纹图片。由于该指纹已经专家比对过，几个调查员并不抱太大希望。不过，枕头纵火狂在过去 4 年里可能再次犯过案，他们决定将指纹送到洛杉矶法警局的罗恩·乔治（Ron George）那里。

法警局的数据库收集了大量的指纹，涵盖了罪犯、该县所有警员和曾申请做警察的所有人员。这一次，检查员发现了相匹配的人——约翰·奥尔（John Orr）上尉，隶属格林道尔消防局，拥有 20 年蓄意纵火调查经验。起初，调查员们不肯相信他有罪，坚持认为这个指纹肯定是被交叉污染了。4 月 17 日，罗恩·乔治给枕头纵火狂工作组打电话，他告诉一位探员"指纹是约翰·奥尔的。他应该知道些内情。叫那个傻蛋别碰证据"。

自从 1971 年申请做洛杉矶警察局警察以来，奥尔的指纹就留在了法警局的数据库中。得到他的指纹，洛杉矶警察局非常高兴，但对于他上一份工作的介绍信所称"自以为博学，不负责任，思想不成熟"就不高兴了。进一步的心理测试确认他不适合做警察，他们就随便地把他否决了。然而，约翰·奥尔随后在消防事业中的成就十分显著：他指导了 1200 多名消防员，组织了火灾调查研究会，还为了《美国消防杂志》（American Fire Journal）写过好几篇文章。那么约翰·奥尔是如何与距格林道尔消防局 100 英里之外的贝克斯菲尔德火灾现场的证据扯上关系的呢？

答案是唯一的，而且令人不快。工作小组开始监视奥尔，并悄悄地和他的一些同事谈了话。其中一人早有怀疑，他注意到奥尔总是先于其他人到达火灾现场，并能很快找到起火点。（正如尼亚姆·尼克·妲伊德在本章前面解释的那样，在接近要害之前，调查员是要分阶段进行调查的。）奥尔的同事大多表示不信服。没错，他谈起自己的调查时确实很自以为是，但他确实能力很强，而且是他们的一员。

圣路易斯奥比斯波县很快也要举行一次会议。工作小组认为奥尔会再次犯案，想抓他个现行。特工整个周末都在监视他，白天毫不间断，但他并没有动手。他似乎已经感受到了监视。

　　最终，奥尔的自负引领他走向了身败名裂。他写了一本小说，寄给出版商的时候还附带了一封信："我的小说《火线追凶》（Points of Origin）是一本基于事实的著作，它研究了一个过去8年里在加利福尼亚州连环纵火的真实罪犯。他的身份不明，尚未被捕，估计近期也不会被捕。与现实中相同，我这本小说里的纵火犯也是个消防员。"拿到这本书后，调查员们简直不敢相信自己的眼睛。

　　除了名字之外，手稿中提及的纵火案细节与枕头纵火狂极其相似。主人公名叫亚伦，是一位追踪连环纵火犯的火灾调查员。他将所有火灾的发生时间与消防队伍中消防员的工作时间做了对比，发现只有亚伦有作案嫌疑。

　　1991年12月4日清晨，特工到达奥尔家中。在驾驶座后面的地垫下面，调查员发现了一沓画有黄线的便笺纸。在一个黑色帆布袋里，他们找到了一盒无过滤嘴骆驼香烟、两盒火柴、一些橡胶带和一个打火机。

　　奥尔被捕第二天，工作小组的迈克·马塔沙（Mike Matasha）分别给这一年里共事的人打了电话。其中一位是他的私交好友、蓄意纵火调查员吉姆·艾伦（Jim Allen），他告诉马塔沙，"你看看奥尔的火灾案吧。还记得1984年10月南帕萨迪纳市欧雷日用品商店的那次火灾吧？人们说那是意外，他很生气。"挂掉电话后，马塔沙突然想起来了。和工作小组的人一样，他也曾读过《火线追凶》影印本。他想起第六章讲到"凯尔五金店"火灾一案，其中5人死亡，包括一个年轻男孩。当人们没将这起火灾"算"到亚伦头上时，他在附近一家五金店的聚苯乙烯中又放了一把火，就是为了暴露调查员的无知。这种巧合实在可怕。

单单《火线追凶》这本书并不足以定罪，但在其他证据的帮助下——指纹、他车子挡泥板后面安装的追踪设备——约翰·奥尔因 29 起蓄意纵火和 4 起谋杀被判有罪。他被判终身监禁，不得假释。他从未承认任何一项罪行，但《火线追凶》一书中的一位火灾调查员做出了生动的评论："连环纵火往往发生在纵火犯小时候玩火很久之后，如果早期没被人发现，他们就会继续下去。随着年龄的增长，纵火就具有了性意味。要知道，他们的不安全感很强，难以通过直接的、人与人的方式与人交往，火就成了他们的朋友、导师，有时甚至成了情人。这实质上是跟性有关的。"

03

人类的鉴证帮手：昆虫学
ENTOMOLOGY

"喜鹊、山雀和乌鸦叽叽喳喳，喧嚷吵闹；透露了有人暗中在搞流血的阴谋。"

《麦克白》（Macbeth），

第三幕第四场

渴望了解逝者如何殒命并非新近才有的现象。在 750 多年前的 1247 年，中国官员宋慈曾为验尸官①写出了一本手册——《洗冤集录》，书中记载了最早的法医昆虫学案例——利用昆虫生物学来破案。

死者刀伤毙命，抛尸路旁。验尸官检查了男尸身上的刀伤，然后在牛皮上试验了各种刀具，得出了凶器是一把镰刀的结论。但只知道致伤的工具是什么跟确定下狠手的人是谁，这之间还有很大的差距，所以验尸官转而探究

---

① 验尸官，中国古代称为仵作，一般由县官兼任。——译者注

檢骨篇云髑
髏骨有他故

髑髏骨青骨故折

處滯瘀血無

處骨稍磣磕即蓋

肉髑髏皮薄即著

肉之骨非比方理

至骨損則有瘀

血暈非比方有

血凝即之骨膝受

多血傷一遇滯

傷血即疑滯有青

暈輕則有青

傷重即有青

紫黑暈也

心　頂
偏右　偏左
顖門　顀
右額角　顳　左額角
鼻梁
右太陽穴　　左太陽穴
右眉棱骨　　左眉棱骨
右眼匡骨　　左眼匡骨
額右　額左　　左耳竅
右耳竅
齒　口
右顴車　左顴車
頷

髑髏骨圖

骨圖數內
腐故不久即入
後不
非
後面因即死
面係非脆皮骨
如戒指前形
筒每俗名喉氣
喉節無骨食
有氣喉食喉
嗓喉有喉
頷之下亦稱為

图为《洗冤集录》中的一页。该书为13世纪中国鉴证医学的指导教科书。供图：维科图书馆（伦敦）

可能的作案动机。受害者的衣物财产原封未动，可以排除抢劫；问其妻，答曰无甚仇敌，唯近日债主索债未果而招致不满，是为最佳线索。

验尸官遂盘问债主，此人矢口否认与谋杀案有任何干系。不过，这位验尸官与电视上的那些侦探一样坚韧不拔，他让该村 70 个成年人站成一排，镰刀各自放到脚边。哪一把镰刀上都看不到血迹，但不出数秒，一只苍蝇受一丁点血腥味驱使，一头扎到债主的镰刀上。几秒钟后，第二只、第三只苍蝇接踵而至。当再次受验尸官询问时，债主"磕头"伏法，对罪行供认不讳。他曾意图擦干净镰刀，但他掩盖杀人事实的企图被脚边嗡嗡乱飞的昆虫线人给揭穿了。

《洗冤集录》是传世最早的法医学著作，在过去 700 多年里曾得到多次增补和重印，直到上个世纪还被中国官员带到犯罪现场以备随时查用。16 世纪初，当第一批葡萄牙贸易商到达中国时，他们被地方政府非经彻查不定死罪的态度深深地折服。现代法医昆虫学家的工作或许依赖于更广泛、更深邃的知识，但其中仍然涵盖了令葡萄牙贸易商大开眼界的那种明察秋毫。

在犯罪调查中，法医昆虫学通常扮演着估计死亡时间的角色——该信息在确定嫌犯的不在场证明及判定其是否有罪中通常至关重要，其原则建立在一个令人毛骨悚然的事实之上：每一具尸体都是一顿饕餮大餐。

当法医病理学家（见第四章）检查尸体时，他们首先要通过诸多现象估算死亡时间，如尸僵、体温变化和器官腐烂程度等。在约 48—72 小时后，这些时间标记都会失效，但昆虫到达现场的时间顺序在此后能发挥较长时间的效用。由于不同的昆虫不会同时到场"就餐"，所以它们的到场顺序可以预知。当昆虫学家被叫到现场，他们会利用自己对这一时序的了解来估算死亡时间。所以说，昆虫界为受害者提供了无意识而又确凿的证据来对付杀害他们的凶手。

大多数法医昆虫学家从事该职业并非出于对法理学的热爱，而是出于对昆虫生命本身的热爱，以致于培养理解能力和专业素养，使昆虫世界在法庭上站得住脚跟，从而影响罪案的进展，这个过程需要花费数年时间。不过，充满激情的昆虫学家的目标——有选择性地收集，小心翼翼地分门别类，以发现古怪行为的根源，找到证明各种理论的证据——与健全的司法体系的目标是一致的。

　　让·皮埃尔·马格宁（Jean Pierre Megnin）在现代法医生物学的发展中起到了重要作用。和宋慈一样，他也写了一本极为流行的著作，即出版于 1893 年的《尸体上的动物群》（*Fauna of Corpes*）。马格宁发现，动物尸体会招来上百种昆虫，而作为法国军队的军医，他得以记录下来这些昆虫占据尸体的时序，从而用于预测（他较早的书《墓穴中的动物群》[*Fauna of the Tombs*] 对此有过详细说明）。他给许多不同的物种画了素描——虱子和苍蝇居多，从蛹到成虫的各个成长阶段都有——然后出版给大众阅读。

　　马格宁所展示的细心观察和因时而变的意识，为萌芽中的法医昆虫学奠定了科学基础。他的谨慎小心令昆虫和逝者之间的关系在法律上具有了前所未有的地位；马格宁以专家证人身份共参与了法国 19 个案件的侦查。然而，昆虫学依然被看做法医学的细枝末节，不为人所重视。

　　昆虫学的首要问题是昆虫学家 需要考虑的变量太多——温度、尸体姿势、土壤变化、气候变化和植被变化——并且在 19 世纪，他们缺乏可供使用的顺手工具。欧洲和美洲的科学家却深受马格宁的启发，整个 20 世纪都在努力提高辨认物种类型、了解其生长阶段的精确度。

　　1986 年，伦敦自然历史博物馆的昆虫学家肯·史密斯（Ken Smith）写了一本《法医昆虫学手册》（*A Manual of Forensic Entomology*），以此向让·皮埃尔·马格宁致敬。这本书改变了法医学,史密斯将能得到的有关喜食腐肉昆虫(苍蝇居多)的信息综合起来,比以往更精确地展示了如何利用昆虫来断定尸体的各种时间信息。该手册极为实用,方便携带到调查现场备查。其中描述了各物种出现在被埋尸体(暴露在外或隐于水下)上的时序。史密斯还是位出色的分类学家,他所撰写的分类指导如今依然为人们所使用。将手册与分类指导放到一起读,人们就可以判定苍蝇第一次发现尸体的位置,即便之后尸体被移动了也无妨。

肯·史密斯在自然历史博物馆的继任者是马丁·霍尔(Martin Hall)。霍尔身材高挑,常常在博物馆走廊里跑来跑去,情绪激昂而又充满热情地到处评论。他对自己所看护的 3000 万个昆虫样本的热情溢于言表,感染了不少人。

他白天在博物馆工作,同时扮演着法医昆虫学家的角色。他的手机随时可能会响起,接着就是收到警察指令,扔下手中的事务,迅速赶往案发现场。"从死尸上收集昆虫不是件容易活,"他说道,"但是职业责任感占了上风,这实在令人惊奇。"

马丁对这些东西的痴迷源于童年。他在非洲东部的桑吉巴岛长大,正是在这里,他发现床上挂的蚊帐只会把昆虫困在里边,而不是把它们挡到外面。每天晚上躺下睡觉的时候,半睡半醒之间,竹节虫会爬进来,螳螂会扑进来,偶尔还有蝙蝠飞过。

在英格兰读完书后,他回到非洲,用了 7 年时间来研究舌蝇的行为。有一天,他在干草原上看到一头成年大象的巨大尸体,烂肉上满是嗡嗡的苍蝇。一周后,他回到这里,发现其尸体只剩下被啃得精光的巨型骨架。再过一周,绿头苍蝇(丽蝇)像低悬的雨云一样把这里挤得满当当。"场面特别壮观。虽然说也有其他食腐动物,比如土狼和秃鹰,但估计蝇蛆消灭的生物量占 40%—50%。"

如今，马丁见人就提起他对这份工作的热情。我到博物馆拜访他的时候，他把我扯到后台，沿着十几级石阶爬到高耸的哥特式尖塔上，伦敦的美景尽收眼底。但我来这里不是为了看风景的，而是要参观马丁及其团队为了拓展知识范围而做的一些实验的装置。在这个世界里，日常熟悉的物品都有了非同寻常的意义。手提包里放了一个猪头，这是为了研究苍蝇如何穿过拉链到里面产卵；狗笼里关着腐烂的小猪；特百惠三明治盒子里盛满了小心保存的蝇蛆。这种场面岂止令人倒胃口，难怪之后我不肯吃他给的三明治了……

在博物馆收藏的这些昆虫里，有些还具有极大的历史意义。马丁给我看了一个样本瓶子，然后悄悄说道："这可是偶像级的蝇蛆。它们来自巴克·拉克斯顿一案。"

巴克·拉克斯顿一案在英国犯罪历史上臭名昭著。从许多方面来说，它在鉴证科学上是个里程碑式的案件，但对于马丁·霍尔这样的法医昆虫学家来说，它则是英国第一起运用昆虫成功破案的案件。这件案子极为轰动，1935 年秋天的报纸上铺天盖地都是关于这件案子的专栏。

巴克·拉克斯顿是具有帕西人和法国人血统的医生，在孟买获得职业资格，定居在英格兰北部。他与一位名叫伊莎贝拉的苏格兰女子同住，人称"拉克斯顿夫人"，另有 3 个小孩子。他是兰卡斯特第一位非白人医生，受人爱戴，家庭比较贫困的病人尤其喜爱他。

某个星期日早上，拉克斯顿医生打开前门，看到一个骨瘦如柴的 9 岁小男孩。小孩妈妈满怀希望地站在他身后，双手护着他，怕秋天的寒气伤了他。"对不起，"医生说道，"我今天不能做手术。我妻子去苏格兰了，只剩我和小保姆在家。我们正忙着把地毯收起来，装修工上午就会过来。看看我的手，多脏啊。"两人闷闷不乐地转身走了，而那位母亲则径自想着医生伸出的那只手怎么能那么干净。

拉克斯顿家有位19岁的女仆，名叫玛丽·罗杰森。医生门前这件小事发生几天过后，她父母报告她失踪了。警察询问了拉克斯顿医生，他声称自己的妻子带着女仆前往布莱克普尔，并且怀疑伊莎贝拉有了情人。这跟已知的伊莎贝拉最后一次被人看到的地点相符：有人看到她跟朋友玩到半夜之后，在晚上11点30分从布莱克普尔开车走了。她的逍遥自在引发了拉克斯顿一家一场剧烈的争执，拉克斯顿医生常常责怪妻子有外遇，玛丽则常常目睹他发泄满腔妒火。

警察第二次去询问拉克斯顿的时候，他声称伊莎贝拉和玛丽去爱丁堡了，但兰卡斯特早已满是流言蜚语。拉克斯顿虽然极受社区居民尊敬，但仍有谣言说他跟妻子的争吵在这个夏季变得越来越严重，越来越尖刻，两人的失踪或许有更邪恶的原因。

9月29日，一女子正沿莫法特附近的一条路从卡莱尔（Carlisle）前往爱丁堡，走在峡谷上方的大桥时，她发现下面小溪岸边伸出来一只人手。到达现场后，警察发现了30个血淋淋的包裹，里边装着用报纸包着的尸块。接下来的几天里，警察和部分群众在附近区域又发现了其他尸块。最终的尸块共有70块，属于两具不同的尸体。尸体破碎不堪，明显是为了防止辨认身份——指纹被刮掉了——凶手显然是懂得人体解剖学的人。

人们发现一些蝇蛆在以腐烂的尸块为食，遂将它们送到爱丁堡大学。在那里，昆虫学家认出这是一种特殊的绿头苍蝇。他们把抛尸距今的时间范围缩小到12天内，警察据此将尸块与伊莎贝拉和玛丽的失踪案联系了起来。

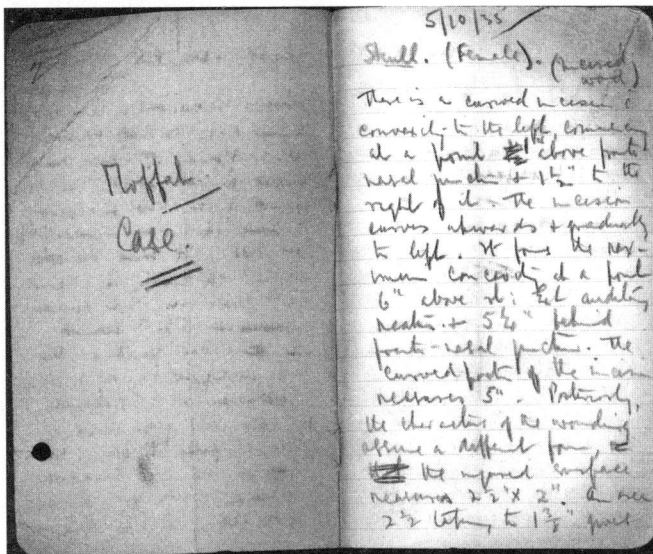

巴克·拉克斯顿案首席鉴证调查员约翰·格雷斯特二世的犯罪现场笔记。供图：格拉斯哥大学

警员在细致地搜索伊莎贝拉·拉克斯顿及其保姆玛丽·罗杰森遗体被发现的地方。她们的遗体被发现于30多个袋子，被许多人称作"拼图杀人案"。供图：格拉斯哥大学

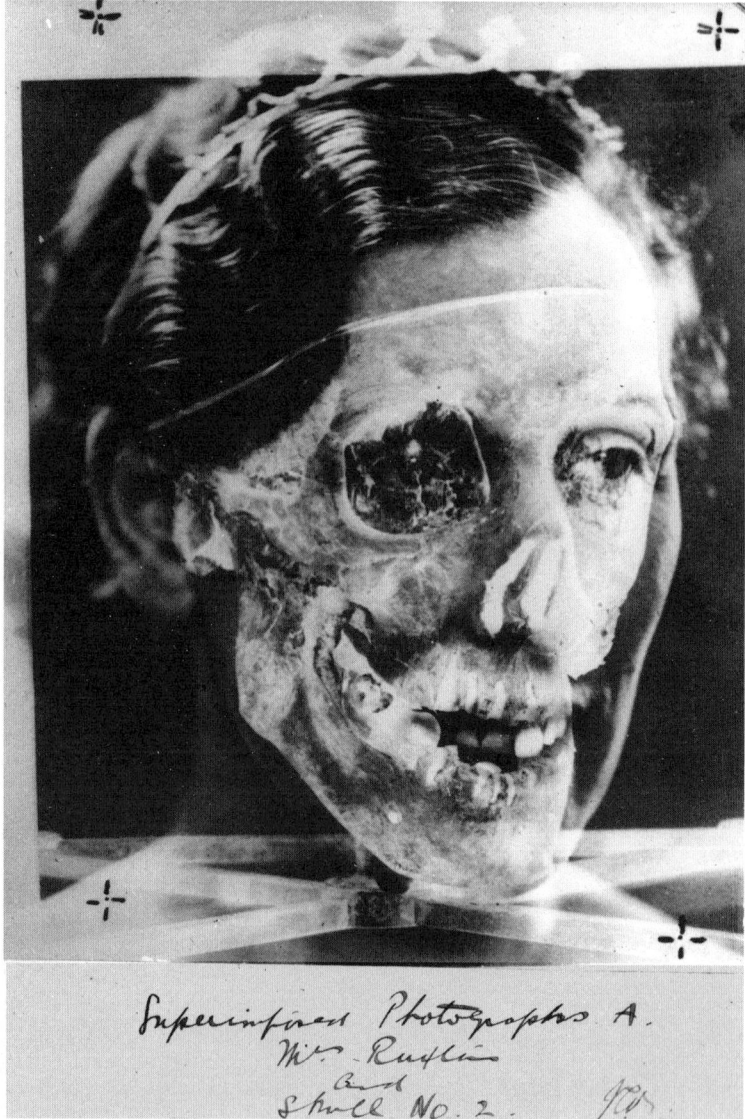

Superinposed Photographs A.
Mrs Ruxtin
and
Skull NO. 2.

该图将伊莎贝拉·拉克斯顿的面部图片叠印到小溪
里找到的那具头骨上，使得巴克·拉克斯顿被定罪。
供图：格拉斯哥大学

案子有了起色，但针对巴克·拉克斯顿的证据远不止这些蝇蛆。格拉斯哥大学的一位解剖学家和爱丁堡大学的一位司法病理学家煞费苦心地复原了两位受害者的尸体。他们将伊莎贝拉活着时的照片叠加到其中一具头骨的照片上，二者完全重合。一些尸块用《星期日画报》(*Sunday Graphic*) 9 月 15 日特刊的散页部分包着，而这份特刊仅在兰卡斯特和莫克姆发行；另一些尸块则用拉克斯顿家孩子们的衣服包着。

拉克斯顿显然没自己想得那样沉着冷静。从峡谷匆匆忙忙回兰卡斯特的路上，他开车撞倒了一个骑自行车的男子。车主记下了车牌号，人们顺藤摸瓜，一下子就查到了拉克斯顿的车。这场意外的日期正好与蝇蛆和《星期日画报》两项证据完全吻合。

最后一块拼图来自于当地水文特征。峡谷里的溪水最后一次涨潮是在 9 月 19 日，尸块一定在此之前就已被抛到那里，因为有些部位，比如那只伸出来吓人的手，被冲至溪水涨潮所到达的位置。

巴克·拉克斯顿被捕，谋杀罪成立。犯下恶行 9 个月后，他在曼彻斯特的斯特兰奇韦斯监狱被执行绞刑。我们永远无法得知所谓的"拼图杀人案"的具体情形，但是，根据验尸结果，拉克斯顿很可能是用双手掐死了妻子。女仆被割喉，估计是在发现他的罪行后被灭口。

昆虫证据不过是鉴证马赛克拼图中的一块，它揭露了凶手的罪行，但拉克斯顿一案中成功地综合应用了多种办法，使得公众和从业者对鉴证科学的作用倍加信任，这其中当然也包括法医昆虫学这个领域。人们明白，即便拉克斯顿不用当地的报纸去装受害者零碎的尸体，而采用白纸袋，即便他的车没撞倒那辆自行车，即便那条小溪没有涨潮，蝇蛆依然会指向他这个凶手。因此，很多新的想法涌入了这个领域。

马丁·霍尔把大部分时间都献给了绿头苍蝇——昆虫的一科,与尸体的联系最为普遍。世界上已知的品种超过1000种,马丁认为绿头苍蝇是鉴证世界中的"黄金标准指示器",原因有很多:嗅觉极度敏感,在100米开外都能定位哪怕最微小的血滴,或是最轻微的尸腐味道,所以比其他昆虫家族占据尸体的速度都快;对其生长阶段的了解和记录极为丰富,能够为估计最小死后间隔时间提供最佳信息;在英国各地的变种多样,即便尸体在别处被发现,也能找出谋杀现场的位置。

其他科的昆虫先用嗅觉尽量接近食物,然后改用视觉。绿头苍蝇却不一样,它们会一直用嗅觉,直到降落在所嗅到的东西上面。所以无论用哪种方式处理尸体,想让绿头苍蝇找不到实在太难了。例如,如果尸体被藏在地板下面,腐烂的气味会逐渐渗过多孔砖,苍蝇就会爬进去找到尸体。

就算尸体被封得严严实实,其位置线索也依然显而易见。几年前,印第安纳州的美国警察正在搜寻一个失踪人员,发现一口封闭的水井上方盘旋着一群不肯放弃的苍蝇。该失踪人员已被谋杀,凶手将其遗体扔进了水井里。他把水井封得严严实实,防止昆虫进入,然而微乎其微的腐烂气味是挡不住的。苍蝇们就像一个活动墓碑,地底下人类鼻子闻不到的气味,它们都会被吸引过去。

巴拉克·奥巴马于2009年就职后不久,在CNBC的一场直播采访节目中,一只绿头苍蝇一直绕着他的头飞来飞去。最后,这只苍蝇落到他的左手背上,他迅速用右手一巴掌把它给扇死了。"刚那下超厉害,对吧?"他说道,"我把那吸血混蛋打死了。"2013年,又有一只苍蝇飞到总统身上,只不过这次正好落在两眼之间,给媒体提供了极好的照片素材。不过,若是马丁·霍尔看到这种场景,他的大脑早已开始思考如果总统无法轰走苍蝇,它们会有怎样的行为。"它们会继续探索他的身体。如果是即将产卵的雌性苍蝇,它们会寻找一个合适的地点，通常是头上的七窍，然后把卵产到鼻子、眼睛和嘴巴里。"

接下来它们的饕餮盛宴就开始了。1767年，现代分类学之父卡尔·林奈（Carl Linnaeus）发现，"三只苍蝇消灭马尸的速度跟一只老虎不相上下"。林奈之所以有这样惊人的话语，还全在于弗朗西斯科·雷迪（Francesco Redi）的先驱性工作。1668年，这位意大利人用一系列实验证明蝇蛆来自于蝇卵。在雷迪之前，人们以为尸体中的蝇蛆是自发产生的。

雌性绿头苍蝇产卵之后，生物钟便即刻开启。在夏季极热之时，英国品种的绿头苍蝇卵只需15天就可以长成。一天之后，蝇卵孵化成蝇蛆，蝇蛆则用嘴上的两个钩在腐肉中横行霸道。由于进食和呼吸器官位于身体的两端，蝇蛆在一天24小时内可以同时进食和呼吸。接下来的4天里，它狼吞虎咽，从2毫米长到2厘米，比其最初的尺寸大了10倍。

接着，肥嘟嘟的蝇蛆匍匐着爬离尸体，爬到不会被食腐鸟类或狐狸吃掉的黑暗地方。如果肉床在室外，它会往土里打一个15厘米的洞。如果是在室内，衣橱下面或者地板之间的空隙就成了它们的基地。在安安全全的黑暗中蝇蛆开始成蛹，其第三层也是最后一层外皮硬化成壳。十天后，苍蝇成虫破壳而出，如果是在室外的话，就打地洞爬到地表。这种为自由的拼搏堪称壮举。苍蝇会往头部的囊中注满血液，向内、向外搏动其气球形破壁器来松动泥土。接触到空气后，苍蝇身躯一震，甩出被弄皱的翅膀，几乎立即就开始交配。只有两天大的雌性即可产卵，有时候她们会把卵产在养育过她的同一具尸体上——不过由于蝇蛆能在不到一周的时间里消耗掉60%的人体，这时候大概也没留下多少了。

在警察叫他去过的林地、卧室、窄巷和沙滩上，马丁·霍尔会听到成群的苍蝇奏出的古怪音乐，看到各种景象，闻到各种味道。"有时候，你会听

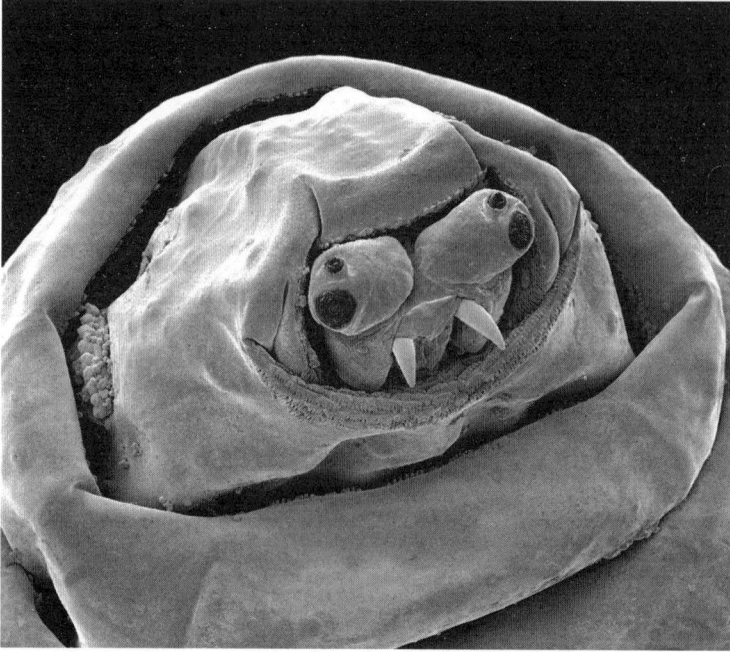

显微镜下的蝇蛆头部。注意那两个叉子状的齿，那是用来往嘴里刮腐肉的。供图：Sience Photo Library/Getty

趴在腐肉上的绿头苍蝇。绿头苍蝇可以在100米开外闻到腐烂气息，因而是昆虫世界中的"黄金标准指示器"。供图：Wikimedia Commons

到'有股腐烂的甜味'这种说法，确实有时候会有甜味，也会比较呛人。我见过有些上肢完全被吃空，只剩下骨架，因为尸体从一个睡袋中露出上半截，下半截感觉死得还没那么久。靠近现场的时候，味道还不那么冲。可袋子一打开，那味道就扑面而来。不仅有尸体的臭味，还有以尸体为食的蝇蛆的味道。它们会分泌氨水，那味道也是够冲的。"

有时候犯罪现场调查员会从尸体上收集样本，然后送去昆虫学家那里检查。马丁·霍尔喜欢亲自去看现场。如此一来，他就可以保证收集到的样本和信息能够作为呈堂证供，同时又能借机搜索其他人可能会忽略，甚至根本没考虑到的地方。他翻遍尸体寻找蝇蛆，从土里寻找蝇蛹。他想要找到最早的样本，因为这些能透露出苍蝇何时首次发现尸体，从而推算出最小死后间隔时间。马丁用沸水杀死一些蝇蛆，保存到乙醇中，其他的则留活的。环境越温暖，蝇蛆生长速度越快，所以马丁会放置一个温度计盒子，在接下来的十天里，它会整点记录温度。他还会从离现场最近的天气预报站获取过去两周的数据，以大致了解蝇蛆生长时的天气有多热。

回到实验室后，马丁会对保存好的蝇蛆进行至关重要的辨识工作。"就连亲缘关系最近的物种的生长速度也不一样，所以如果弄错的话，就会误导警察。"他将活的蝇蛆孵化至成虫，以确认自己辨识的准确性。他小心翼翼地检查保存下来的蝇蛆的解剖样本，判断其生长阶段。结合自己的估计和温度数据之后，他会绘制一张图表，按时间顺序追溯到母体绿头苍蝇产卵的时刻。这通常是关键信息，也是昆虫学家给鉴证谜团的解决献上的一份大礼。

但如果尸体存在时间超过 7 天，即超过蝇蛆羽化为成虫的大致时间？昆虫学家能够追溯到一周之前吗？随着昆虫学家将昆虫证人的极限越扩越宽，他们也开始弄明白如何解读蝇蛹身上的生物钟了。

蛹羽化为成虫需要 10 天时间。这一蜕变过程是昆虫神秘无比的关键，几个世纪以来引发了诗人、昆虫学家共同的思索。人们无法目睹蛹的变化过程，因为它们的壳是不透明的。然而，在 X 射线和微型 CT 扫描仪的辅助下，马丁和他在自然历史博物馆的团队攻克了这一难题。他曾经帮忙给许多品种的绿头苍蝇蝇蛆绘制了可靠的生长速度图表，如今则正努力破解蛹的成长之谜："30 个小时后，我给一个样本拍了 X 光照片，它还只是幼虫组织。3 个小时后，也就喝了一杯茶的时间，我又拍了一张，样本已经彻底转化了。它不再是未分化的幼虫组织，而是能清楚地分辨出头部、肺廓、腹部和正在发育的腿部、翅膀。"

人们可能会想，法医昆虫学家有了这样令人惊讶的洞察力，要想板上钉钉岂不是很简单。但陪审员和昆虫学的学生千万不能被误导了。1994 年，英国广播公司《证人是只苍蝇》（*The Witness was a Fly*）节目附带了一张卡通，里边有个夏洛克·福尔摩斯时代的放大镜悬在一只蝇蛆上方。这只蝇蛆举着一个公告牌，上写"谋杀，下午 3 点，周五"。这张卡通十分醒目，却也极具误导性。蝇蛆不会告诉我们谋杀行为是何时发生的，它只能指示苍蝇在尸体上产卵的时间，而这才能透露出受害者彻底死亡的时间。在炎热的夏季，人们可以把死亡时间范围缩小到周五，而且随着推理越来越精确，可能会确定在周五下午。但让昆虫学家把死亡时间精确到小时，无异于叫天气预报员在 11 月预报圣诞节会下大雪。各种变量阻碍着他们达到这种级别的准确度。

其中一个变量基于蝇蛆的群居性。它们喜欢"成群结队"地进食——就像狂欢乱舞的摇滚舞池。它们在移动过程中分泌出碱性物质，可以将组织分解成含氨的黏性物质。它们的进食行为特别激烈，因而会提高尸体温度，有时甚至能达到 50℃。这对绿头苍蝇家族十分有利，因为温暖的环境能提高它们的生长速度，但对于想要弄清楚它们行为的昆虫学家来说就十分头疼了。不过，蝇蛆只会在发育的后期阶段才会释放出大量的热，所以昆虫学家越早拿到蝇蛆，大量蝇蛆所造成的影响就越小。

如果最早的蝇蛆早已羽化为成虫飞走，找不到了，昆虫学家会利用 19世纪让·皮埃尔·马格宁关于昆虫占据尸体的时间可以预测这一观点。尸体开始干枯的时候，不同的蝇科，比如酪蝇、肉蝇、蚤蝇，就会在上面安家。当尸体太过干燥，蝇蛆的口钩无法钉住的时候，甲壳虫类便带着咀嚼类口器而来。它们会吃掉干燥的肉、皮肤和韧带。最终，蛾子幼虫和虱子开始进攻毛发，只留下一具骨架来昭示曾经存在过的生命。所有这些物种会按照各自的时间点出现，昆虫学家可以据此估计死亡后的时间间隔。

1850 年，一位泥水匠在巴黎的一个壁炉架后面发现了一具木乃伊化的童尸。起初，居住在此处的年轻夫妇被怀疑谋杀，不过当伯格利特·达布瓦斯（Bergeret d'Arbois）医生看到昆虫证据后，声称这具尸体在 1848 年被肉蝇（因卵胎生而有别于其他大多数苍蝇，它们会在腐烂物质或开放性伤口中产下已孵化的蝇蛆，而不是产卵）"蚕食"过，虱子到了 1849 年才在这具干枯的尸体上产卵。疑点随之移向前屋主，他们随后被捕并被判有罪。

在某些案件中，调查员所面对的疑团会完全与死亡时间无关。默西赛德郡最近发生了一起案子，警察搜查嫌疑人家里的时候发现了大量蛹的空壳。他们怀疑这是阁楼上死鸽子引来的，可是蛹的残留物这么多，显得有些古怪，但他们又没办法通过审问那些深棕色壳子来得知成虫破壳而出的时间。接着，有人出主意叫把这些空壳送去进行毒理学检测。检测结果令人震惊，这些空壳含有海洛因代谢物微迹。鸽子注射海洛因是不可能的，于是警察要求进行进一步检测。马丁解释道："蝇蛆把含有 DNA 的水状物吃进肚子，组织会进入它们的脊椎。蛹壳是蝇蛆的旧皮，其中可能还残留着人体组织。"进一步检测蛹壳后，人们发现其中含有人类 DNA 微迹，正好与一个失踪的吸毒者相匹配。根据这和其他证据，屋主因谋杀罪被判终身监禁。他处理了受害者的尸体，却无法堵上昆虫证人的嘴。

　　按照法医昆虫学的惯例，死亡时间有时会在判案中起着决定作用。有一天，10 岁的英国女孩萨曼莎在公园里遇到一位大约 30 岁的男子。他给她糖果，并和她交了朋友。回到家后，萨曼莎跟妈妈说了这件事。她妈妈似乎对女儿新结交的朋友不怎么上心。不久后，小女孩又遇到了这个男子，这一次他邀请她到家里去，并没有发生任何意外。两人经常像这样见面，之后去散步，或者看电视，有时候男子的几个男性、女性朋友也会在场。最后，女孩邀请男子到妈妈家中。不久后，妈妈与该男子开始做起了情侣。男子与妈妈共同生活了几周后，便开始性虐待萨曼莎。家里于是充满了痛苦和怨恨，三人之间不断爆发剧烈的争吵，萨曼莎随后下落不明。

　　警察进行了搜索，最后在一家医院堆满乱石和碎砖的地面上发现了她的尸体，其头骨左侧因沉重的钝物击打而凹陷。著名的昆虫学家扎卡里亚·阿正克里古鲁（Zakaria Erzinc, lioğlu）被叫到现场检查尸体。他发现了一些刚产下的卵和极小的绿头苍蝇的蝇蛆，这些证据表明人们最后看到她与男子在一起之后不久便即死亡。在法庭上，该男子拒不认罪。不过，审判中途，该男子精神崩溃，承认了自己的罪行。女孩威胁要告诉妈妈他的恶行，争吵之中，他杀了她。

　　在 30 年的司法生涯中，扎卡里亚·阿正克里古鲁曾协助解决过 200 多起凶杀案，且写了不少东西，不过他那本跌宕起伏的《蝇蛆、谋杀与男人》（*Maggots, Murder and Men*，2000）中涵盖的内容不止题目那么简单。例如，他在书中记录了芬兰的一个特殊案例。一天早上，一位政府官员走进办公室，发现地毯边上有好些大蝇蛆。他叫来清洁阿姨，问她上次打扫办公室是什么时候。她说"昨天晚上"，他对她大发雷霆，说她撒谎。他不肯相信这些"大肉虫"会一夜之间就出现，于是当场把她开除了。

但这位官员是典型的官僚主义者，他保存了一些蝇蛆，借机向赫尔辛基大学的一位教授炫耀。教授发现这是处于游荡期的绿头苍蝇的蝇蛆，它们已经进食完毕，食物可能是建筑物内某处的一只老鼠，正爬着找地方化蛹。它们确实可以一夜之间就能到达办公室。该官员面子上挂不住，良心不安地联系了那位员工，要她重回工作岗位。

到最后，一切都要归结到用科学来维护正义。从实验室这个抽象世界得来不易的所有事实，都要应用到犯罪现场那个毫不妥协的现实世界中去。"在学术环境中是遇不到这种事情的，"马丁说道，"但是在极短时间内应用我的昆虫学知识来帮忙，我会获得很大的满足感。许多科学家，不只是昆虫学家，多年艰苦努力却不一定能看到成果；而我却基本上在几个月里就能看到自己真正帮上了忙。"

马丁还回忆起约克郡发生的一件案子。一位老人把所有的精美家具卖给了一个靠花言巧语进了他家的人，价格几乎相当于白送。胆大包天的骗子告诉老人，说他的家具里有蛀虫，还用地板上的蝇蛆证明给他看，之后带着战利品扬长而去。老人心痛不已，于是叫来邻居。邻居发现地板上还有蝇蛆，就用瓶子装了交给警察，警察又把这些交给马丁。他立即认出这是大蚊幼虫——俗称长腿蜘蛛——它们喜食草根，对木头完全没胃口。

马丁说："幸运的是，偷家具那家伙后来被找到，家具也还给了老人。那个唐突的警察跟我说起老人拿回宝贝有多兴奋的时候，他自己也挺激动的。话说回来，这都是昆虫学知识的功劳。"所以说知识会带来完美结局；然而昆虫学证据也会靠不住，尤其是在法庭这样的对立环境中。

2002年2月1日，星期五，布兰达·凡·达姆与两位朋友一同前往加利福尼亚州圣地亚哥的一家酒吧，她丈夫则留在家里照顾3个孩子。布兰达凌晨2点回到家中，直到第二天早上去叫7岁的女儿丹妮尔起床时，她才发现女儿失踪了。她感到一阵恐慌。她最后一次见到丹妮尔是在前天晚上，小女孩当时正在写日记，小女孩的爸爸和另外两个孩子正在玩电视游戏。

警察走访了邻居，发现离他们家两户远的工程师大卫·韦斯特菲尔德开着房车去过周末了，其他邻居都在家里。原来丹妮尔和妈妈几天前曾敲过韦斯特菲尔德家的门，向他售卖女童子军甜点。2月4日，警察对他实施24小时监视。警察搜查了他的房车，找到了儿童色情出版物、丹妮尔的几根头发、指纹和她的一点血迹。数百名志愿者参与了搜寻，2月27日，他们在路旁一个长满灌木的干燥地带找到了丹妮尔赤裸的尸体。她干枯的皮肤几乎已经完全木乃伊化。

昆虫证据成为该案的主要聚焦点。共有4名昆虫学家被传召作证，这在历史上尚属首例。从丹妮尔体内并未发现多少蝇蛆，辩方请来的昆虫学家说苍蝇是在2月中旬产的卵。辩方律师认为，由于这是在韦斯特菲尔德被警察监视一周之后，他不可能把她的尸体抛到路旁。检方律师指责辩方昆虫学家使用了不准确的气候数据。他轻蔑地问对方收了多少钱，暗示对方是个"花钱雇来的走狗"，结果引起剧烈争吵，法庭只得提早休庭。

检方请来的昆虫学家将绿头苍蝇出没的时间定到了2月9日到14日之间，但仍然比2月4日警方开始监视韦斯特菲尔德晚了几天。不过，他们认为，苍蝇之所以寄居较晚，尸体上的昆虫数量之少，可能是受到其他因素的影响：极度干燥的天气——一个多世纪以来最干燥的季节——将丹妮尔体内的水分蒸发殆尽，降低了它对蝇蛆的吸引力；尸体上可能盖了毯子，之后又被狗给扯跑了；或许最早到达尸体的卵和蝇蛆都被蚂蚁搬走了。这些想法遭到了辩方律师的反驳。

大卫·韦斯特菲尔德被判绑架罪和谋杀罪，关进了死囚区。在加利福尼亚州，判刑与处决之间的平均等待时间是 13 年。直至今日，他一直都在抗议说自己是无辜的。2013 年，他正式提出上诉，要求重新审理，不过要经过最高法庭听证才行。

韦斯特菲尔德一案中 4 名专家的意见相左，给法医昆虫学的声誉造成了极大损伤。没有证据表明他们有谁是"花钱雇来的走狗"，只不过他们面临的情境和变量特别难以应付：蝇蛆样本数量极少；极端天气的报告互相矛盾；媒体监督十分严格。只有其中一位昆虫学家有机会亲自检查尸体，而只有当协同操作的时候，科学才能发挥最大效应。如果这些科学家能在无压力的环境中比较各自的发现——如今英国的司法系统就常常这样做——他们估计的时间范围或许会大大缩小。

自 1935 年巴克·拉克斯顿"拼图杀人案"以来，英国公众对法医昆虫学的崇拜正稳步提升。如今，由于《犯罪现场调查》（*CSI*，主角吉尔·格里森［Gill Grissom］常用昆虫来破案）这种罪案电视剧在国际上的流行，法医昆虫学已经得到了更广泛的认可。现实生活中的昆虫学家依然在努力找出更加惊人的方式，来用科学提取鉴证证据。在最近的一起美国案件中，嫌疑人的移动轨迹通过飞溅到他汽车挡风玻璃上的昆虫得到了辨识。

然而，这种突破性的技术并非每天都有的。吸收大量的信息，区分我们人多数人认为一样的不同昆虫，这就是法医昆虫学家大部分工作的基础。转攻鉴证学的昆虫学家都会步入一个情感上、精神上非常复杂的位置，当他们试图用显微镜解读微小的生物钟时，其知识和方法都会扩张到极限。不管线人是什么物种，让他（它）们拱手交出秘密总是件棘手的事。

04

尸体的秘密：病理学
PATHOLOGY

> 为使死亡丧失对我们的强大优势，我们就要逆着常规走。我们要习惯死亡，脑袋里常常想着死亡，把它看做很平常的事。

蒙田（Michel de Montaigne），

《随笔》（*Essais*，1580）

大诗人约翰·邓恩（John Donne）说过："民吾同胞也，孰死非我冤？我其为谁者？人类之一员！"这句话具有极重要的道德感，但除此之外，毋庸置疑的是，当突然而至的暴力死亡与我们自己的生命有所联系时，无论这个联系多么微弱，总会对我们产生更大的情感波动。所以牛津一所小型女校校友瑞秋·麦克莱恩一案对我的触动极大。我与她不熟，但与她和她的命运却有着一丝亲切感。

瑞秋·麦克莱恩是圣希尔达学院的大学生，19 岁那年成为约翰·坦纳的女友。1991 年 4 月 13 日，也就是两人交往 10 个月后，坦纳向她求婚。对于任何一个女孩子而言，这样的大事都会迫不及待地要跟最亲近的人分享。但接下来的几天，瑞秋在圣希尔达学院或整间大学里的朋友都没再见过她。她勤学好问，对人友好，热情开朗，谁都不肯相信她会不辞而别。坦纳给她的寄宿家庭打电话，说要跟她谈谈，可室友也不知道她的行踪。

经过五天的担惊受怕之后，学校领导向警察报告了瑞秋失踪一事。警察联系了在诺丁汉读大学的坦纳，他说最后一次见到她是在 1991 年 4 月 14 日晚上。他当时从牛津车站乘火车回诺丁汉，她在站台上跟他挥手告别。他们在车站自助餐厅遇到的一位长发年轻人提议顺便送她回阿盖尔街的住所。

坦纳与警方合作，协助了搜寻，在电视上重现了他从牛津车站离开的过程，试图激发可能见过瑞秋的人的记忆。人们相信他是第一位参加这种电视重现的凶手。在一次新闻发布会上，他情绪激动地告诉朋友和记者们，说他和瑞秋两情相悦，正准备结婚。

但警方怀疑坦纳有所隐瞒，于是提前安排记者问他一些关键问题，比如"你是否杀了瑞秋？"他回答时极不自然，且没有丝毫感情，令警察更加肯定他对瑞秋失踪一事了解更多内情。

警察搜查了瑞秋在阿盖尔街与朋友同住的屋子。一切似乎都井然有序，地板没有移动的迹象，其他东西也都没有疑点。侦探们无法找到能够用于逮捕坦纳或至少给他施压的证据，因而深感绝望。蛙人搜索了彻尔维尔河，其他警员则在附近的灌木林中进行地毯式搜索。

警察联系了地方委员会，查证阿盖尔街的那所房子是否有地下室。对方说虽然没有地下室，街上有些房子下面却有柱子支撑，这就意味着地板下面还有空间。

得到这一消息，警方于 5 月 2 日再次对这所房子进行了搜索。这一次，他们在楼梯下面发现了部分木乃伊化的瑞秋的尸体。坦纳将她塞进楼梯板底部20厘米的空隙中，然后推到地板下方。虽已死亡18天，她的尸体并未怎么腐烂：从多孔砖透进来的温暖干燥的空气风干了她的皮肤。

找到尸体只是谋杀案调查第一阶段的终结，却是法医病理学家对被告人提起诉讼这一关键过程的开始。在瑞秋·麦克莱恩一案中，这一任务落到了盖伊医院法医学科主任伊恩·韦斯特（Iain West）的肩上。尸体解剖过程中，他发现瑞秋的喉头左侧有一处1厘米的瘀青，右侧则有4处。他拍下这些淤青和斑点——她面部和眼睛里的出血点。通过内部器官检查，他发现喉咙里的喉部韧带断裂。所有这些创伤都表明是窒息致死。另外，她头皮上缺了一撮头发，韦斯特相信瑞秋扯掉头发是为了减轻喉部压力而做出的绝望举动。

当警方带着从伊恩·韦斯特那里得到的确凿证据对质约翰·坦纳时，他开口承认杀了瑞秋。审判时，他说："我充满怒火地使劲打她，又用手掐住她的脖子。我一定是失去了控制，因为我对之后的事情印象非常模糊。"他宣称是在瑞秋承认出轨之后将她杀死，接着在她毫无生机的尸体旁边躺了一夜。第二天早上，他找到一个藏匿她的合适地点，把尸体从橱柜的空隙中拖过去，然后乘火车回到诺丁汉。坦纳被判终身监禁，2003年获释后回到了故乡新西兰。

法医病理学就像解密拼图。病理学家要把从尸体内外发现的异常成分记录下来，根据这些残缺的信息，努力重现过去。纵观人类历史，人们一直想弄明白为什么自己所关心爱护的人会香消命殒。"尸体解剖"一词源于古希腊语，意为"眼见为实"。尸体解剖便是通过医学途经来满足人类这一内心深处的好奇心。

历史上已知的第一例法医尸体解剖发生在公元前44年，给尤里乌斯·凯撒（Julius Caesar）做尸体解剖的医生报告称，在这位大帝身上的 23 处刀伤中，只有第二、三根肋骨之间的一处是致命伤。几个世纪后，希腊名医盖伦（Galen）主要通过解剖猴子和猪发表了极具影响力的报告。尽管解剖材料十分不入流，但他关于人类解剖学的理论一直无可争辩，直到 16 世纪的安德里亚斯·维萨里开始在正常解剖和非正常解剖之间做出比较，从而为现代病理学——疾病科学——铺平了道路。

1543 年，维萨里发表了解剖学经典著作《人体结构》（*On the Fabric of the Human Body*），并将它献给神圣罗马帝国皇帝查理五世，该王朝因而见证了法医学的第二次里程碑式的事件。对于神圣罗马帝国而言，法律程序法规第一次付诸现实。其中规定哪些罪行是重罪，允许烧死巫师，并且第一次赋予法庭下令对重罪进行调查和审理的权利。这些法令统称为卡罗莱纳法典（Carolina Code），其中规定法官要在遇到涉嫌谋杀的案件时征求外科医生的意见，对法医学起到了至关重要的作用。

法典在欧洲大陆得到广泛采用，医学作家对于在法庭上展现自己专业能力的热情逐渐高涨，其中就包括法国理发师兼外科医生安布雷斯·巴雷（Ambroise Paré）——有时被称为"法医病理学之父"。他论述了暴力死亡对内部器官的影响，解释了雷击死亡、溺亡、窒息死亡、中毒身亡、中风死亡和婴儿被杀的表现，揭示了如何区分活体和死尸身上的伤口。随着人们对人体组织的知识越来越丰富，对该行业的了解也逐步加深。到了 19 世纪，阿尔弗雷德·斯温·泰勒（Alfred Swaine Taylor）对法医病理学做了详细论述，将英国及其之外的法医行业引向了现代化道路。他最重要的著作《法医学手册》（*A Manual of Medical Jurisprudence*，1831）在他一生中曾再版 10 次之多。到了 19 世纪 50 年代中期，泰勒已参与过 500 多起司法案件侦查，然而他的经历也早早地证明了鉴证科学家和我们普通人一样容易出错。

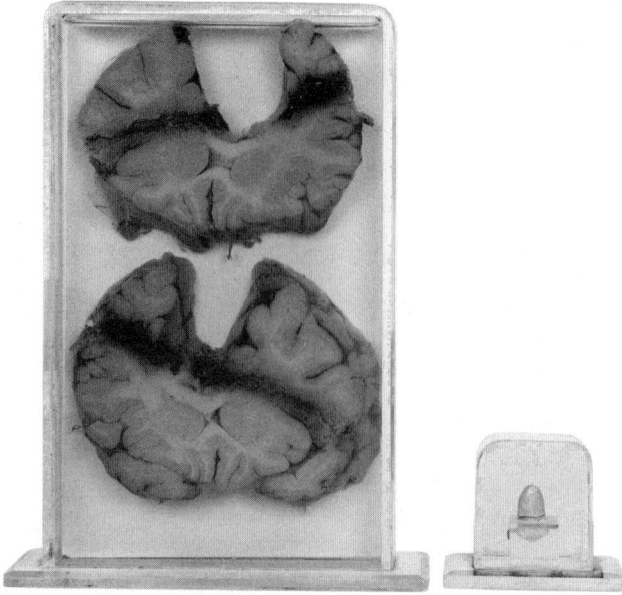

被枪击的受害者大脑的一部分，显示了子弹的轨迹，另为子弹本身。供图：伦敦玛丽大学

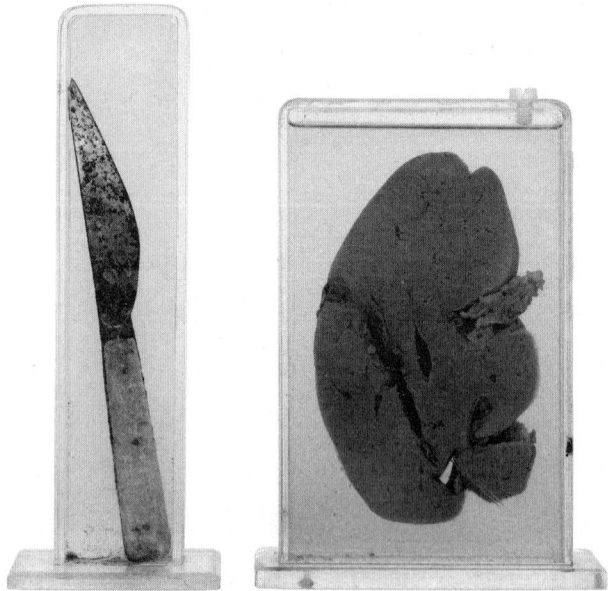

肝脏的一部分和导致致命伤的刀子。供图：伦敦玛丽大学

1859 年，托马斯·斯梅瑟斯特因毒杀情人伊莎贝拉·班克斯被起诉，在伦敦中央刑事法庭受审。在审判过程中，斯温·泰勒作证称斯梅瑟斯特的一个瓶子里存在砒霜，这便是证明他有罪的证据。斯梅瑟斯特被宣告有罪，判处死刑。后来得到澄清，斯温·泰勒的检测并不适当，瓶子里很可能根本没有砒霜成分。伊莎贝拉·班克斯在此之前就已久病缠身，极有可能属自然死亡。斯梅瑟斯特被赦免，但仍因重婚罪被判一年有期徒刑。《柳叶刀》（Lancet）和《泰晤士报》（Times）对斯温·泰勒和谋杀判决大加挞伐，法医病理学成了所谓的"糟糕透顶的科学"。该案给法医病理学罩上了一层数年都无法驱散的阴影。

考虑到英国司法体系中两相对立的戏剧特征，该行业若想重振声誉，就需要一个既具有专业素养又极具人格魅力的领导人才。伯纳德·斯皮尔伯利（Bernard Spilsbury）就是这样一个具有魔力的人。斯皮尔伯利英俊潇洒，雄辩而令人信服，公共场合现身时总是戴着高顶礼帽，穿着燕尾服，扎着胸花，身披长大衣。他的专业技能众人皆知。他那灵活的双手摆弄死尸时既高效又精确。论及自己的发现时，他的语言清楚易懂。

陪审员和公众对斯皮尔伯利痴爱不已。媒体将他比作一块坚石，凭借着它，法律便能打破邪恶谋杀犯的谎言。1947 年去世时，《柳叶刀》称他："孑然一身，无人敢与之挑战，是最伟大的医学法律专家。"斯皮尔伯利曾代表英国政府参与过 200 多起谋杀案作证。

公众首次关注他是在 1910 年，当时他是轰动一时的霍利·哈维·克里平医生一案的专家证人。克里平是美国顺势疗法医师和专利药物销售员，住在康姆登镇。与其同住的妻子科拉是一位戏院歌手，艺名叫做"贝拉·埃尔默"。二人的婚姻多有坎坷，科拉的朋友突然见不到她的踪影。克里平医生有时说她死了，有时又说她去美国追求事业发展了。朋友们疑心顿起，于是报了警，警察询问了克里平，并搜查了他的房子，结果一无所获。但他们的调查引起了克里平的恐慌，他便与年轻情人艾瑟尔·勒纳芙乘坐 SS 蒙特利斯号逃往加拿大。勒纳芙打扮成小男孩，荒唐地装成他儿子。

他们的逃跑再次引起警方怀疑，对房子进行的二次搜查却同样一无所获。不过警察疑心仍在，第三次搜查时，他们挖开了地下室的砖砌地板。这一次，他们发现了一具裹在男士睡衣上衣里的人体遗骸。

与此同时，蒙特利斯号船长注意到船上的这两位古怪乘客，船刚出海，他就给英国政府发了一封电报："强烈怀疑伦敦克里平地下室谋杀案主犯及同谋就在船上。主犯的小胡子养成了络腮胡，同谋打扮成了小男孩，其举止及身形无疑是个女孩。"伦敦警察厅（Scotland Yard）[①] 总督察德武（Dew）乘快船先二人一步到达加拿大，二人刚一落脚便被突然抓捕归案——这是在无线通信帮助下进行的第一次抓捕行动。

警方从伦敦圣玛丽医院召来一位外科医生检查尸体，年轻的斯皮尔伯利于是加入该案。斯皮尔伯利仔细查看了科拉·克里平的病历，发现她腹部曾做过一次手术。尸体解剖并不能判定尸体性别，不过斯皮尔伯利发现了有毒物质的踪迹。

法庭审讯克里平时，斯皮尔伯利呈上一片带有曲线状疤痕的皮肤。这片皮肤保存在甲醛溶液中，来自那具应该是科拉·克里平尸体的躯干。他用玻璃碟子端着给各位陪审员看了一遍，接着在隔壁房间架起显微镜，让陪审团成员检查组织切片。辩方病理学家据此反驳，由于皮肤上面有毛囊，那它肯

---

① 伦敦警察厅（Scotland Yard），苏格兰，根据 1829 年的法案而建立的伦敦警察机构，1883 年为打击芬尼亚运动在伦敦成立了爱尔兰特别警察分局，或称伦敦警察局刑事侦察处政治科，名义上属苏格兰领导，实际上由英内阁直接控制，为英国反间谍、反破坏机构之一。

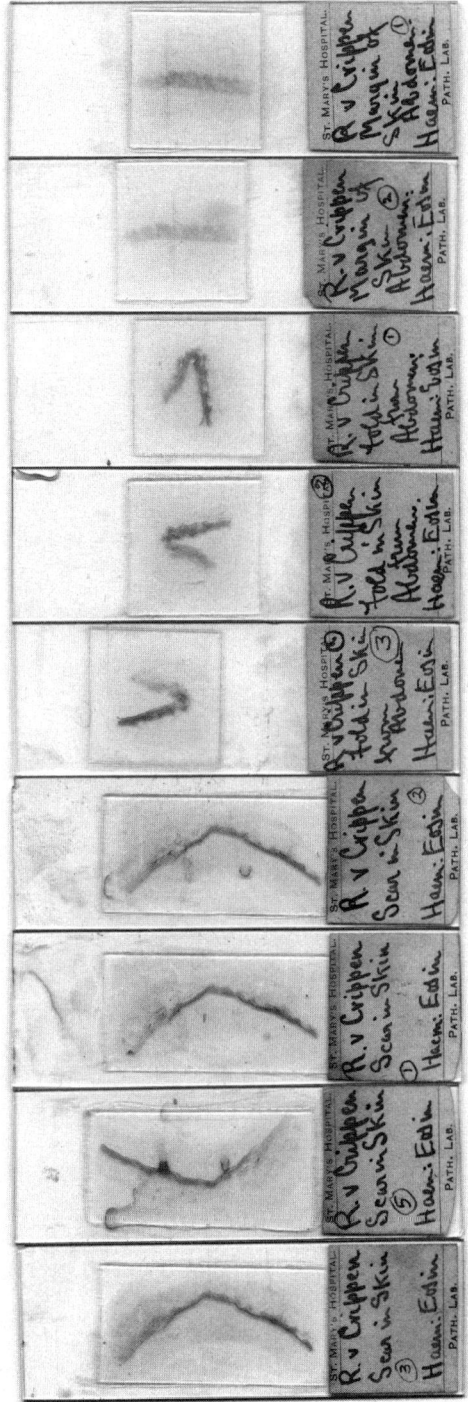

斯皮尔伯利制作的一系列切片，
显示的是地下室中所埋尸体的
伤疤部位：据他所言，经证明，
这一尸体就是科拉·克里平，但
其他人并不同意。供图：伦敦皇
家医院档案博物馆

定是皮肤襞褶，而非伤疤组织，然而陪审团选择了相信斯皮尔伯利。法庭裁决克里平犯有下毒、谋杀妻子的罪行。他在伦敦本特维尔监狱被绞死，按他的要求，陪葬了勒纳芙的一张照片。勒纳芙作为谋杀行为发生后的同谋而被起诉、问询。

克里平一案的皮肤组织如今保存在伦敦皇家医院，2002 年，伯纳德·奈特（Bernard Knight）教授对其进行了检查，从中并未找到表明其为伤疤组织的确定信息。近期对该切片的 DNA 检测表明其中的 DNA 信息与科拉·克里平的一些后代并不匹配，且该遗体性别为男性。讽刺的是，该案令公众把斯皮尔伯利看做法医病理学的代言人，却也是他完全失误的滑铁卢。

克里平被绞死 5 年后，斯皮尔伯利又参与了一起引人注目的案件的侦破，这一次，DNA 检测或其他现代鉴证技术都无法帮他破案。1915 年 2 月 3 日，白金汉郡（Buckinghamshire）一位名叫查尔斯·伯恩汉姆的果园主端着一杯茶坐下来，打开了一份《世界新闻报》（News of the World）。第三版的一条标题令他震惊不已："死在浴室——新娘婚后第二天的悲剧命运。"这篇简短的报道称一位玛格丽特·里罗伊德在伦敦北部的公寓内被发现身亡。"医学证据表明，流行性感冒加上热水浴可能导致了昏厥。"报道得出这个结论。差不多一年前，查尔斯·伯恩汉姆的女儿也是婚后不久就在布莱克普尔（Blackpool）死于浴缸中。伯恩汉姆联系了警察局，发现玛格丽特·里罗伊德的丈夫名叫乔治·约瑟夫·史密斯，正是女儿爱丽丝·伯恩汉姆死前嫁的那个人。

警方让斯皮尔伯利给从坟墓中挖出来的玛格丽特·里罗伊德的尸体进行解剖。之后，他又到布莱克普尔给爱丽丝·伯恩汉姆进行了尸体解剖。接着，警方查出了第三个女人的详细信息。此人名叫贝西·威廉姆斯，与乔治·史密斯结过婚，1912 年 6 月 13 日在肯特郡的家中死于同样的情形。

对于前两起溺亡案件，验尸官判断为意外死亡，然而，警方重新调查时发现史密斯从 3 位妻子的死亡事件中均获得经济利益：从玛格丽特和爱丽丝所持有的生命保险中分别获得 700 英镑和 506 英镑；从贝西那里获得 2500 英镑的委托金（现值 190000 英镑左右）。从中看出模式后，警方逮捕了史密斯。

斯皮尔伯利从玛格丽特和爱丽丝的尸体上并未发现暴力、毒物或心脏病的迹象，而在贝西的尸体上，他从其大腿部发现了"鸡皮疙瘩"，这有时就是溺水身亡（也可能是死后腐烂所致）的证据。斯皮尔伯利读了那位第一个见到贝西尸体的全科医生的笔记，注意到她手中握着一块肥皂。

他叫人把 3 个浴缸全搬到肯特镇（Kentish Town）警察局，然后排成一行，仔细检查。贝西·威廉姆斯一案尤其令他迷惑不解。她死前不久，史密斯曾带她去看医生，让她跟医生聊聊癫痫病症状。史密斯告诉贝西，说她时常昏厥，贝西对此却毫无记忆，且家族里并没有人患癫痫病。斯皮尔伯利对这一说法并不信服。贝西身高 1.69 米，体格肥胖，她溺亡的浴缸最长仅为 1.5 米，前端还有滑坡。斯皮尔伯利知道癫痫昏厥的第一阶段会导致身体完全僵硬，考虑到贝西的体型和浴缸的形状，这样的晕厥只会把她的头部置于水面之上，而不会沉到水下。

若贝西不是因癫痫昏厥而死，又会是什么呢？通过进一步的研究，斯皮尔伯利发现，水迅速灌入鼻子和喉咙会抑制重要的脑部神经，即迷走神经，导致突然丧失意识，紧接着就是死亡。这种不常发生的情况的常见伴随结果便是瞬时尸僵——斯皮尔伯利认为这就是贝西紧握一块肥皂的原因。

1853 年，阿尔弗雷德·斯温·泰勒（Alfred Swaine Taylor）曾明确说过，溺死成年人而不留下淤青是不可能的，因为他们会为了呼吸而拼命挣扎，这

乔治·史密斯与贝西·威廉姆斯在结婚当日。她之
后将成为他的第一位受害者。供图: TopFoto

一点是毋庸置疑的。总督察尼尔（Neil）决定在审判前进行一系列实验，来验证斯皮尔伯利关于这些妇女如何死亡的理论。他找来一些女性志愿者，让她们被按入浴缸时努力尝试反抗。第一位志愿者身穿浴袍，踏进放满水的浴缸，成功地抓住浴缸边缘拼命反抗。然而，当尼尔抓住她的脚脖，猛然抬高她的双腿时，她滑到水底，失去了意识。医生用了好久才使她恢复意识；她能活下来真是幸运。该实验并非斯皮尔伯利的主意，但他是知情人，实验结果显然对他的名声有益。

乔治·史密斯因谋杀贝西·威廉姆斯受审。在法庭上，斯皮尔伯利说的话极具威信，并且不遗余力地给陪审团讲解。他们仔细考虑了 20 分钟，接着裁决史密斯有罪。史密斯在梅德斯通监狱被执行绞刑。

史密斯是个巧舌如簧的骗子，年仅 9 岁就在伦敦东区犯下了第一起盗窃案。长大后，他开始戴上金戒指和色彩鲜艳的领结来捕获女人的芳心，方便利用她们。由于第一次世界大战的早期影响，也由于当时英国许多年轻人都搬去了殖民地，1915 年的英国有 50 万名剩女，为史密斯提供了大量猎物。报纸添油加醋的报道铺天盖地，公众对"浴缸新娘杀人犯"的兴趣十分浓厚。一波一波的记者渴望着发一篇"科学家击败连环杀手"的报道，调查期间不断光顾斯皮尔伯利家。他就像一颗冉冉升起、永不坠落的明星。

斯皮尔伯利参与侦查的许多案件都涉及丈夫被诉谋杀妻子。想想在科学尚不发达之时，这些女性之死背后的真相无法为人所知，多少凶手逍遥法外，实在令人胆寒。渐渐地，媒体把斯皮尔伯利当做英雄的象征，他把一生都奉献给了解读无助受害者遗留下的隐秘线索，令那些罪恶的杀手难逃法网，或者无法再次犯案。1923 年，他受封爵士，更是进一步加固了他的英雄形象。一年后，另一起案件再次为他的声誉锦上添花。

12 月 5 日，艾尔西·卡梅隆离开伦敦北部的家，前往苏塞克斯郡克罗布拉夫镇看望未婚夫诺曼·索恩——一位养鸡场主。他们订婚已有两年，可索恩最近结交了新女友。

1925 年 1 月 15 日，警察在农场的一个养鸡场下面发现了艾尔西被肢解的尸体和塞到锡制饼干罐子里的头颅。起初，索恩告诉他们说她根本没到这里，但尸体被发现后，他改了口，说她来是为了告诉他她已经怀孕，想赶紧结婚。他说之后自己便离开了，可两个小时后再回来时，她已经在天花板上吊死了。他以为她是自杀，便决定掩藏尸体，把它切成 4 块埋了。

1 月 17 日，斯皮尔伯利进行了尸体解剖，在呈递给验尸官的报告中，他认为艾尔西属于暴力死亡，很可能是被严重殴打致死。他找到 8 处淤青，其中一处位于太阳穴，表面上看不出来，但切开皮肉之后就可以看到。他未从脖子上发现任何能证明上吊的绳子勒痕，就没有提取切片。之前他注意到她脖子上有两块印记，但认为这些只是自然褶皱，并未在意。在会同陪审团验尸过程中，验尸官问到怎么可能检查死了 6 周的尸体，但斯皮尔伯利向他保证，尸体的腐烂程度算不上问题。被告人诺曼·索恩质疑验尸报告，因为不存在淤青的表征，从而成功地申请到第二次尸体解剖。

2 月 24 日，艾尔西被挖掘出来，罗伯特·勃朗特（Robert Bronte）主持尸体解剖，斯皮尔伯利旁观。验尸本应在大白天或有灯光照射的太平间进行，而艾尔西的尸体是在从午夜到上午 9 点的期间挖掘的，尸体解剖则是在墓地灯光昏暗的小礼拜堂里，有一大群围观者和记者。棺材内浸满了水，尸体自斯皮尔伯利检查之后又多腐烂了一个月，不过勃朗特看到了脖子上的印痕证据，取了切片进行分析。

诺曼·索恩的审判持续了五天之久。辩方病理学家对淤青提出质疑。当检方问及尸体上是否有外伤痕迹时，斯皮尔伯利回答道："没有，一点都没

伯纳德·斯皮尔伯利，温文尔雅、声名显赫的病理学家。他的证言帮助法庭给数百个罪犯定罪，然而其中一些结论之后却受到质疑。供图: TopFoto

有。"辩方病理学家 J. D. 卡瑟尔斯（J. D. Cassels）认为，索恩把艾尔西·卡梅隆从横梁上救下来时，她还活着，这些淤青是她掉到地上造成的，而她在10—15 分钟后因休克而死：之所以没有勒痕，是因为血液循环把勒痕消除掉了。他批评斯皮尔伯利没有用显微镜检查脖子。

斯皮尔伯利作证说，最后两处淤青位于面部，她是被某种印第安棒球棍殴打致死，而该棒球棍在现场不远处已被找到。他像以往在法庭上一样坚定，绝不肯承认这些结论中有任何的不确定性。不过，在两年前的一次演讲中，他说如果通过交叉询问来严格检测医学证据的话，"医生就该感到自己出错了"。

在整个审判过程中，法官称斯皮尔伯利是"最伟大的在世病理学家"，并在总结陈词中告诉陪审团，说斯皮尔伯利的话"无疑是能获得的最好的意见"。半小时不到的时间里，陪审团就做出了"有罪"裁决。有些人觉得他们并不赞同这位病理学家提供的证据的复杂性，尤其是并没有迹象表明艾尔西·卡梅隆属于暴力死亡。对陪审团接受斯皮尔伯利那充满自信的结论表示质疑的就有阿瑟·柯南·道尔爵士，他就住在离诺曼·索恩不远的地方。他在《法学丛刊》（*Law Journal*）写道："陪审员赋予给伯纳德爵士的一贯正确神话，一定在某种程度上令他难堪。"

诺曼·索恩自始至终都在进行无罪抗辩，但依然因谋杀艾尔西·卡梅隆而在沃兹沃斯监狱被执行绞刑。死刑执行前夜，他在给父亲的一封著名信件中写道："算了，父亲，别担心。我只不过是斯皮尔伯利主义的炮灰而已。"

根据历史学家伊恩·伯尼（Ian Burney）和尼尔·潘伯顿（Neil Pemberton）的说法，索恩一案的关注点放在了两位对立的病理学家身上：大名鼎鼎的病理学家斯皮尔伯利，靠他的一把手术刀和直觉，令法庭充满戏剧性；以实验为根本的病理学家勃朗特，靠的是最新的鉴证科技。他们认为，斯皮尔伯利在太平间和法庭上展现的"精湛技艺有可能动摇法医病理学作为现代化、客观性专门研究的基础"。

在《致命目击者》(*Lethal Witness*,2007)一书中,安德鲁·罗斯(Andrew Rose)认为斯皮尔伯利导致了至少两次误判和多次饱受质疑的裁决。有时候定罪的依据十分站不住脚,因为如果伯纳德·斯皮尔伯利爵士认为某个人有罪,陪审团就相信此人必然有罪。在2000多个尸体解剖报告中,如果证据与斯皮尔伯利的想法不合,他就会隐瞒下来。

例如,1923年,根据斯皮尔伯利的证据,一位名叫阿尔伯特·迪恩利的士兵因捆绑最好的朋友致使其窒息死亡而被裁决有罪。被判谋杀罪后,他距离被绞死仅有两天时间,狱长却读到一封迪恩利写给一位女性朋友的信。信中的语气令他深感担忧,于是劝说内政部批准延期行刑。

真相及时得到查证:受害者并非死于谋杀,而是在同性性虐待游戏中意外窒息身亡。斯皮尔伯利——对同性恋的憎恨是出了名的——对真相表示怀疑,但他并未发表意见,因为他相信这位士兵是个色情狂,摊上这等事都是自找的。

然而,1947年,在与抑郁和身体不佳进行了漫长的战斗之后,斯皮尔伯利在伦敦大学学院的实验室含煤气管自杀,但将他尊为当代最伟大的病理学家的不止《柳叶刀》一家。谄媚奉承之声多次将异议者淹没。他的形象在死后逐渐黯淡,到了1959年,他的同事法医病理学家悉尼·史密斯(Sydney Smith)写道:"真希望以后别再有第二个伯纳德·斯皮尔伯利。"

如今,迪克·夏泊德(Dick Shepherd)是英国顶尖法医病理学家,但他坚称自己不是那种在法庭上哗众取宠的名流,即便某些经他解剖的尸体引人注目,他也不愿借机上位。从戴安娜王妃和吉尔·丹道(Jill Dando)到美国

"911事件"的受害者，他参与调查了一些近年来最为知名的死亡事件。对他而言，每一个案件都是同等的：尸体解剖本来就应该"不妄加判断，用科学方式获取事实"，把受害者的身份置于身外。

迪克·夏泊德每天早起为的不是那些逝者，而是生者。"我对于这种关联性特别痴迷——与警察、法庭和其他人共事。找出问题、理解问题、解读问题，然后把得到的信息提供给他人。我不得不把开膛破腹行为从自己身上分离出去，并铭记我这么做都是为了逝者的家属。虽说即便他们知道了实情也无济于事，但哪怕有一点的真相，他们就能有所突破，从而达到结案的目的。有时候，由于不想令逝者家属悲痛，人们不肯说实话，隐瞒了真相，鉴证科学就走上了歧途。这样是行不通的。"

在进行关键的第一次尸体解剖之前，警察要做出一个棘手的决定——这取决于病理学家该对案件了解多少。如果病理学家知道得过多，就可能给尸体解剖带来偏见。如果他知道得太少，又可能忽略一些重要的东西。正如迪克·夏泊德所说的那样，"如果这个过滤程序是由其他人来做，他们很可能不会给我们提供重要信息。等到这项信息突然出现在法庭上，难免有人会说'噢，天啊'。律师会发难，'如果你事先知道这个信息，你的意见会有异于此吗？''嗯，会的。''噢，谢谢您，夏泊德医生。'"律师会带着俏皮的笑意坐下来，接着就得撤诉了。

斯皮尔伯利之所以很少遇到辩方律师那俏皮的笑意，原因之一在于他几乎每次都对手头的案子背景了解得十分透彻。如今，每当迪克·夏泊德收到警方或验尸官办公室的电话，他很少被叫去现场，而是直接到太平间。以前由法医病理学家负责的犯罪现场证据收集工作，现在大部分都交给具有血迹和DNA分析专长的其他科学家来做了。在死亡现场，新来的犯罪现场调查员把尸体装进袋子，防止微迹证据掉落，比如毛发、纤维、尘土，同时防止尸体被污损。

真要到犯罪现场的时候——"有时候确实特别有用，不是说为了做些具体的检测，而是为了解读整个情境。"——迪克会观察尸体姿势及其与其他证据的接近度，比如武器、指纹、进入和逃跑的地点。他小心翼翼，除非必要，绝不触摸或移动尸体，以免丢掉或污损证据。在最近的一起案子里，警方认为躺在楼梯底部的女士是不慎跌落而死。迪克跟着去看了"她躺的位置、姿势，是否可能被移动过"。"进行尸体解剖的时候，我发现了一些伤口，觉得可能是她从楼梯上跌落时撞到其他东西造成的。由于我去过现场，以后就能够解释她体侧的擦伤是与拐角处相撞形成的。"迪克解释说。

侦探们总是想知道大概的死亡时间。这种信息可以动摇、推翻或确认嫌疑人的不在场证明。尸体死亡时间越久，就越难精确估算死亡发生时间；估算范围越小，对调查就越有用。

检查尸体时，迪克·夏泊德这样的病理学家首先要做的就是测量尸体的肛门温度，但涉嫌性侵时除外。遇到此类案件，他会把温度计插进下腹部。以前，人们认为尸体每小时持续降温1℃，直到与周围温度相同。举个例子来说，假如一个人死时的体温是人体平均体温37℃，室内温度是20℃，那么粗略估算死亡时间的窗口期就有17个小时。但研究表明这其中涉及诸多变量：较瘦的尸体比较胖的降温快；表面积越大，降温就越快；尸体是四肢伸开还是蜷缩，也会产生影响；衣着会影响降温；处于阴影中，或被太阳暴晒；在浅溪中，还是在河岸边。即便如此，越早进行细心解读都是有益的起点，病理学家可以利用列线图表，把肛门温度和体重等变量代入进去，估算死亡时间。

接下来，迪克要关注的是尸僵——尸体之所以被称为"僵尸"就在于这个可怕的原因。尸僵的表现在受害者死亡后大约两天内有助于病理学家，因为这涉及一个公认的周期。首先，尸体会彻底松弛，3—4个小时后，眼睑、面部和脖子上的小肌肉开始僵硬。尸僵是从上到下进行的，从头到脚，再到较大的肌肉。12个小时后，尸体完全僵硬，死亡姿势会保持24个小时左右。之后，肌肉逐渐松弛，全身按原先僵硬的顺序复原，从小肌肉逐渐过渡到大肌肉。再过大约12小时，所有的肌肉进入完全松弛状态。

但即便像尸僵这样有记录的过程，也无法完美地指示死亡时间。周围温度越高，这个周期的每一步都会加速。另外，弯曲和伸展尸体会扯断其肌肉纤维，从而消除尸僵，这是凶手常用来混淆视听的伎俩。

尸僵之后就是尸体在世界上最不堪入目的阶段了。"腐败物"可能不招人喜欢，但法医病理学家必须近距离接触才能做好自己的工作。首先，随着下半截肠子里的细菌开始"自我消化"过程，下腹部周围的皮肤变成青色。细菌逐渐占据尸体全身，将蛋白质分解成氨基酸，形成气体，引起尸体膨胀——从面部特征开始，眼睛和舌头外凸。接下来，血管像大理石花纹一样呈网状凸显在皮肤上，这是因为红细胞分解，释放出了血红蛋白。气体持续胀大腹部，直到溢出，有时会以爆炸形式喷出，形成难闻的气味。此时尸体已经变成了墨绿色，液体开始从鼻子和口中流出，皮肤剥落，就像"一个巨大的烂番茄"。

与此同时，由于"自我消化"的存在，内部器官一直在液化，先从消化器官开始，接着是肺部，再接着是脑部。苍蝇在尸体的开口处产卵，如眼睛、嘴巴和开放性伤口，蝇蛆则在不断地啃噬肉体。

科学家孜孜不倦地研究并改进衡量死亡时间的不同方式，然而，正如法医人类学家苏·布莱克（Sue Black）所说的那样，这么做并不总会繁事化简。"我们得到的信息越多，就越感到其中的困难。任何两具尸体都不可能以同样的方式腐烂，其腐烂速度也必然不同。有时候两具尸体相距两米不到，可它们的腐烂方式完全不同。这可能是源于体内的脂肪，可能源于他们使用的毒品或药物，可能源于他们所穿的衣物，也可能是其中一个身上独特的气味更吸引苍蝇。无从下手。"

想要解决诸多变量带来的问题，其中一种方式便是开发新工具。多年来，田纳西州立大学的人类学研究中心就一直在开发这种工具。"尸体农场"由威廉姆·巴斯（William Bass）于1981年设立，目的在于研究腐败物。这是第一家对人体腐烂和尸体如何与环境交互进行研究的机构。每年有100多人将自己的尸体捐献给尸体农场，然后被放置在不同的环境中等待腐烂。研究员摸索出了一条经验：地面上暴晒一周，相当于地下埋葬八周和水中浸泡两周。

田纳西州立大学法医人类学副教授阿尔帕德·万什（Arpad Vass）正在开发估算死亡时间的新工具。"腐烂气体分析"预计能辨识尸体腐烂各阶段产生的大约400种气体。在不同的环境中，弄清楚这些气体何时产生并在尸体上进行测量，将能更准确地估算死亡时间，这是前所未有的巨大进步。

尸体农场等研究机构的发现通过期刊和专题论文融入鉴证实践，为病理学家提供了大量知识，让他们可以为犯罪调查提供更好的证据。法理学家最常应用这些知识的场合是太平间或医院，其注意力主要集中在尸体解剖上。这个人是怎么死的？因何而死？是自杀、谋杀、意外死亡、年老而死，还是无法甄别？一下子就得出答案是非常罕见的。穿透死者脑袋的子弹可能是自杀行为、谋杀行为或意外所致。进入太平间后，法医人类学家所关注的范围是十分广泛的。他首先要关注细节，然后再次扩展，将这些细节综合起来得出结论。自尸体解剖从20世纪开始以来，它的基本步骤就没发生过太大变化。

尸体运到太平间后，迪克·夏泊德已经做好了拍照的准备。助手拿掉包

在田纳西大学的"尸体农场",为了研究,像这样的尸体会被置于各种各样的环境中,任由其腐烂。该图取自萨莉·曼恩"What Remains"摄影系列的其中一张。萨莉·曼恩,"无题",2000年,明胶银版,30×38英寸,三幅绘编。供图:Gagosian Gallery

裹尸体以便于运输的尸袋,然后从中搜寻微迹证据。迪克脱掉死者的衣物,拍完照后装袋并记录。接着,他拔掉头发,刮拭指甲,用棉签擦拭性器官,以提取生物样本,之后才小心翼翼地提取指纹:撬开手指来提取指纹有可能破坏因尸僵而紧握在拳头内的微迹证据。

接下来,迪克要清洗尸体,记录每一个伤疤、胎记、文身和所能找到的任何异常身体特征。"各个病理学家采取的步骤各不相同,"迪克说道,"我会从头部开始，而且总是先做身体左侧的检查。我的顺序是头部、胸部、腹部、背部、左手、右手、左腿、和右腿。检查过程中，我会记录所有伤口并拍照。遇到酒吧闹事，死者脸部、头皮和颈部（眼部除外）有多处淤青，我的心就沉了下来。我能不能只说腿部有大量淤青？不能。"在一些不太明确的案件中，记录过程的严苛是无价之宝，英国一位死在浴缸里的太太就证明了这一点。

1957 年 5 月 3 日晚上 11 点，布拉德福德的护士肯尼斯·巴洛（Kenneth Barlow）拨打 999 报警，声称他发现自己的妻子在浴缸中昏迷不醒。他说自己已经把她从浴缸中拖出来，努力了很长时间去弄醒她，还说她当晚一直在呕吐和发烧。调查员从厨房里找到两支用过的注射器，于是起了疑心。肯尼斯说这两支注射器是他用青霉素治疗溃疡的。通过检测，注射器内确实含有青霉素成分。

不过，病理学家大卫·普莱斯（David Price）依然存有疑心。尸体解剖过程中，他用高倍放大镜检查了巴洛夫人的每一寸皮肤，最终在巴洛夫人两边屁股上各发现了一个与注射针头相符的小针孔。肯尼斯对其妻症状的描述均符合低血糖症（血糖过低），使大卫·普莱斯怀疑他给妻子注射了致命剂量的胰岛素。当时并无检测胰岛素的办法，普莱斯于是提取了巴洛夫人屁股上注射点周围的组织，然后注射到老鼠身上。这些老鼠因低血糖症迅速死亡。巴洛因此被裁决犯有谋杀罪，被判终身监禁。

对身体外表进行一丝不苟的检查之后，内部检查便开始了。病理学家既要寻找内伤，又要寻找可能使人自然死亡的病状。迪克·夏泊德从尸体的两肩到腹股沟按 Y 形切开，锯开肋骨和锁骨，移除胸骨，这样就能看到心脏和肺部。他检查颈部，寻找诸如扯断的软骨（表示有可能是窒息身亡）等迹象。接着，他逐个（如肝脏）或整体（如心脏和肺）取出器官，检查其表面，切开以检查其内部。他保存好器官的样本，"内政部如今要求我们针对每一案件都用显微镜检查所有重要器官，就连被棒球棍击中头部的 18 岁青年人也不例外"。保险为上，对此我们应该知足才对。接着，他把这些样本送到实验室。下一步，他在头顶切一道连通两耳的刀口，扒掉头皮，锯掉一块头骨，观察处于原位的脑子，然后再将脑子移除，以便进一步检查。

最后，迪克缝合所有器官的切口，小心翼翼地将它们放回尸体内，缝合原先的 Y 形切口。之后，他会和侦探及其他鉴证专家详谈，共同得出哪些地方可疑或需要进一步检查的结论，并向质询方反馈。通常都有第二位病理学家进行第二次尸体解剖，以验证迪克的发现。一旦所有的专家意见汇总起来——骨骼病理学家、神经病理学家、儿科放射学家——迪克就写好报告呈递给验尸官。

在极端情况下，在迪克之后还会有不止一次的尸体解剖。2010 年 8 月23 日，警方在伦敦皮姆利科一间公寓内的浴缸里发现了一个红色北面（North Face，一个运动品牌）的袋子。袋子属于加勒斯·威廉姆斯（Gareth Williams），此人是威尔士数学天才，一直在给英国军情六局做密码破译工作。袋子的拉链外面用挂锁上了锁。撬开挂锁后，警方发现了 31 岁的加勒斯浑身赤裸蜷曲在内且已经腐烂的尸体。

警方认为死因可疑。加勒斯·威廉姆斯的家人坚信军情六局或其他特勤机构与他的死有关，因为威廉姆斯一直在与美国联邦调查局组织的团队合作，试图渗透黑客网络。

迪克·夏泊德是参与尸体解剖的三位病理学家之一，且三人都认为威廉姆斯已经死了大约 7 天。由于没有找到窒息而死或身体创伤的痕迹，并且尸体迅速腐烂，他们无法判定死亡原因：尸体是在夏天被发现的，屋里的暖气都开到了最大。毒理学家没有发现中毒痕迹，但根据尸体的状况，他们也无法排除中毒身亡的可能性。窒息身亡的可能性似乎最大。

尸体解剖表明威廉姆斯的肘尖有轻微擦伤，这可能是他在袋子里试图逃出时挪动胳膊所致。迪克·夏泊德总结道："上锁之后，想从袋子里出来是不可能的。问题是：是他自己上的锁，还是别人上的锁？"

彼得·福尔鼎（Peter Faulding）是位前预备役军人，擅长营救被困于禁闭空间的人。他于2001年5月告诉验尸官，他尝试了300次，想把自己锁进同样的81厘米×48厘米的北面袋子中，均以失败告终。他说即便是哈利·胡迪尼（Harry Houdini）"也得费一番心思才能把自己锁进袋子里"。另外一位专家也尝试了100次，也以失败告终。

但迪克·夏泊德觉得威廉姆斯是被闷死的，并且进袋的时候"极有可能"还活着。他推理道，由于威廉姆斯被发现时蜷成一个紧缩的球体，而在尸僵开始前，尸体特别"松软"，别人把他塞进去将会特别困难。没有专家敢去验证这一理论。会同陪审团验尸时，他还指出，第一次尸体解剖时从威廉姆斯手指上找到的DNA并不属于警方一年来正在通缉的神秘的地中海夫妇。英国政府化学实验室（负责分析样本的鉴证公司）的一位雇员往数据库里输入了错误的DNA信息，而实际上，该DNA信息属于当时在现场的一位犯罪现场调查员。英国政府化学实验室对这一错误向威廉姆斯的家人表示"深深的歉意"。

威廉姆斯的公寓内共发现了价值2万英镑的女士名牌衣物，还有一些女士鞋子和假发。调查员还发现了一些男扮女装的照片以及他在死亡数天前浏览自我捆绑网站和有关幽居癖——喜爱幽闭空间——站点的证据。

验尸官菲奥娜·威尔科克斯（Fiona Wilcox）做出裁决：尽管没有足够证据做出非法杀害的裁决，其死亡很可能是非自然的，可能是别人将他锁进袋子，然后将袋子放进浴缸，而且他进袋子时还活着。她补充说尚无证据表明威廉姆斯有异性装扮癖，或"对此类事物感兴趣"。

裁决公布数天后，一个 16 岁的女孩和一个 23 岁的记者分别尝试将自己锁进同样的北面袋子：他们爬进袋子，蜷起腿，把拉链拉到将近全部封闭，从缝隙中伸出手指上锁。接着，他们再绷紧身子，拉链便自动拉合。记者的身材与加勒斯·威廉姆斯相似，她反复练习了数次，直到能在 3 分钟内完成这一戏法。

彼得·福尔鼎对这些花招不置可否。"我的结论没有任何错误。一个年轻女孩拉上袋子的拉链也无损于这次调查。我们完全明白有其他办法锁上袋子，但她或任何人都无法不在浴缸上留下她的 DNA 或微迹，这才是关键。"

迪克·夏泊德依然不同意她的说法。"我永远都无法说服验尸官。她对我怒气冲冲，'洁白无瑕'一词蹦入我的脑中。有一件事尤其让我觉得他是自己做到的，因为他独居，穿女人的衣服，工作劳累，还是个数学狂人——暂且不提病理学，单从心理学上看，他都不正常。"

2013 年，由于验尸官暗示军情六局职员可能涉嫌该案，大都会警察局进行了一次内部调查。到了 11 月，伦敦警察厅对此次调查做出裁决：威廉姆斯可能是将自己锁入袋中意外死亡，并且是独自一人。迪克·夏泊德的观点得到了佐证。

错综复杂的案件往往需要一点想象力才能解决：病理学家把从女人屁股上提取的组织注入老鼠体内；记者把自己锁进小袋子里，而军方专家却做不到。这些人意在实践尸体解剖的希腊语原意，即眼见为实。每实验操作一项新科技，我们的好奇心就会增进一层。新科技使得病理学家能够更深入地认识人体对象，而不用卷起袖子亲自下手。虚拟尸体解剖（Virtual

Autopsy）台是建于瑞士的新型医学可视化工具，它综合了计算机断层扫描（CT）和核磁共振，可以将尸体的图片转化成 3D 电脑模型。传统尸体解剖无法查出的断裂和出血，德国的病理学家使用这一新科技就能够查出。虚拟尸体解剖台还带有一个高分辨率扫描仪，可以放大皮肤，更好地揭示淤青或恶意注射点等。它还可以减少生者的悲痛，因为他们不愿看到所爱的人的尸体受到亵渎。

有些守旧的鉴证科学家认为虚拟尸体解剖台未得到实践证明，并且是新生事物，但随着懂科技的年青一代踏入病理学实验室，这些新科技已经开始得到应用。截至 2013 年 1 月，德国各大学的 35 所鉴证科学机构中已有三所拥有了这一设备。法医病理学家仍然只把它当做实际尸体解剖的参考方式，但实践证明在不断地累积。在瑞士阿尔卑斯山脉地区一位登山运动员摔死一案中，他那被摔碎的脑颅、断裂的腰椎和折断的小腿不经动刀解剖就检查出来了。

虚拟尸体解剖台的另一个好处是它所产生的 3D 模型可供多个病理学家分别观察，保存下来后可供以后查询，也可以当庭生成，供陪审团成员自行判断。斯皮尔伯利可能对此嗤之以鼻，可他的炮灰肯定要夹道欢迎咯。

05

药物的奥妙：毒理学
TOXICOLOGY

这一朵有毒的弱蕊纤苞，也会把淹煎的痼疾医疗。

《罗密欧与朱丽叶》（*Romeo and Juliet*），

第二幕第三场

药物的模棱两可特性令人胆战心惊。从毛地黄（foxglove plant）中提取的少量洋地黄（digitalis）可以治疗心律不齐，但过量就会引起恶心、呕吐，令心跳速度过快，导致死亡。现代毒理学奠基人帕拉塞尔苏斯①（Paracelsus）在 1538 年曾简明扼要地阐述过这一问题，"无毒不是药，无药不是毒，关键是剂量"。

毒药是人类用来自相残杀的最古老的武器。随着科学的发展，毒理学家

---

① 帕拉塞尔苏斯（Paracelsus Aureolus，1493—1541），瑞士炼金术士及医生。

的工作也朝着辨识致命物质和寻找解药的方向发展。有一个人将毒理学实现了系统化。19世纪早期，马修·奥菲拉（Mathieu Orfila）在瓦伦西亚和巴塞罗那读书，后移居巴黎研读医学。为了观察药效，奥菲拉用3年时间在上千条狗身上测试毒药，而这些狗所遭受的痛苦实在骇人听闻。（安乐死到19世纪40年代才出现，但即使当时有的话，也会毁了他的实验。）年仅26岁的他便发表了百科全书式的《毒理学概论》（*General System of Toxicology; or, A Treatise on Poisons*，1813），将所有已知的矿物毒药、植物毒药和动物毒药全部分门别类。随后的40年里，这本1300页的著作一直是毒理学的主要参考书。

在《毒理学概论》的一个重要章节里，奥菲拉描述了他对19世纪下毒者同义词之物质——砒霜——的现有检测方式的改进。奥菲拉意识到严重呕吐可以将胃里的砒霜痕迹完全清除掉。通过检测中毒的狗的器官，他发现砒霜沿着血液流遍全身。他还指出，埋葬的尸体可以从周围的土壤中吸收砒霜，使其看起来似乎是在世时被毒杀。《毒理学概论》出版后，每当有尸体被挖掘出来，毒理学家就会检测附近的土壤。

1818年，奥菲拉发表《中毒人员治疗指南和检查酒中之毒与掺杂物法门，及区别自然死亡与意外死亡的诀窍》（*Directions for the treatment of persons who have taken poison; together with the means of detecting poisons and adulterations in wine; also, of distinguishing real from apparent death*），以"让大众了解我《毒理学概论》一书中最重要的信息"。人们逐渐意识到，正确的急救措施可以降低意外中毒所带来的伤害。奥菲拉一方面对大众的无知感到担忧，一方面又从这一新的科学领域看到了商机。他在书的引言中写道，"作为圣职者、地方行政长官、大型机构的管理者、一家之主和国家居民"，学习毒理知识"至关重要"。该书被翻译成德语、西班牙语、意大利语、丹麦语、葡萄牙语和英语，进一步巩固了奥菲拉的声誉。如果律师需要一位毒理学家出庭作证，奥菲拉就是第一人选，特别是在他成为路易斯十八世的御用医生之后。

1840 年，奥菲拉参与了一个著名案件，即对优美文雅的女继承人玛丽 - 芳婷·拉法基的谋杀审判。欧洲各处都有人跑来围观她的命运如何。

玛丽是在巴黎长大的贵族，学校好友纷纷嫁给富人时，她翘首以盼。到了 23 岁，她对嫁入豪门的渴望再度高涨，她叔叔为此还专门雇了一位专业的婚姻经纪人。这件工作可谓小菜一碟，毕竟玛丽年轻貌美，手握 1 万法郎的嫁妆。经纪人联系了单身汉查尔斯·拉法基——法国中部利木赞区一家 13 世纪修道院的主人。

拉法基家的房屋早已摇摇欲坠，但他下定决心重修。他组建了一个冶炼厂，从中发明了新的熔炼技术。他把钱倾尽其中，可工厂半死不活，最终只得关门大吉。到了 1839 年，他已近乎破产。咸鱼翻身似乎只有一条路可选——娶一个有钱的女人。查尔斯联系了远在他方的波斯婚姻经纪人，财务问题只字未提，只说家产价值 20 万法郎，另附一封牧师充满溢美之词的证明信。

玛丽立马就对查尔斯心生反感。她觉得他土里土气，并在日记中写道，"他那张脸和那身形一看就是工人阶级出身。"但她对万贯家产动了心，被随意躺靠的奢华沙发和肆意行走的芳香花园诱惑得动了情。再说了，古老修道院的主人内心深处总会隐藏着一点诗意吧？

相见仅 4 天后，两人闪婚，一同乘坐马车返回利木赞度蜜月。查尔斯直接用手抓着烧鸡狼吞虎咽，又用一整瓶波尔多葡萄酒洗手的时候，玛丽选择了和车夫坐到前排。到了家门前，她更是大吃一惊。她夫家的人都"穿得如乡野村夫、农村妇女"，家具"破破烂烂，老掉牙的过时"，老鼠横行霸道。

1839 年 8 月 13 日，也就是结婚第一天晚上，玛丽把自己锁到屋里，给丈夫写了一封充满激情的信，恳求他与她解除婚姻，"否则我就服砒霜自杀，我随身携带着……我宁愿死，也不愿被你拥抱，永远都不愿"。

心情平复后，玛丽同意与查尔斯生活，但有一个条件：在他弄够钱整修房屋之前，不得完婚。在家里其他人看来，这对新婚夫妇似乎过得相当融洽。玛丽喜欢围着哥特式教堂和修道院的废墟四处走走。她给学校好友写信，信中洋溢着家庭幸福的喜悦感。不过，她并没有提起买了砒霜来杀害虫这回事。

之后，玛丽跟丈夫提议，说要写一份遗嘱，把她所有的东西都留给他，条件是他也要这么做——这可是爱意浓浓的新婚夫妇都会有的举动。可是查尔斯狡猾地偷偷立了第二份遗嘱，把所有东西都留给了他母亲。

结婚 4 个月后，为了筹集资金，查尔斯趁着圣诞节到巴黎出差。他出门在外期间，玛丽寄来一封爱意绵绵的情书和一块自制的圣诞节蛋糕，表达她浓浓的思念之情。查尔斯刚吃了一块，很快就呕吐起来。他筹集了一些资金，回到利木赞，但仍然觉得恶心。玛丽忧心忡忡地迎接他回家，叫他赶紧躺床上歇息。她给他喂了些松露和泻药，可他病情恶化，赶紧找来家庭医生。医生怀疑是霍乱，引得家里人一片恐慌。

第二天早上，查尔斯腿上起了大包，并且严重腹泻。不论他喝多少水，腹泻依然止不住。家人又叫来一位医生，他也认为查尔斯得了霍乱，建议饮些蛋酒①恢复体力。而安娜（Anna）——家里雇来照顾查尔斯的妇女之一——发现玛丽往蛋酒里掺了些白色粉末，然后递给查尔斯喝。她问玛丽是怎么

---

① 蛋酒，圣诞节最具代表性的饮品，由鸡蛋、牛奶和朗姆酒调制而成，而且还具有治疗感冒的功效。

回事，玛丽说是"橘子花糖"，但安娜将信将疑，就把蛋酒藏在了一个橱柜里。

1840年1月13日下午，查尔斯·拉法基毒发身亡。至此，安娜已经把她的担忧告诉了其他家庭成员。玛丽对丈夫的死平静以待，起初看似高贵，却逐渐显得可疑。第二天，她就带着查尔斯所谓的最后遗愿和遗嘱去找了公证人。

与此同时，查尔斯的兄弟前往警察局报警。查尔斯死亡两天后，一位治安法官来到家门前逮捕了玛丽，同时启动调查。当地医生检测了查尔斯的蛋酒、胃和一些呕吐物，从蛋酒和胃里发现了砒霜痕迹，但呕吐物中却没有。

情况对玛丽很不利，但她的律师想到了一个主意。"心知马修·奥菲拉是处理这类事件的科学专家。"他便修书一封。奥菲拉回信说当地医生所用的砒霜检测法是17世纪的老古董，4年前英国化学家詹姆斯·马什设计了新检测法，而他又进行了改良，应该采用这一改良检测法。马什发表极微妙的砒霜检测法细节时，伦敦《医学期刊》（*Pharmaceutical Journal*）大为喜爱："逝者现在变成了下毒者最惧怕的目击证人。"马什的检测法有些许缺憾，不过大多都已被奥菲拉解决了。两年后，雨果·雷因希（Hugo Reinsch）也发明了一种检测方法。在这个新检测方法的辅助下，马什检测法到20世纪70年代之前一直是砒霜检测的标准，之后则被使用气体色谱法和光谱分析等更复杂的方式所取代。律师拿着奥菲拉的信，令最初的检测变得不可信，法官要求当地医生采用更为现代化的奥菲拉检测法重新检测。

医生对查尔斯·拉法基的胃、呕吐物和蛋酒进行了检测，这一次，他们什么都没找到。

至此，检方律师已经拿到了一本奥菲拉的《毒理学概论》并且仔细研读了一番。他现在知道，严重呕吐可以将胃中的任何砒霜踪迹都给清除掉。另外，血液一旦流经胃部，就会将砒霜带至其他器官。他告诉法官，有必要挖出查尔斯的尸体，检测一下他的器官。法官给予批准，地方医生再次使用了马什检测法，只不过这一次有一群人围观，有些围观者还因为"恶臭难闻"而昏了过去。可是他们依然没有找到砒霜的踪迹。在法庭上听到这个消息的拉法基夫人抹去欣喜的泪水。

公诉人无计可施，便询问地方医生执业生涯中共做过多少次马什检测。一次都没有，他们坦承道。公诉人向法官求情，说这次庭审十分重要，必须由几个地方医生共同决定才行。他说，唯一一个能做好这件工作的当属世界顶级毒理学家马修·奥菲拉医生。奥菲拉乘快速火车抵达后立即着手工作，先把器官的剩余部分浸软，"肝、一块心脏、一大段肠道和一部分脑子"。这一次，由奥菲拉实施的马什检测获得了积极成果。除此之外，奥菲拉还表明砒霜并非来自查尔斯棺材周围的土壤。

拉法基夫人被判终身监禁和重刑劳役。1841 年，她在狱中发表传记，声明自己是无辜的。直到 36 岁死于肺结核为止，她的抗议不曾间断过。

奥菲拉实施的马什检测法后来被视作这次打击下毒谋杀的分水岭——也为法医毒理学争了一口气。然而，审判过后没多久，公众有些头晕眼花，不知该把法医毒理学当做科学、艺术还是游戏。一份报道这么总结道："前一天，被告还通过科学方式被裁决为无罪，后一天就又被同样的科学方式裁决为有罪。"让法医毒理学家参与疑似谋杀案件似乎只是打赢战斗的第一步，最重要的是要找对法医毒理学家。

玛丽·拉法基不过是 19 世纪用砒霜杀人的凶手之一。她同时代的那些犯人有的是为了钱，有的是为了报仇，有的是为了自卫，还有的是因为虐待狂心理。法国人将砒霜称为"poudre de succession"（遗产之白粉），可谓将下毒的动机揭示得透彻至极。在英吉利海峡对面的英格兰和威尔士，从 1840 年到 1850 年间就有 98 起投毒审判案件。1838 年马什检测法刚刚问世，10

年里就发生了这么多投毒案件，不免有些奇怪。但事实上，在马什检测法出现之前，验尸官很可能宣布被砒霜毒死的受害者是"自然死亡"。

原因在于很难将其确认为死亡方式。砒霜基本上无色无味——甚至有人说它有轻微的甜味，十分廉价，从所有商店里都能买到。人体无法将砒霜排泄出去，所以这种重金属元素会在受害者体内累积，特别像是自然疾病逐渐病发的过程。中毒者会出现严重程度不一的多种症状，如唾液过多、腹痛、呕吐、腹泻、脱水和黄疸等都是砒霜中毒的表现。由于中毒反应多样，凶手可以多次投毒，而不会引起地方医生的怀疑，他们只会当做霍乱、痢疾和胃热（gastric fever）凑巧一起发病。聪明的砒霜投毒杀手会分批多次长期小剂量投放，而不会一次下狠手，因为突然的暴力死亡产生的剧痛会引起怀疑。

为此，议会于1851年通过了《砒霜法案》（Arsenic Act），提高了从柜台上购买砒霜的门槛。经销商必须注册才能售卖，买主则必须签名并给出购买理由。若非用于医疗或农业，所有的砒霜必须用煤烟或靛青着色，使之与糖和面粉区分开来。

然而，《砒霜法案》和马什检测法也威慑不了所有想成为凶手的人。1832年，玛丽·安·克顿出生在英格兰东北部临近达勒姆的一个小村落。9岁时，她父亲从矿井里失足摔死，家里顿时揭不开锅了。玛丽·安是个聪明孩子，10多岁就开始在当地卫理公会主日学校执教。

19岁那年，玛丽·安被一位叫做威廉姆·莫博雷的矿工弄得怀了孕，两人随后走遍全国寻找工作。流浪期间，玛丽·安共生了五个孩子，其中四个逝世，可能都属于自然死亡。

1856年，夫妇两人北返移居，玛丽·安又给莫博雷生了三个孩子，也全都因腹泻而死。不过，内心的悲痛也无法阻止她占据三个孩子的人寿保险金。接着，莫博雷在一次煤矿事故中碰伤了脚，不得不在家养伤。不久后，他生病了，被诊断为"胃热"，并于 1865 年去世。玛丽·安前往英国保减保险公司（Prudential Insurance Company），取走了她不久前劝莫博雷购买的 30 英镑保险金。

在接下来的十几年里，玛丽·安成为英国历史上杀人最多的女性连环杀手。虽然不知道她用砒霜毒杀了具体多少人，但她母亲、四任丈夫中的三任（活着的这位不愿买保险）、一个情人、十二个孩子中的八个以及七个继子女——总共至少二十人惨遭她的毒手。

1872 年，玛丽·安盯上了理查德·奎克-曼恩——海关税务局官员，比她前几任工人阶级丈夫富裕得多。可是 7 岁的继子查尔斯·克顿特别碍事。她想把他过继给他的一个叔叔，但没成功，于是就把他带到当地的济贫院。济贫院主管不肯收留他，除非玛丽·安也一同照料他，她就说小孩子病得特别严重，如果主管不肯改变主意的话，他就会和"克顿家的其他成员一样"很快死掉。

黔驴技穷的她投毒杀死了查尔斯。济贫院主管听说他突然死亡，就去报了警。查尔斯死前曾照顾他的医生对其进行了尸体解剖，但并未发现中毒痕迹。验尸官裁决为自然死亡。不过医生留下了查尔斯的胃和肠道，随后用雷因希检测法（Reinsch Test）时，从中发现了致命毒药。

玛丽·安近期的几个受害者尸体被挖掘出来，检测出含有大量砒霜。她的辩护律师声称查尔斯是因为吸入房间里含砒霜的绿漆气体而死。但被挖掘出的尸体和其他证人证言证据确凿，玛丽·安被裁决为犯有谋杀罪，判处死刑。如今看来，在毒死查尔斯之前，她一直小心翼翼，聪明而富有魅力，不断改名易姓，四处搬家，竟然没引起怀疑，实在是非同一般。再者说，在她的那个时代，工人阶级的儿童死亡率可能高达 50% 不止。

但被绞死之后，她的臭名是绝对会远扬的。大报上编了一首打油诗，"玛丽·安·克顿——死翘翘，恶臭臭"，她的事迹也在报纸上风行了好几个月。她杀人是为了钱吗？还是有更邪恶的目的？以后还会发生这种事吗？为什么用了这么久才抓住她？投毒者还有逍遥法外的吗？

维多利亚时代的人对女性投毒者的形象神魂颠倒，她们散发着爱意和甜美，给丈夫的茶里添两勺糖，却把它做成了致命的毒药。从这些充满文学性的红颜祸水形象里，读者得到一种神魂颠倒、恐惧和兴奋的混合情感。但其实男人更倾向于刺杀或扼杀妻子，女性因采用不太直接的投毒方式进行谋杀而受审的人数是男性的两倍。

投毒案并非总是这么直来直去。砒霜贯穿于人的日常生活。孩子们的玩具、育儿书封面、绿色墙纸和窗帘等等，含砒霜的油漆可谓无孔不入，无处不在；化妆品制造商将它混进美容产品；壮阳药、抗痘乳霜和廉价啤酒里就有砒霜做配料。因此，遇到意外死亡时，毒理学家要特别注意尸体里的砒霜含量，免得冤枉了无辜之人。

多年来，生产商在产品中添加了各式各样的其他有毒成分，有时候是因为不了解其副作用，有时候则是为了遮蔽他人的心智。在 20 世纪初，纽约两位医生的辛勤努力将对存心大意的企业和想当凶手的人带来长久的影响。

1918 年，查尔斯·诺里斯（Charles Norris）成为纽约市第一位首席法医。他成立了世界上第一个有组织的法医体系，以调查非自然死亡或死亡原因存疑者的尸体。此前，法医人类学一直是"民选验尸官"的禁地，而所谓民选验尸官大多是资格不够的理发师、殡葬者或更不入流的人。法医历史学家尤尔根·索恩沃德（Jurgen Thornwald）计算出 1898 年到 1915 年间纽约共有"八个殡葬者、七个职业政治家、六个房地产经纪人、两个理发师、一个屠夫、一个挤奶工和两个沙龙经营者"担任过民选验尸官。司法系统里的人腐败无能，但如今首席法医及其职员必须是有医学经验的医生且是"技术精湛的病理学家、显微镜学家"才能担任。

诺里斯任命亚历山大·贾特乐（Alexander Gettler）为病理化学家，要求他设立美国第一个法医毒理学实验室。贾特乐着手发明了一系列用于检测毒物的技术。有一段时间，私酒中毒事件十分盛行，贾特乐便发明了许多方法来辨识相关成分。每当遇到不明毒物的案件时，他就从当地屠夫的店里拿走一块肝脏，往里面注入相关毒物，不断试验，直到他能收集和辨识这种毒物。

他研究了6000多个大脑，得出了"第一个酒精中毒科学指标"。在贾特乐之后，病理学家开始在所有暴力死亡事件或无法解释的死亡事件中检测脑组织，以辨识是否存在酒精。他还设计了检测氯仿、一氧化碳、氰化物、血液和精液等等物质的方法。所以，每当科学本身在法庭上受到非难时，诺里斯和贾特乐就是将它置于众人仔细检查之下的专家。

故事起源于1898年，居里夫人发现了三种放射性元素，即钍、钋和镭，随后对其特性进行了利用。到了1904年，医生已开始使用镭盐来收缩恶性肿瘤，并称之为"镭疗法"（radium therapy）。它被当做新型神奇物质——镭水、镭苏打、镭面霜、镭洗面奶和镭肥皂等非常流行。宣传画大肆宣扬它使人的身体和精神焕发生机，容光满面。

似乎一切都被笼罩在镭光亲切的射线之中。美国镭公司甚至将镭漆涂到表盘上，让它们散发出淡青色的光。到了第一次世界大战末期，夜光表已经成为全美国时尚达人腕上的必备品，美国镭公司的业务量也因此如日中天。

新泽西州奥伦治市美国镭公司工厂里的指针上漆师每天要给250个左右的表盘上漆。经理指导他们给表盘涂抹这种昂贵的涂料时要尽量干净利落；教他们用舌头把毛笔尖舔直。她们都是年轻的女人，休息的时候，她们又常

同时期以镭为基本原料的面霜广告，"采用阿尔弗莱德·居里
博士的配方"。供图: Science Photo Library

常用镭涂料涂指甲、染头发；其中一个甚至涂到牙齿上，露出幽灵般的笑脸。

然而，到了 1924 年，奥伦治表盘上漆师开始个个病倒。她们的下巴脱臼，髋骨移位，踝骨断裂，丧失了行走能力。她们因红细胞含量过低而常常感到体虚无力。九人死亡。美国镭公司担心对业务产生影响，于是从哈佛大学雇了一群科学家来调查。他们得出结论：死亡事件与工厂工作"有关"。慌张不安的管理层惧怕这一报告给利润带来负面影响，坚决阻止报告发表。但另有一组科学家也对工人进行了检查。

法医病理学家哈里森·马特兰德（Harrison Martland）读了他们的报告，下定决心深入调查。马特兰德为工作场合的安全问题积极奔走，发表的研究报告称硝酸甘油正在危害炸药工厂工人的健康，而用于新兴电子产业的钡则会导致致命的肺部疾病。作品发表后，政府很快针对这两种化学物品制定了规范。

马特兰德研究了奥伦治市活着的和新近死亡的工人的身体，并于 1925 年公布了他的发现。镭元素与钙元素结构相似：有些会被新陈代谢掉，有些被传输至神经和肌肉，大部分则沉积到骨骼中。但与钙强化骨骼不同的是：镭会用辐射攻击骨骼，破坏造血骨髓，形成微小的孔穴，而这些孔穴会随着时间的推移而逐渐变大。

那一年，一小股退休工人勇敢地起诉了美国镭公司。"镭女孩"们——媒体很快就给她们起了这个名字——经过三年的法律纠纷才定下了审判日期。

与此同时，马特兰德已要求纽约首席法医办公室的查尔斯·诺里斯搜集证据供审判使用。两人共同计划挖掘出前上漆师阿米莉亚·马吉亚（Amelia Maggia）的尸体（去世时年仅 25 岁）。工作的最后一年里，她体重下降，关节疼痛。第二年，她的下巴开始碎裂，几乎全部被摘除。她因"溃疡性口腔炎"——验尸官的原话——于 1923 年 9 月去世。

诺里斯要求亚历山大·贾特乐分析阿米莉亚的骨骼，包括头骨、脚骨和

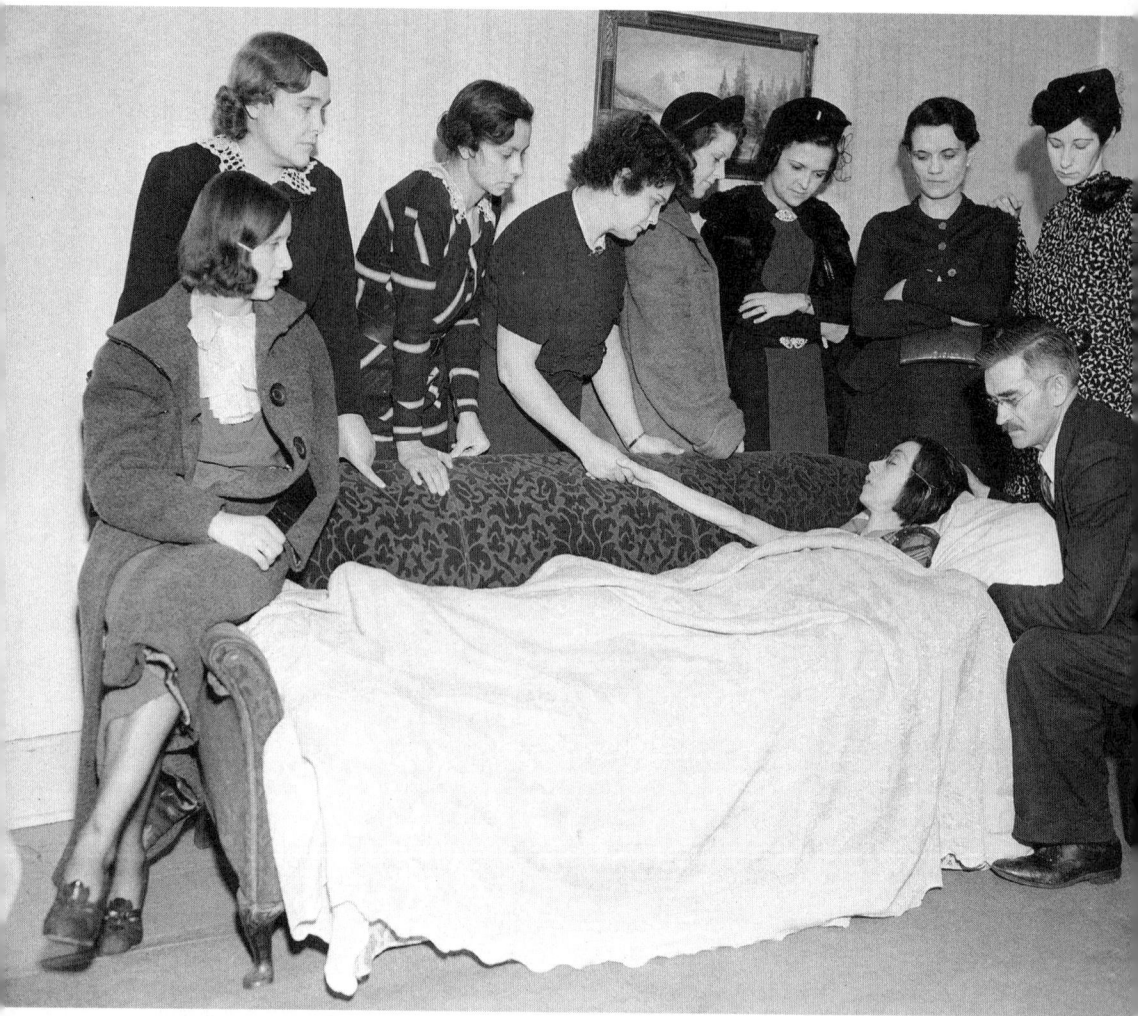

九位"镭女孩"的工作是把夜光漆涂到表盘上，而正是
这件工作使她们受到致命的辐射毒害。供图: PA Photos

右侧胫骨。贾特乐的团队将骨骼放在洗涤碱溶液中煮了三个小时，然后将较大的骨骼锯成 2 英寸的小片。贾特乐把骨骼拿进带有 X 射线胶片的暗室。他把骨骼与 X 射线胶片紧紧捆绑到一起，从其他尸体上取来的对照骨骼也同样操作。10 天后，贾特乐回来查看结果，发现阿米莉亚·马吉亚骨骼周围的 X 射线胶片上有耀眼的白点，而对照的胶片上却毫无动静。他将实验结果发表了出去。

随着案件的缓慢进行，镭女孩们的健康状况持续恶化。五位女孩中有两个，名叫昆塔·马吉亚和阿宾娜·马吉亚，是阿米莉亚的亲生姐妹。昆塔的髋骨全部碎裂，阿宾娜无法下床行走；如今，她的一条腿已经比另外一条短了 4 英寸。另外一个女人名叫凯瑟琳·肖布，她希望能用赔偿金给自己的葬礼买些玫瑰花。

美国镭公司的辩护律师试图进一步拖延时间，声称这些妇女已经不再为工厂工作，所以没有起诉工厂的权利。但检方律师引用马特兰德和贾特乐的研究结果进行反驳：砒霜和水银等传统毒物只会毒害人一段时间，镭却会永远留在人的体内。镭女孩们呼气的时候，五人全呼出了氡气（radon gas）。

法庭驳回美国镭公司的动议，坚持要审判继续进行。这促使双方达成和解：赔偿每位女性 1 万美元现金，每年发放抚恤金，提供免费医疗。这一和解十分廉价；至少两人在当年就去世了。

黛博拉·布卢姆（Deborah Blum）在《投毒者手册》（*The Poisoner's Handbook*，2010）中记述了镭女孩们的悲惨故事。雇主受罚所用时间之久，受害者求得正义所用时间之久，恰恰反映了产业工人中毒这一现代问题。《砒霜时代》（*The Arsenic Century*，2010）一书作者詹姆斯·C. 沃顿（James C. Whorton）写道："正如砒霜蜡烛、砒霜纸和砒霜纤维一样，许多物品在其危害性被发现之前就已奠定了商品的地位，使得任何意欲缩减其使用量的尝试都会遭到生产商的强烈抵制……从意识形态上反对政府干涉的政治家们会加以反对或直接忽略……"

贾特乐的法医毒理学实验室成了其他实验室的榜样。科学家们通力协作，不断将难以察觉的毒物从名单上划掉，直至几乎再无剩余。然而，虽然将毒物作为谋杀武器的案件有所减少，发达国家产业工人的工作环境有了极大改善，但因"药物滥用"——海洛因、可卡因、冰毒——致伤或致死的人数依然众多。正是在这一领域里，法医毒理学家近来的参与度越来越高。

罗伯特·弗雷斯特（Robert Forrest）是谢菲尔德大学法医化学名誉教授，也是法医毒理学的顶尖权威人士。他的鉴证之路起源于在谢菲尔德设立一个临床毒理学服务机构，采用一大批高科技设备来为最先进的分析服务。另外，在数人因使用海洛因替代品美沙酮死亡后，罗伯特及其团队已经开始分析尸体样本。

后来，地方验尸官联系了罗伯特，询问他是否愿意协助进行法医调查。"这当然会带来大量资金流入，所以我就接受了，而且从此生根发芽不断壮大起来。"他说道。新工作十分困难，罗伯特的专业素养不断提升。由于大多数毒物用肉眼观察时（甚至用显微镜观察时）跟身体组织没太大区别，罗伯特必须用化学方式检测病理学家提供的血液、尿液、器官、毛发样本，最近又加上了脚趾甲。

有时候，美沙酮中毒是个慢性过程，并非急性中毒，罗伯特可以通过受害者的头发来判断。头发每月约增长 1 厘米，罗伯特将头发样本剪成 1 厘米长的分段，然后逐个分析，以判断毒品摄入的时间线。这一技术适用于药物筛选和俗称受药物影响的侵害行为。"这种方法适合一种案子，比如一妓女有个孩子，她取悦客户的时候，孩子不能胡闹，于是她就给孩子喂少量美沙酮。结果有一天喂的量过大了。她辩解说是别人给他喂的，但是检测头发就知道它连续好几个月摄入了大量美沙酮，她的谎话自然就被揭穿了。"

不过，这种方式并非用之天下而皆准。例如，浅颜色的头发比深颜色的头发储存药物的能力差，因为其中的黑色素含量较少。染发、拉直等美发行为也会清除一部分药物踪迹。不管怎么说，头发依然是含药量的重要指标，一定程度上是因为人死后它也会保持稳定。

随着时间的推移，罗伯特逐渐明白，人死后尸体其他大部分部位的药物浓度会发生巨大变化。"解读检验结果一点都不简单。"他坦承道。科学界曾经达成共识，"活血"的毒理学结果与死血一样。"如今我们知道这并不准确。必须谨慎观察才行。真的非常非常困难。"

体内含有多少毒物，从哪些地方能找到这些毒物，这完全有赖于毒物的摄取方式。如果是吸入的，那它肯定主要存在于肺部。如果是肌肉注射，那它肯定主要存在于注射点周围的肌肉里。如果是静脉注射，那它肯定全部都存在于血液中，胃和肝脏里的量会很少或根本没有。如果是吞服，那它肯定主要存在于胃、肠道和肝脏中。罗伯特解释说："验尸采用的标准样本是血液。不幸的是，我经常注意到英国南方的病理学家似乎常常不提取胃容物，但胃容物其实特别有用。"看来和英国生活的其他许多方面一样，毒理学上也存在着南北之分啊。

有时候，毒理学不仅仅是辨识身体里的异物，它还可以协助重建可疑死亡事件周围的情境。当公共机构的职员非法杀害他人时，道德标杆就会举得很高；但当他们的工作是照顾老弱病残时，道德标杆就会举得更高。

修女杰西·麦克塔维什是位 33 岁的护士，在格拉斯哥市鲁奇尔医院老年病房工作。1973 年 5 月 12 日，她看了一集美国电视剧《无敌铁探长》（*A*

Man Called Ironside ），里面演到老年病人的亲属给护士钱，叫她给他们注射致命药物。第二天，她与一些同事讨论这一集节目，其中一位提到胰岛素投毒不会留下痕迹。节目播出 3 周后，杰西负责的病房里几位病人突然死亡：仅 6 月份就有五人去世。

7 月 1 日，第六位病人——80 岁的伊丽莎白·莱昂——也突然死亡。医生确认她死亡后，警觉心顿起。他与杰西病房的几位病人交谈，其中一位对她充满惧意。杰西给她打了一针，令她"感觉难受"；问及怎么回事时，杰西说注射器里装的是消毒水，是安慰剂。其他职员则说杰西习惯于给病人打针又不在病历上记录。目击者听到她跟访客说，鉴于她病房里最近的一连串死亡事件，自己已是太平间里有名的"女版布克与海尔①"。

麦克塔维什被停职，因向另外三位病人（其中一位死亡）注射非处方药物被起诉。当时检测体内胰岛素的科技并不发达，但毒理学家确认伊丽莎白·莱昂两只胳膊上的组织都有针头痕迹，并且含有过量胰岛素。

1974 年 6 月，麦克塔维什出庭受审，被判谋杀伊丽莎白·莱昂和通过非法注射侵害其他三位病人。几个护士和医生指认了她，其中一位护士在病房隔壁找到 3 个胰岛素空药瓶，但当时并没有给任何病人开胰岛素药方。另外一位护士证实杰西说"他们可以随意开棺验尸，绝对找不到一点胰岛素的痕迹"。杰西被判终身监禁。

5 个月后，麦克塔维什不服判决，提起上诉。其律师称，原判法官罗宾森（Robinson）隐瞒事实——提起诉讼的警督所描述的杰西对谋杀指控的回答，事实上已经被她否认了——从而误导了陪审团。这位警督并未录下杰西

---

① 布克和海尔是一对盗墓人，他们非法盗取墓穴中值钱的陪葬品，再将其换成数目可观的金钱纳入囊中。陪葬品毕竟有限，盗墓赚钱并不能让他们成为腰缠万贯的富翁，于是，邪恶的两人开始打起了尸体的主意，转而开始杀人。

的回答，而是当庭说她曾说过："我给莱昂夫人注射了半毫升可溶解胰岛素，是因为她不想再遭受痛苦和悲惨，而且她肠胃不适。"杰西否认曾说过这句话，称她只提及过注射消毒水。她说警督告诉过她，如果承认注射胰岛素的话，"郡法院"只会"罚她5英镑"。上诉法院法官认同罗宾森误导了陪审团，并撤销了对麦克塔维什的判决和刑罚。

麦克塔维什被苏格兰注册护士名册除名。1984年，她结婚后不久，又用婚后的名字重新登记联合王国护士、助产士和健康检查员中心理事会职业名册。

杰西·麦克塔维什的判决被撤销，但另外一起医学从业者给病人注射吗啡成性、自掘坟墓的案子就毫无疑点了。

哈罗德·弗莱德里克·西普曼（Harold Frederick Shipman，又称"弗莱德"）于1946年出生在诺丁汉的一个富裕家庭。他聪明伶俐，"11+①"考试成绩优异，获得了到当地最好的男子语法学校——高路学校——就读的奖学金。他母亲总是觉得自己比邻居高人一等，也给弗莱德培养出了高傲的态度，导致他与同龄人特别疏远。他深爱自己的母亲，当肺癌一步步、痛苦地夺去她的生命时，他崩溃了。下午的时候，医生总是会来给她注射吗啡减轻痛苦，弗莱德总会在一旁看着母亲沉沉睡去。她于1963年去世，弗莱德当时年仅17岁。

1965年，弗莱德在利兹大学医学院读大一时邂逅了16岁的橱窗陈列师普鲁姆罗斯·奥克斯托比（Primrose Oxtoby），两人于女儿出生3个月前结婚。仍是学生的西普曼初为人父、初为人夫，却迷上了一种主要用于辅助分娩的止痛药——哌替啶。培训过程中，医学生要四人一组试验不同的药物，即两人服用，两人观察其效果——他可能就是因此上瘾。

---

① "11+"考试，英国公立文法学校的小升初入学考试。

西普曼伪造哌替啶处方达数年之久，直到他血管破裂为止。针对毒瘾进行精神治疗后，他于 1975 年戒毒。在外人看来，他是个正常的中产阶级顾家男人，有四个孩子和深爱的妻子。病人觉得他是个好医生，虽有几个同事认为他傲慢自大，与人不亲近，他在曾经工作过的几个社区里还是挺有人缘的（先是托德摩登，接着从 1974 年在约克郡，又从 1977 年在兰开夏郡的海德区）。

可事实上，西普曼与所谓的好男人、好医生恰恰相反。25 年来，他谋杀病人的速率大约是每月一位。他的特色是到独居的老妇人家里拜访，给她们注射致命剂量的吗啡，留她们衣着整齐地坐在椅子或沙发上，再把火烧到最旺。第二天，他会回到这里，宣布死亡，并估算出一个比他拜访时间晚得多的死亡时间。他之所以次次得逞，原因在于室内的高温保持了尸体的温度，使体温下降证明死亡时间的证据出现失误。他会宣布病人死于心脏衰竭或年老，且由于他近期曾照看过她们，就无需再进行验尸了。

到了 1998 年，海德社区的一些居民开始起了疑心。当地一位出租车司机经常接送老妇人，他注意到这些人似乎见过西普曼不久后就会去世。附近的普通医师琳达·雷诺兹（Linda Reynolds）发现他的病人死亡的速度是她的 3 倍。西普曼感觉到自己被人盯上了，于是就把下一批受害者选定为罗马天主教女信徒。这些人死后肯定要被埋葬，不会被火化，因为在火化之前，肯定要有两个医生验尸，确保不存在需要尸体解剖的任何疑点。

最后一位受害者名叫凯瑟琳·格兰迪，81 岁，是海德市前任市长。按西普曼原话来说，他于 6 月 24 日去她家抽血检验的时候，她“健康状况良好”。第二天，她没像往常一样到一家午餐俱乐部帮助老人，两位朋友发现她躺在起居室的沙发上，已经撒手人寰。他们打电话报了警，警察又通知了西普曼。他到她家，迅速做完检查，签了死亡证明，在死亡原因那一栏下写了“年老而死”。他又伪造了她的病历，写上暗示她滥用可待因（止咳药，死亡后分解成吗啡）的话语，因为他早知道毒理学家很可能会发现吗啡成分。

　　人们按她的遗愿埋葬了她，可一份遗嘱说要把她的 38 万英镑的资产全部赠给哈罗德·弗莱德里克·西普曼。"我将所有产业、金钱和房产都赠送给我的医生，"遗嘱上写道，"我家人不需要这些东西，医生对我和海德市居民照顾有加，这是我对他的嘉奖。"凯瑟琳的女儿看到遗嘱时十分震惊，她觉得母亲"根本不可能"写这份遗嘱。她通知了警方，警方则下令开棺验尸。与此同时，调查员在遗嘱上发现了西普曼的指纹，并将遗嘱与他手术室里的一台老旧的兄弟牌手动打字机联系了起来。

　　8 月 1 日，即葬礼 6 周后，凯瑟琳的尸体被挖掘出来。法医病理学家约翰·卢瑟福（John Rutherford）医生进行了尸体解剖，但并未查出明显的死亡原因。他将她左大腿的肌肉和肝脏样本给了法医毒理学家朱莉·埃文斯（Julie Evans）。大腿肌肉是身体上最稳定的组织，最适合寻找毒物踪迹。朱莉·埃文斯用质谱法检测了大腿肌肉和肝脏，生成了一个显示样本中各种化学物质含量的图表。9 月 2 日，她报告说凯瑟琳·格兰迪死于致命剂量的吗啡。

　　吗啡是用于镇痛的医用海洛因，药效强劲，极易成瘾，通常情况下只开给不治之症晚期的病人。西普曼通过伪造处方和在患癌病人死后偷拿的方式储存了一大批。该药物直接作用于中枢神经系统，能够减轻痛苦，达到镇静的效果。如果注射进静脉，呼吸会立刻变缓，之后是失去意识和死亡。从谋杀方面来看，这种方式迅速而无痛，但它仍然是通过暴力方式夺取他人性命。

　　验尸官心知吗啡在人死后会长时间留存于尸体中，于是下令给西普曼的另外 11 位病人开棺验尸，结果发现他们体内均含有致命剂量的吗啡。1999 年 10 月 4 日，西普曼被捕受审，罪名是 15 项谋杀和伪造凯瑟琳·格兰迪的遗嘱。他被判终身监禁，但在 2004 年，他用床单做了一个套索，自缢于监

连环杀手哈罗德·西普曼和
一封带有最后一名受害者凯
瑟琳·格兰迪遗嘱的信。该
信件不久后与西普曼手术室
里的一台打字机得到匹配。
供图: PA Photos

KATHLEEN GRUNDY
LOUGHRIGG COTTAGE
79 JOEL LANE
HYDE
CH SHIRE
SK14 5JZ

RECEIVED 2 4 JUN 1998

22.6.98

Dear Sir,
        I enclose a copy of my will. I think it is clear in intent. I
wish Dr. shipman to benefit by having my estate but if he dies or
cannot accept it ,then the estate goes to my daughter.
        I would like you to be the executor of the will, I intend to
make an appointment to discuss this and my will in the near future.
        Yours sincerely

K. Grundy.

狱窗户的铁条之上。

以高等法院法官珍妮特·史密斯（Janet Smith）为首的西普曼调查团对他整个职业生涯中的所有死亡病人（共计887人）进行了调查。2005年，史密斯发布最终调查报告，估计西普曼谋杀了210位病人，另有45人死因可疑，使他成为被判刑的谋杀人数最多的凶手。尽管他的受害者大多是老年人，他"十分可能"杀害过一个年仅4岁的病人。他逍遥法外如此之久，令大众怒火高涨，医学界和法医界也进行了深刻的自我反思。

弗莱德·西普曼是如何成为罪行累累的恶魔呢？原因又是什么？在凯瑟琳·格兰迪之前，西普曼从未为了钱而杀人。或许，我们永远也无法得知：他将所有的有意识动机全部带入了坟墓，最终也没透露他的杀人方式。

或许他是受了约翰·柏德金·亚当斯（John Bodkin Adams）医生的影响。此人于1957年因使用吗啡谋杀苏塞克斯郡伊斯特本市富有的病人被起诉。（虽然他被无罪释放，近些年来的言论倾向于他确实有罪。）然而，心理学家称西普曼当年下午观察吗啡对其母亲的镇静效果是一方面原因。罗伯特·弗雷斯特曾就医疗谋杀案写过数篇论文，他认为医生处于社会的交界地带，"没什么特殊的道德魅力"。从事医疗行业的常见原因包括求索心理、利他主义、社会地位和经济保障。罗伯特估计约100万中有一人进入医疗行业的动机不良，"心理不正常十分明显，凶手为了刺激或表现出活动性精神病症状"。至于像西普曼这样的人，"操控病人到了杀死他们的地步，这是很有趣的现象"。被捕数日后，他对前来审问的警员极度傲慢；他坚信自己有权私自杀死任何人，综合这两点来看，西普曼似乎特别享受这种手握生杀大权的感觉，以为他可以永远扮演上帝的角色。

所幸的是，大多数想杀人的人不像医学从业者那样能够轻易接触大量的药物。如今，他们也不太可能使用砒霜之类的重金属毒物，因为这些都很容易被毒理学家辨识出来。他们所选的是植物类毒药，有时候投放的手段还特别低劣。作为作家，我受安尼克城堡毒药公园的启发，虚构了一个对植物类毒药极度着迷并用其杀死数个受害者的连环杀手。

但比我虚构出来的故事更古怪的是乔治艾·马科夫一案。1978 年 9 月 7 日，马科夫正站在伦敦滑铁卢桥的公共汽车站，突然感觉右大腿后面一阵刺痛。马科夫是保加利亚的异议分子，1969 年叛逃到了西方。他正准备乘公共汽车去英国广播公司环球广播部上班，其工作是主持讥讽保加利亚共产党政权的节目。马科夫扭过头，看到旁边一个男人从地上捡起一把雨伞，叫了一辆出租车，然后就消失了。他感觉如同被胡蜂或马蜂蜇了一下。到了办公室，他发现腿上起了一个小红脓包。当晚，他的腿变得红肿不堪，同时伴有发热症状。第二天早上，一辆救护车将他拉到医院。医生给他的腿做了 X 光射线检查，但一无所获。虽然用了大量抗生素，马科夫依然于 4 天后死亡。

验尸官怀疑他是中毒而死，下令进行尸体解剖。病理学家卢夫斯·克朗普顿（Rufus Crompton）发现马科夫的所有器官几乎都已遭到破坏，并确认他死于急性血液中毒。卢夫斯还在马科夫大腿皮肤上发现了一颗小弹丸，大小如针头，内有两个小钻孔。

克朗普顿将弹丸及其周围的组织带给毒理学家大卫·盖尔（David Gall），后者进行了检测，但无法确认是什么毒药。不过，根据马科夫症状出现的顺序，他认为这颗子弹里可能含有蓖麻毒素（从蓖麻种子中提取的物质，毒性是氰化物的 500 倍）。回想起马修·奥菲拉用狗做实验，克朗普顿决定给一头猪注射蓖麻毒素。"症状完全一样，"他说道，"这头猪的死亡方式一模一样；其血液样本中含有大量白细胞，这是其他毒物所无法产生的。"

如果吞食蓖麻毒素，其症状十分恶心，但并不致命。但如果是注射、吸入或通过黏膜吸收，与几粒盐粒大小相当的剂量就足以置成年男人于死地。蓖麻毒素会抑制细胞的蛋白质合成，导致细胞死亡，损害重要器官。症状潜伏期为数个小时，表现为高烧、癫痫、严重腹泻、胸痛、呼吸困难和水肿。随后的3—5天里，中毒者死亡；没有解药。多年来，投毒者对蓖麻毒素情有独钟，原因和砒霜一样，其症状与自然死亡十分相似。

在马科夫一案中，克朗普顿认为有人给弹丸钻了孔，塞入几粒蓖麻毒素，用37℃（人体温度）即可融解的糖衣封好。杀手发射弹丸所采用的机械类似于气枪，形似雨伞。在马科夫被杀10天前，巴黎的另外一位保加利亚叛逃者也曾遭遇过类似事件，凶手所使用的是同一种弹丸，但由于弹丸的糖衣只有部分融解，受害者侥幸存活。

由于马科夫先前曾两次遭遇暗杀，警方怀疑他的死是保加利亚秘密警察所为，且很可能得到了俄罗斯克格勃的帮助。1990年，双面间谍奥列格·哥德尔维斯基（Oleg Gordievski）声称克格勃（Russian KGB）提供了这种毒药并制造了雨伞枪。1991年，苏联解体，在接下来的一年里，保加利亚情报局前头目销毁了10卷的档案文件，里面包含了保加利亚政府下令实施的暗杀细节。到底是谁杀了马科夫，恐怕我们永远也无法知晓了。

普通人投放植物类毒药的方式就没这么精妙了。2008年，西伦敦费尔赞地区的拉克薇尔·辛格（45岁，有三个子女）被拉克文德·切埃玛抛弃，两人共维持了16年的情人关系。被朋友称为"幸运儿①"的切埃玛找了一个年纪比他小一半的情人。拉克薇尔心都碎了。不久后，"幸运儿"宣布要在情人节与新女友结婚。拉克薇尔下定决心宁愿杀了他，也不愿忍受他和别的女

---

① "幸运儿"的英文"Lucky"与Lakhvinder中的"Lak"发音相近。

人在一起所带来的长久痛苦。她到孟加拉喜马拉雅山脉山脚下待了一个月，回来时携带着从花朵极美的附子花植物（又名印度乌头毒草，被认为是世界上最致命的植物）中提取的毒药。（凑巧的是，在 J. K. 罗琳的《哈利波特与混血王子》一书中，斯内普教授用英国产附子阻止莱姆斯·卢平变成狼人。）

2009 年 1 月 26 日，即婚礼举行两周前，拉克薇尔·辛格偷偷潜入"幸运儿"在费尔赞的家，从冰箱里取出一个盛放剩咖喱菜的盒子，往上面撒了一层附子花毒。第二天，"幸运儿"和未婚妻晚餐的时候食用了这些咖喱菜。他胃口大好，就又添了一份。之后不久，两人开始呕吐。他的未婚妻回想起接下来发生的事情："'幸运儿'对我说，'我感觉不太舒服。我的脸麻木了，碰碰都没感觉'。"接着，他的胳膊和腿开始无法移动。他费尽力气拨打 999 报警，告诉接线员说他怀疑前女友在食物中下毒。夫妇两人被迅速送往医院，"幸运儿"不幸死亡。

附子花毒会使心脏和其他内部器官衰竭。"严重呕吐"之后，受害者会感觉浑身都像蚂蚁在爬，之后四肢失去知觉，呼吸越来越慢，心脏衰竭，扰乱心跳频率。不过，受害者的大脑还能保持清醒。"幸运儿"的未婚妻因药物昏迷了 2 天，毒理学家丹尼斯·斯坦沃斯（Denise Stanworth）则试图查明毒物。罗伯特·弗雷斯特解释说："幸好丹尼斯有足够的尸体解剖材料可用。她开始寻找外来植物类毒物的时候，就发现了附子花毒。"注射了洋地黄针剂后，女性受害者的异常心率平缓下来，最终完全康复。

警察搜查拉克薇尔·辛格的公寓时，从她的外衣和手袋里发现了两包棕色粉状物。虽然她说这是治疗脖子上皮疹的药物，但最终被裁决有罪，被判有期徒刑 23 年。

有时候，毒理学家要在毒物进入身体之前就开始着手应对。第二章提到

The Aconite or Monk's-Hood

附子花又名乌头毒草和狼毒乌头。附子花中毒的症状包括：恶心、呕吐、四肢灼热刺痛、呼吸困难。若不加治疗，2—6小时内即会毒发身亡。供图：维科图书馆（伦敦）

的火灾现场调查员尼亚姆·尼克·妲伊德也是位分析化学家，专攻火灾、爆炸和药物。如果尼亚姆想要知道某种东西里是否含有可卡因，她首先要进行简单的变色与否测试。"我们把东西放进一根小试管里，撒上一些试剂，变蓝就说明里边含有可卡因。"接下来，她要用更为复杂的技术，比如气体色谱法，来检测毒品含量有多高。

泰国一位研究员来拜访时曾向尼亚姆说过，较为贫穷的国家做不起第二轮检测。尼亚姆意识到原来他们不管毒品含量有多高，只要变色就抓人。尼亚姆及其团队于是设计了更为廉价的解决方案。"用智能手机拍下颜色照片，校准照相机后，利用颜色来大致判断样本中的毒品含量。由于是智能手机拍摄的，照片会带有 GPS 坐标信息，也可以放大。我们现在与联合国携手打造一个药物样本实时抓取全球地图。许多在全球范围内有巨大影响的前沿性法医科学工作并不一定都使用了复杂的科技。解决问题的方式其实可以很简单。"对于两个世纪以前的马修·奥菲拉来说，用潘通测试（pantone test，色彩测试）来判断可卡因含量可能如天方夜谭，但我禁不住感到他一定会为其精致典雅所折服。

06

独一无二的印迹：指纹鉴定
FINGERPRINTING

耶和华把两块法版交给摩西，是神用指头写的石版。

《出埃及记》（Exodus）31:18

正如 20 世纪初艾德蒙·罗卡所说的那样，鉴证科学的指导原则是"凡两个物体相接触，必会发生转移现象"。但若我们不懂得如何分析、分类和解读这些现象，那它们在将罪犯绳之以法一事上就毫无作用可言。随着科学家们的发现越来越多，侦查的"艺术"水平也在不断提高。从捉拿罪犯这方面而言，指纹辨识技术就是引人注目的先驱。

鉴证科学并非始于指纹鉴定，但它以其他任何发展都未曾有过的方式激发了公众的想象力。而正由于它易于理解，法庭才采纳。在 20 世纪头 10 年的早期，守法市民对于偷偷摸摸盗窃他人物品的窃贼可以被悄无声息地辨识出来的想法大加赞赏；用钝器夺人性命的凶手因小手指的指纹而被处以绞刑；

指纹凹凸不平的独特分布使得一丝一毫的大意都将被法律制裁。

掌握指纹独特性的首批欧洲人之一中有一位名叫威廉姆·赫歇尔（William Herschel）的年轻人。1853 年，他乘船到英国，为实质上统治印度大部分地区的东印度公司工作。四年后，因弹壳应涂油脂类型发生争执，该公司的一群印度士兵对其英国指挥官发动兵变。随后的起义——称为印度兵变（Indian Mutiny）——得到全国响应，广泛的暴力反抗遭到英国军队的血腥镇压。当尘埃落定，东印度公司被迫将其领地移交英国政府，公司的许多员工转为印度公务员。赫歇尔就负责管理孟加拉的一个乡村地区。

兵变的残暴令群情高涨，许多印度市民决意让英国霸王也不好过。他们开始罢工，停止交税，也不再耕作农场。

赫歇尔年方 25 岁，正是踌躇满志的年龄，决意防止民间动乱阻碍他功成名就的道路。新官上任后，他做的第一批决定之一便是修路。他与当地人寇奈签订供应项目设备的合同，接着又做了一件极其古怪的事情。

"我用自制的官印油墨涂了寇奈的手掌和手指，把他的整只手压到合同背面。接着，我们一起研究，时不时地拿手相术开开玩笑，还和另一张纸上的我的手掌印做比较。"赫歇尔留着寇奈的手掌印不是为了辨识，而是一种保障——"吓得他丝毫不敢否认自己的签名。"

赫歇尔可能从印度寡妇殉葬制（今已少见，1861 年被定为非法）——丈夫死后，寡妇在火葬堆里被活活烧死殉葬——的按手印得到启发。当她从"殉葬之门"走向死亡时，"将死之妇女把手伸进红色染料，放到'殉葬之门'上。手印周围的石头将会被凿掉，以浅浮雕形式突显出来"。

20 年后，赫歇尔被任命为胡格利地区（临近加尔各答）治安官，负责法庭、监狱和抚恤金等事务。我们觉得福利欺诈是现代才有的东西，而赫歇尔在 140 年前就已经意识到了。他制定了一套体系，提取领取抚恤金的人的指纹，以防别人在他们死后冒领抚恤金。他还在人们被判监禁的时候提取指纹，以防已定罪的犯人雇人坐牢。

正式分门别类地辨识罪犯的想法得到了各司法机关的采纳。在赫歇尔制定自己的体系时，巴黎一位名叫阿尔方索·贝迪永（Alphonse Bertillon）的警察职员正忙着用人体测量学——测量人体的科学——来系统地辨识罪犯。他选择了人体的 11 项标准，其中包括头宽和从肘部到中指指尖的长度等。贝迪永得出结论：两个人的 11 项标准完全相同的概率为 2.86 亿分之一。他用档案卡记录了每个犯人的测量数据，并在卡片的中间位置贴两张照片——正脸和侧脸——面部照片便由此而生。

与此同时，在东京附近，一位苏格兰医学传教士开始拿指纹做实验。亨利·福尔兹（Henry Faulds）注意到古代陶匠用四指之一和大拇指指纹来标记自己制作的陶器。他还发现，撒上粉末后，微小的印记就会显现出来，并利用这一技术证明一个被控盗窃的人无罪。福尔兹向真正的窃贼指出被盗房子窗玻璃上的指纹和窃贼的指纹之间的相似之处，窃贼随即开口认罪。根据自己的发现，福尔兹发明了一种基于十指指纹来进行指纹分类的方法。他曾尝试说服伦敦警察厅利用他的方法设立指纹鉴定部门，但遭到拒绝。

百折不挠的亨利·福尔兹写信给查尔斯·达尔文（Charles Darwin），详细说明了他的指纹鉴定方法。达尔文对这一想法十分感兴趣，但他感觉这种工作适合比较年轻的人来做，于是交给了表弟弗朗西斯·高尔顿（Francis Galton）。高尔顿用了 10 年时间来研究指纹，并写出有关这一课题的第一本书，即《指纹》（*Finger Prints*，1892）。在书中，他将弓线纹、箕形纹和斗形纹分为 8 个基本类型，还揭示出每个人的手指都以独特的方式匹配其中一个分类。

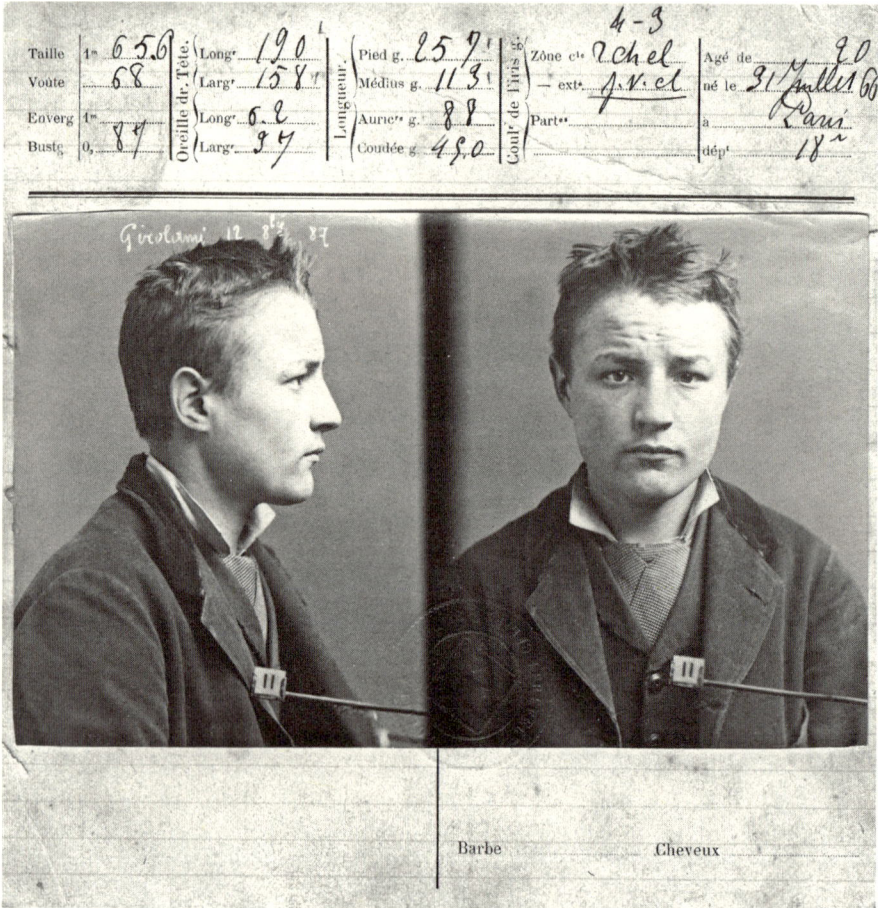

贝迪永记录的因诈骗被捕的 21 岁乔治·吉诺拉米。

供图: adoc-photos/Corbis

读了高尔顿的文章后，克罗地亚裔警官胡安·布塞蒂奇（Juan Vucetich）开始收集在阿根廷布宜诺斯艾利斯被捕犯人的指纹。他独创了一套十指分类系统，称为"指纹鉴定法"（dactyloscopy），如今许多说西班牙语的国家都还在使用。除了应用于刑事案件，阿根廷政府还迅速将它用作内部身份证明识别。

布塞蒂奇的系统很快受到了一个吃力且令人心烦的案件的考验。1892年6月29日，在布宜诺斯艾利斯附近的一个小村庄里，4岁的特蕾莎·罗哈斯及6岁的哥哥庞齐亚诺被人发现惨死家中。两人的母亲弗朗西斯卡（Francisca）幸存，但也被割喉。

弗朗西斯卡告诉警方，邻居佩德罗·委拉斯开兹冲进她家里，杀了她的孩子，还想割断她的喉咙。警方对委拉斯开兹严刑审问了一周之久，他依然坚持自己的不在场证明：谋杀发生时，他和一群朋友出去了。

为犯人不认罪深感焦虑之下，警察局局长阿尔瓦（Alvarez）再次来到案发现场。这一次，他注意到门框上的一个棕色斑块，觉得这可能是沾了血的指纹。他从门框上取下带血的木块，与委拉斯开兹的指纹一起送到胡安·布塞蒂奇那里，因为后者在布宜诺斯艾利斯新开了一家指纹鉴定中心。

布塞蒂奇信心满满地宣称委拉斯开兹的指纹与门柱上的不匹配。接着，他提取了弗朗西斯卡·罗哈斯的指纹，结果一模一样。面对铁证如山的带血指纹证据，这位母亲承认谋杀了两个孩子，自己割断脖子是为了加强效果，并栽赃无辜之人。她想借此提高嫁给男友的几率，因为男友不喜欢孩子们。于是，她成为以指纹证据为基础被判有罪的第一人。她被判终身监禁。

罗哈斯一案之后，阿根廷摒弃了贝迪永的人体测量学系统，开始单以指纹来管理罪犯记录。不久后，其他国家竞相效仿。第二年，孟加拉警察局局长爱德华·亨利（Edward Henry）将大拇指指纹加入了人体测量学罪犯记录中。自从威廉姆·赫歇尔在40年前推出指纹鉴定系统以来，孟加拉的民事案件已正式使用，但警方从来没有好好利用。亨利与印度警官阿兹朱·哈克（Azizul Haque）携手改进了高尔顿的系统，形成了一个供调查员利用指纹的物理特征生成独特参考编号的新系统。这些编号随后被用于警察局1024个文件架之一的指纹归档，新的指纹提取后，根据其特征生成编码，与对应的文件架核对，确认它是否被归档过。1897年，"亨利分类系统"被英属印度全部采用。

1901年，亨利被召回伦敦担任伦敦警察厅刑事调查局局长。他迅速设立指纹识别署，记录罪犯身份，以期威慑罪犯再次作案。在可靠的身份记录系统产生之前，职业罪犯常常通过编造不在场证明，假装是第一次犯罪，而非累犯，来逃避更严重的刑罚。成立第一年，指纹识别署就识破了632个惯犯的化名。

与所有的新技术一样，总得发生一次轰动案件，新的鉴证技术才会得到公众的认可。指纹鉴定跃入鉴证的镁光灯下是在4年后的1905年。五月末的一个星期天早上，威廉姆·琼斯到伦敦德特福德高街的查普曼油彩和颜料商店上班。这位16岁的年轻人惊奇地发现，尽管已经8点半，颜料店的门却锁着，百叶窗也拉了下来。经理及其妻子住在店铺上面，通常7点半就早早开门迎接客户。威廉姆担心他们病了，毕竟对于71岁和65岁高龄的两人来说，这是很有可能的。威廉姆敲了敲门，无人应答，于是用肩膀撞了撞门。门纹丝不动。他踮起脚尖，从百叶窗的缝隙向里面瞥了一眼。他隐约看到店铺后方壁炉旁的一张躺椅侧翻了。

威廉姆一下子惊慌起来，赶紧跑去找一位朋友。两人匆忙返回，把门撞开。威廉姆发现老板托马斯·法罗躺在侧翻的椅子下，光秃的头部破了个洞，血已经渗进了壁炉的灰烬里。在随后的尸体解剖中，病理学家指出，托马斯的头部和面部共遭受 6 次重击，凶器可能是一把铁锹。

警长阿尔伯特·阿特金森（Albert Atkinson）是第一位到场的警察，也是他在楼上的床上找到了被严重殴打、昏迷不醒但一息尚存的安·法罗。阿特金森发现法罗夫妇床边的地上有一个开着口的钱箱，里边空空如也。威廉姆表示，法罗先生通常会在周一到银行储存店铺每周 10 英镑左右的收入。

爱德华·亨利卸任后，继任刑事调查局局长的麦尔维尔·麦克纳腾（Melville Macnaghten）接手了该案。1889 年刚到伦敦警察厅时，麦克纳腾的新上司就给他讲了去年的开膛手杰克悬案。在以后的职业生涯中，麦克纳腾的桌上一直摆着被开膛手杰克弄得残缺不全的受害者照片，借以警醒自己更加努力。然而，作为经验丰富的侦探，他自己也遇到过无法侦破的谋杀案。任职刑事调查局刚刚三天，麦克纳腾就已经开始在沿河岸捡拾一位被肢解的妇女的躯体了。凶手永远都没被抓到，该案因而被称为"泰晤士河悬案"。

麦克纳腾决意解决托马斯·法罗被残杀一案。该案震惊了当地居民。德特福德污染严重，人口众多，疾病和犯罪屡见不鲜，但冷血的谋杀却鲜有听闻。

这对老年夫妇穿着睡衣，病理学家推断威廉姆发现托马斯·法罗的尸体时，他才刚死不久，警察局由此相信托马斯是在早上被骗打开了前门。他们猜测凶手马上袭击了托马斯，然后跑到楼上去找钱箱。侦探们在楼梯顶发现了一摊血，因而推断托马斯曾追着袭击者到了楼上，而其妻子正在楼上毫无防备地睡着。他们得出结论，凶手残忍地杀死了他，麻木不仁地打晕了他妻子，然后拿着钱跑掉。

麦克纳腾仔细检查了钱箱，在钱箱内托底部发现了一枚油乎乎的指纹。他用手帕拿起钱箱，用纸包起来带到指纹识别署。麦克纳腾心知自己很可能被公众嘲笑，因为尽管指纹证据曾在1902年抓获窃贼哈利·杰克森时出了大力，却依然受到手相术的玷污。在审判杰克森时，并非所有人都对指纹鉴定的功能表示信服。听到有罪裁决后，一位署名"想吐的地方法官"给《泰晤士报》（The Times）写信称："一度被称为世界最佳警察组织的伦敦警察厅，如果再继续坚持通过皮肤上古怪的纹路来追踪罪犯，必将成为欧洲的笑柄。"

指纹识别署主任查尔斯·柯林斯（Charles Collins）用放大镜查看了托盘，根据指纹的大小和脊线的坡度，判断其为汗津津的右手大拇指指纹。对比同时提取的阿特金森和法罗夫妇的指纹，他发现了其中的巨大不同之处，这使他十分高兴。只要嫌疑犯的手指大拇指与这个匹配，这些不同点将起到重大作用。

指纹识别署虽然刚成立4年，但它那巨大的木质文件架里已经存放了大约9万份四指之一和大拇指指纹。柯林斯查找了对应的文件架，但没有发现匹配。

5天后，安·法罗因伤势过重去世，给调查再次带来沉重打击。麦克纳腾原本期望她能苏醒过来描述袭击者的体貌特征。

多亏了报纸，有时候侦探们就会有所突破。读了谋杀案报道后，一位送奶员站出来，说他看到两个男人在早上7点15分离开油彩和颜料商店，还在他们将前门半开着就走掉的时候喊了一声。其中一人转身说道，"哎！没关系。"然后两人就走了。送奶员描述了两人的相貌：其中一个蓄着小胡子，身着蓝色西装，戴着一顶圆顶礼帽；另一人身着棕色西装，戴着一顶软帽。

接着另外一位目击者——油漆工——站出来解释为什么威廉姆·琼斯会发现门锁着。油漆工瞥到一位满脸是血的老人在早上7点30分关上了门。麦克纳腾推测，托马斯·法罗在楼梯顶遭到第二次殴打后还活着，精神错乱中冲下楼关了门，然后回到店铺后面，最后因重伤而死。

一位刑事调查部助理在检查一组针对
1946 年伦敦警察厅指纹鉴定记录的新
指纹。供图: Getty Images

第三位目击者也站了出来：一位妇女看到两个男人在 7 点 20 分跑到德特福德高街，其相貌与送奶员的描述一致。令警察更为欣喜的是，她认出了其中一人。她说，穿棕色西装的那人是 22 岁的阿尔弗雷德·斯特拉顿。对其同伴的描述则与他 20 岁的弟弟阿尔伯特匹配。警察前去询问阿尔弗雷德的女朋友时，她承认案发前一天，阿尔弗雷德还没钱买吃的，可案发后一天，他就带回来了面包、培根、木柴和煤块。对于麦克纳腾而言，这些证据就已足够。托马斯·法罗被杀一周后，斯特拉顿兄弟被捕。

但笼罩着这次调查的坏运气如阴魂一般无法驱散，送奶员和助手都未能从辨认罪犯中将斯特拉顿兄弟指认出来。两兄弟特好逗能，他们开玩笑说，查尔斯·柯林斯采指纹的时候弄得他们好痒。

然而，笑到最后的还是柯林斯。比对指纹后，他发现钱箱的指纹与阿尔弗雷德·斯特拉顿的右手大拇指相匹配。

不过，检方心知他们的工作如履薄冰。这只有 1 英寸的汗津津的指纹能说服陪审团吗？这一个案件牵扯的太多太多：给心狠手辣的两凶手定罪；挽回被开膛手杰克毁得一塌糊涂的伦敦警察厅的名声；接受指纹作为关键证据。麦克纳腾和大都会警察局局长爱德华·亨利都明白其中的利害。

讽刺的是，从日本回来的亨利·福尔兹决定为被告出庭作证。他有着自己的企图：第一，伦敦警察厅拒绝了他设立指纹识别署的请求；其次，他们又以亨利系统为基础设立了一个，还拒绝承认福尔兹在指纹鉴定发展中的作用。福尔兹打算宣称研究不足，一根手指上的指纹不能完全毫无疑问地确认身份。

查尔斯·柯林斯带着几张放大的照片出庭作证。他给陪审团看了从钱箱上提取的模糊指纹，接着展示了法罗夫妇和警长阿特金森的清晰可辨的指纹。无需解释，陪审团就能看出其中的区别。之后，柯林斯拿出了阿尔弗雷德·斯特拉顿的大拇指指纹，其相似之处显而易见。柯林斯指出 11 处相似之处，陪审员都深信不疑。

辩方对柯林斯进行交叉询问时，他中肯地指出，由于存在压力和接触角度的差别，同一根手指的两枚指纹并不会完全相同。世界首位指纹鉴定专家约翰·贾森（John Garson）为辩方出庭作证时，也借此开始逐一说明柯林斯的 11 个相似之处不可信。他说，各点之间的距离有些稍短，有些则稍长，且纹路到各点的曲线略有不同。

检方的杰出律师理查德·缪尔（Richard Muir）在面前放了两封信，接着开始对贾森进行交叉询问。这两份信都是贾森在同一天写就，其中一封写给斯特拉顿的律师，请求为他们作证。另一封写给英国皇家检察署署长，同样请求为被告作证。穆尔暗示说贾森是被人雇佣，情愿为价高者服务。对于这一指控，贾森回应道，"我是独立自主的证人。"法官对此则厉声补充道，"绝对不可信的证人。"

下一个要作证的本该是亨利·福尔兹。他已经准备好进行致命一击：对比数千份指纹后，他无法确定地说某个指纹只属于世界上的唯一一个人。但他害怕穆尔会像成功击败贾森一样毁掉他，于是就退却了。

经过两个小时的审议后，陪审团做出了有罪裁决。1905 年 5 月 23 日，即出庭受审 19 天后，斯特拉顿兄弟双双被执行绞刑。英国司法体系由此步入了全新的科学证据领域。

截至 1905 年，指纹识别署已在印度、英国、匈牙利、奥地利、德国、瑞士、丹麦、西班牙、阿根廷、美国和加拿大等国设立，但他们的证据到目前为止仅在布宜诺斯艾利斯和伦敦用于证明有罪。斯特拉顿一案显示出了这

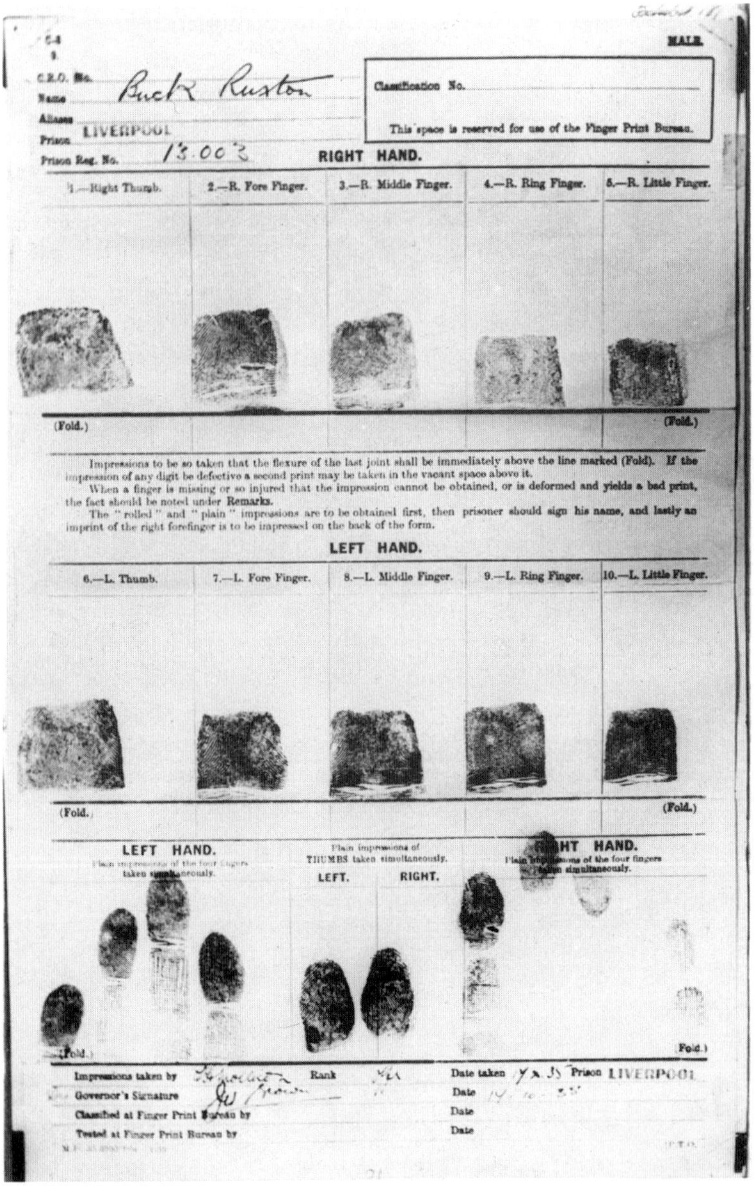

C-4
9

MALE.

C.R.O. No.
Name Buck Ruston
Aliases
Prison LIVERPOOL
Prison Reg. No. 13.003

Classification No.

This space is reserved for use of the Finger Print Bureau.

RIGHT HAND.

1.—Right Thumb.	2.—R. Fore Finger.	3.—R. Middle Finger.	4.—R. Ring Finger.	5.—R. Little Finger.

(Fold.) (Fold.)

Impressions to be so taken that the flexure of the last joint shall be immediately above the line marked (Fold). If the impression of any digit be defective a second print may be taken in the vacant space above it.

When a finger is missing or so injured that the impression cannot be obtained, or is deformed and yields a bad print, the fact should be noted under Remarks.

The "rolled" and "plain" impressions are to be obtained first, then prisoner should sign his name, and lastly an imprint of the right forefinger is to be impressed on the back of the form.

LEFT HAND.

6.—L. Thumb.	7.—L. Fore Finger.	8.—L. Middle Finger.	9.—L. Ring Finger.	10.—L. Little Finger.

(Fold.) (Fold.)

LEFT HAND.
Plain impressions of the four fingers taken simultaneously.

Plain impressions of THUMBS taken simultaneously.
LEFT. RIGHT.

RIGHT HAND.
Plain impressions of the four fingers taken simultaneously.

(Fold.) (Fold.)

Impressions taken by Rank Date taken 14 x 35 Prison LIVERPOOL
Governor's Signature Date 14.10.35
Classified at Finger Print Bureau by Date
Tested at Finger Print Bureau by Date

P.T.O.

巴克·拉克斯顿的指纹，1936年摄于利物浦监狱。

种证据的重要作用。1906 年，即那次重要的审判一年后，英国另有 4 人因留在犯罪现场的指纹被起诉。同年，纽约市警察局向全美国的警察局引入指纹鉴定。

在 20 世纪 80 年代电脑自动指纹识别系统出现之前，爱德华·亨利的分类和寻找匹配指纹的系统基本保持不变，指纹检查员的工作内容也相应地未发生实质变化。

首先，检查员要理解自己的检查对象。我们指肚上有着复杂的凹凸图案，给其中一个涂上墨水，按压到纸上，得到的凸纹图案正是清晰可辨的指纹。我们的指纹是与生俱来的：妊娠期 10 周开始出现，此时胚胎才仅有 8 厘米长。作为组成婴儿皮肤的 3 层皮肤之一，即基底层，它开始以远远大于另外两层的速度生长，脊线的生成是为了抵消随之而来的压力，"就像大陆受压产生的弯曲一样"。如果指肚是平的，皮肤将会受到均等的压力，脊线会呈平行状态。但由于指肚有坡度，脊线沿着压力同等的线条形成，通常是同心圆的形式。脊线图案也出现在手掌和脚掌上。其他灵长类动物也具有同样的纹路，进化生物学家认为这是有原因的。这些纹路有助于皮肤伸展和变形，防止其受损；形成凹线，汗液可以从中排掉，从而在抓物时避免滑落；在抓握树干等粗糙的表面时增加接触面积（有助于抓牢）。

手指接触物体表面时，脊线会在物体上留下独特的图案。就连面貌极其相似的双胞胎的指纹也不一样。在应用指纹鉴定的这么多年里，尚未发现有人的两根手指指纹完全一模一样。

在室内环境中辨识不同人留下的痕迹简单至极：这些沾满泥巴的印记是一个忘记脱鞋的小孩子留下的；更小的印记是狗狗留下的。但这样的推论都是在罪犯数量较少的情况下做出的，并且有关印记都明摆着，即肉眼可见。肉眼不可见、潜在的印记就比较难对付了。汗水、泥巴、血液和灰尘等物质会留下明显或潜在的印记。物体表面吸收性越好或越不平整，犯罪现场调查员就越难提取好用的印记。以前的时候，从塑料袋或人体皮肤上提取指纹是做不到的，不过随着技术的进步，现在已经有很多办法可以做到了。

英国的犯罪现场调查员采用各种方式按照逻辑顺序来提取指纹，也就是从破坏性最小的地方着手。内政部颁发的《潜在指印显现技术手册》（*Manual of Fingerprint Development*）列出了行为顺序。首先，犯罪现场调查员要检查物体表面，寻找明显的指印，如罗哈斯家门柱上的血指印；如有必要，还需给指印拍照。接下来，她用激光和紫外线照射物体表面，以显现潜在指印，使其可用于拍照。如果特殊光线照射还不行，她会小心翼翼地在指印上刷一层黑粉，之后粘上一条胶带。胶带揭掉、按压到白板上后，就成为了"最后证据"。这是亨利·福尔兹从犯罪现场收集指纹的经典做法，如今依然普遍使用。如果指印依然顽固地不肯显现——这在比较吸水的表面上是常有的事，犯罪现场调查员可以使用能够与人体中的盐分和氨基酸发生反应的多种化学物品来使其显现出来。

之后，照片和"最后证据"将被送到一位指纹鉴定员那里，由此人来判断指纹里的脊线细节是否足以进行辨识。如果指印不太模糊或者相对比较完整，该鉴定员会先与中立者的指纹作对比，也就是完全有权到现场而又不是嫌疑犯的人，包括受害者、警员等，然后才检视潜在嫌疑犯的指纹。这个过程难免有主观因素存在。如果指纹鉴定员认为谁的指纹都不匹配，她就要扫描指纹，将它加密成几何图形，然后用全国数据库——如英国的 IDENT1 系统，其中涵盖了约 800 万人的指纹——自动搜索。

IDENT1 是爱德华·亨利的文件架的现代对应系统。IDENT1 和联邦调查局的数据库均使用亨利的分类和辨识系统的改进版。电脑程序向指纹提出一系列问题，例如"你有多少个斗形纹？"每个问题都会得出一个分数——"2个斗形纹"就是2分。分数相加，指纹就有了一个总体编码。接下来，IDENT1将这个编码与其数据库中的800万编码进行对比，生成10个左右最接近的给指纹鉴定员查看。

她现在要做的是判断其中的指纹是否能匹配。当然，这个课程也掺杂了主观因素。一旦从脊线的总体模式中找到一处相似点，她就要集中精力寻找微小的区别点，即所谓的"细节特征点"，其中包括：脊线的起点、终点和结合点；脊线各自的位置；以及与另外两条脊线形成小桥的位置。

1901年伦敦警察厅设立指纹识别署时，查尔斯·柯林斯等鉴定员要一致找出至少12处细节特征点，才能在英国法庭上作证。1924年，这一标准被提高到16个点，比世界上其他大多数国家都高。当时，大多数指纹鉴定专家认为8个就已足够。如果指纹鉴定员能找出8到15个点，通常要向警方报告，因为这可能是有价值的线索。但到了1953年，英国的所有警察部队都采纳了16点的标准。

自斯特拉顿兄弟一案以来，全球公众、司法机关和警察部队对指纹鉴定越来越信服。对于许多人来说，包括大量专家在内，它有着绝对不会出错的光环。正如吉姆·弗雷泽（Jim Fraser）在《鉴证科学》（*Forensic Science*，2010）中所写："在大多数指印检查员看来，通过指纹识别个体可谓万无一失，也就是说，确定性是百分之百的。"

如果指印清晰可辨，鉴定员出错的几率几乎为零。但如果指印模糊不清，覆有其他痕迹，或位于血液中，一位鉴定员则可能看到其他人所不同意的细节特征点。1997年的一件案子就将指纹鉴定的主观性推到了风口浪尖。1月6日，马里昂·罗斯的尸体被人发现于其在苏格兰基尔马诺克镇的家里。

她是可怕袭击的受害者：包括多个刀伤伤口、肋骨碎裂，喉咙上还插着一把剪刀。犯罪现场调查员着手搜集证据，在马里昂家里发现了 200 多个潜在指印，接着将这些送到苏格兰犯罪记录办公室，与中立人员——医护人员、医生和警员——的指纹相比对。

引人关注的是留在浴室门框上的大拇指指纹。尽管极为模糊，一位指纹鉴定员确信它属于 35 岁的探员雪莉·麦吉（Shirley McKie），调查员在屋里搜集证据的时候，她本应该在外边保护现场才对。要想触摸门框，她必须离开岗位，这可是严重渎职行为。

警员们通常都受过如何对待犯罪现场的严格训练，犯罪现场调查员也常常戴着保护手套，以免破坏罪犯留下的微弱痕迹。由于该案十分重要，苏格兰犯罪记录办公室的另外 3 位专家检查了这枚大拇指指纹，确认其确实属于麦吉。如此一来，这位侦探似乎擅离了岗位。

与此同时，谋杀案的首要嫌疑人已被确认为 20 岁的杂工大卫·艾斯博瑞。调查员在马里昂家发现了他的指印，还在他的一个铁盒里发现了马里昂的指纹。艾斯博瑞说他最近在马里昂家做过工，所以才会留下指纹。但侦探们认为这些证据已足够逮捕他。

审判艾斯博瑞过程中，麦吉作证说自己任何时候都没有进入马里昂家里，所以那枚指纹绝对不是她留下的。另外 54 位处理现场的警员全都证实了她的说法。尽管如此，她依然被斯特拉斯克莱德警察局停职，最后被开除。

但她的噩梦远远没有结束。1998 年的一个早上，雪莉·麦吉被捕。她在一位女警的监视下穿上衣服。警员们将她带到警察局，而她父亲伊恩·麦吉（Iain McKie）正好是这里的警司。警员对她进行了光身搜查，然后关进监狱。她了解到自己将因作假证受到起诉，如果罪名成立，将会被判 8 年刑期。

她父亲长期而杰出的警察职业素养使得他坚信指纹证据的可靠性，而且相信自己挚爱的女儿撒谎也比怀疑专家们的判断容易得多。"人们因为一枚指纹一直在徘徊不前。"他对她说道。

1999 年 5 月，雪莉·麦吉在苏格兰最高刑事法院受审。两位美国专家检查了大拇指指纹后，坚称这不是她的。其中一位说，"明显的"区别"一眼"就能看出来。根据这一证据，陪审团裁决麦吉没有犯下作假证的罪行。2002 年 8 月，爱丁堡刑事上诉法庭也撤销了对大卫·艾斯博瑞的谋杀指控——原因在于指纹证据有缺陷。他总共在监狱里待了 3 年半。

确定雪莉·麦吉无罪后，苏格兰犯罪记录办公室和 4 名警员因渎职被起诉。随后，麦吉提起赔偿诉讼，并于 2006 年得到了 75000 英镑的和解赔偿金。

但至此她已经丢掉了深爱的工作，在一家礼品店工作了好几年，而且患有深度抑郁症。伊恩·麦吉则走遍全球，为了使呈递法庭的专家证据变得更好而四处奔走，同时向人们对指纹鉴定专家的根深蒂固的态度提出警告。

2001 年，16 点标准被英格兰和威尔士废弃，一方面是因为麦吉－艾斯博瑞一案的尴尬结局，一方面是因为它并非真正意义上的标准。指纹鉴定员找到 14 个细节点后，有时会再寻找 2 个，以达到"匹配"的目的。他们寻找的是相似点，而非不同之处，这是极其危险的。自从 16 点标准被废除之后，数字标准便不复存在，但其他专家很少会质疑指纹鉴定员的个人决定。

凯瑟琳·特维迪（Catherine Tweedy）是依然在世的少数质疑指纹鉴定员的人之一。乍看之下，她是那种看似深受孩子们喜爱的老师，因为她能激发他们的纯真——兴趣浓厚，善于鼓励，知识丰富。但和她在一起待 5 分钟，你就会有别的感受了：一个顽固的智者，致力于严苛的逻辑论证，对做好事情充满激情。她在英国国内和国外修完了数个指纹鉴定课程，其中包括佛罗里达州迈阿密警察局的"潜在指纹鉴定高级课程"。她目前在达勒姆的鉴证中心做指纹鉴定专家，主要担任辩方专家，工作内容是复核英国的一部分指纹识别——工作量比她所期待的少很多。"自 20 世纪 90 年代中期以来，我就一直在做这种工作，"她说，"而且我是以科学家的身份来做的。对于人们认为指纹鉴定是板上钉钉的科学，我感到极度绝望。它根本就不是科学，只是做比较而已。"以前支持法医指纹鉴定的花言巧语向来带着科学的口吻，但凯瑟琳·特维迪用了 20 年时间来提醒人们，沿着一条通往必然的路走并不代表一定能到达，逆向行走也可能到达目的地。

2006 年，麦吉一案达成和解，苏格兰跟着英格兰和威尔士废除了"16点标准"。2011 年，对麦吉–艾斯博瑞尴尬结局公开调查的结果发布。报告称，错误识别是"人为失误"，并非斯特拉斯克莱德警察局的渎职。报告建议从今以后将指纹证据当做"意见证据"，而非事实证据，法庭应"据实"对待。

但这一信息并未传达给所有的指纹鉴定员，凯瑟琳·特维迪说道："指纹鉴定员受到的训练是不把意见当意见。一旦所受的训练让你把一些东西当成事实，就特别难以相信还存在灰色地带。许多案子都不能百分百地确定，因为你所得到的只是残缺的指纹。"

即便指纹与某个人完全匹配，调查员在对此进行解读的时候也会犯错误。在较早期的一个案子里，凯瑟琳曾遇到一个 14 岁男孩杰米被控盗窃北爱尔兰一户人家。调查员在浴室的玻璃窗上提取到了他的手印。两人见面时，他说自己从来都没进过那个房子。凯瑟琳走进房子，明白了为什么他说的可能是实话。房子里臭气熏天，在这里进行彻底的检查实在太艰难了。检查手印时，她发现它与杰米的手印完全匹配。但如果有人从浴室爬进爬出，肯定会在浴缸或水池上留下脚印，同时弄乱玻璃窗下的垃圾，可这些证据都没有。

犯罪现场人员根本没去其他房间，也没检查两扇外门。凯瑟琳自己检查了一番，结果无法找到能将他与室内联系起来的任何证据。

闻听凯瑟琳的调查结果，杰米的调查团队勃然大怒，后来发现被盗房子的屋主无情地在女儿 16 岁生日时将她赶了出去。她跑去和朋友住了几周，然后趁父母外出购物时拿着钥匙从前门进屋，拿走了激光唱机、一些衣物和几盘录像带。

父母返家后发现丢了东西，就赶紧打电话报告失窃。调查以浴室里的那个手印开始，也以它终结，之后就没人再予以质疑。凯瑟琳·特维迪询问杰米的朋友时，得知他们以前常在那间房子的后面玩"海盗"游戏。"海盗"游戏是捉人游戏的一个变种，玩家要双脚离地，以免被人"捉到"。据透露，杰米爬高很在行。他最拿手的就是爬上排水管，单手吊在浴室的玻璃窗上。若没有凯瑟琳的追根问底，他的敏捷身手可能会给他带来牢狱之灾呢。

有些指纹提取的环境更为恐怖。2004 年 3 月 11 日，正值人流高峰时间，10 枚炸弹在西班牙马德里的 4 列通勤火车上爆炸，导致 191 人死亡，1800 人受伤。美国联邦调查局怀疑是基地组织所为。

西班牙警察在一个塑料袋内发现了一组遗弃的雷管帽盖，上面有一个不完整的指纹。通过联邦调查局数据库检索，得出共有 20 个可能匹配的结果。

其中一个可能匹配的是美国籍律师布兰登·梅菲尔德（Brandon Mayfield），他在俄勒冈州生活和执业。联邦调查局的指纹数据库之所以有他的指纹，是因为他曾在美国军队服役。然而，从反恐角度来说，更为重要的是他娶了一个埃及人，并转信伊斯兰教。在一起儿童监护权案件中，他曾为波特兰七人组（一群试图到阿富汗为塔利班组织效力的男人）的其中一人做过辩护，并且和他们在同一所清真寺做礼拜。

西班牙鉴证专家在阿托查火车站外一列被炸毁的火车车厢里寻
找线索。2004年的恐怖袭击是西班牙历史上最严重的袭击之一。
供图: Getty Images

即便布兰登·梅菲尔德的指纹并不完全匹配，护照已经过期，且没有证据表明这几年里曾出国旅游，联邦调查局依然认为他参与了爆炸袭击。他们开始监视他及其家人。

虽然西班牙警方坚持不采用指纹证据，联邦调查局探员还是监听了梅菲尔德的电话，闯进他家和办公室，搜查了他的办公桌和财务记录，检查了他的电脑，还进行跟踪。意识到自己被监视时，梅菲尔德惊慌失措，联邦调查局便把他监禁起来，以防逃跑。漫长而痛不欲生的两周过去后，西班牙警方才匹配到真正的罪犯——名为奥海恩·达乌德的阿尔及利亚人。

梅菲尔德起诉美国政府拘留不当，于2006年获得正式道歉和二百万美元的和解赔偿金。

后来，联邦调查局承认处理梅菲尔德一案存在诸多问题，其中一个就是指纹鉴定专家没有将检查的分析和对比阶段区分开来。首先，所有专家应当仔细分析指印，尽可能多地描述细节点。在此之后，她才可以检查所有可能的匹配，并进行对比。分析与对比同时进行的话，专家们就冒着找到匹配细节点的风险，因为这正是他们所要寻找的。在伦敦大学学院认知心理学家伊特伊尔·德里奥（Itiel Dror）看来，"大部分指纹都没有问题，但即便1%的指纹有问题，每年也都会有成千上万的潜在错误出现。"

2006年的一项美国实验表明，即便是经验丰富的指纹鉴定专家也会受情境信息的支配。给六位专家看看他们以前曾分析过的指印，但这一次，给他们提供一些案件的特定细节——例如，犯罪发生时，嫌疑人已被警方关押，或者嫌疑人已经供认其罪行。在第二次检查中，专家按照所接受信息改变了主意，其概率为17%。换句话说，他们不能客观地将自己从情境与判断中分离开来。这种偏见在英国就比较少见，因为这里大多数警察部队的鉴证部门是和其他部门相分离的。

　　尽管凯瑟琳·特维迪等专家多有质疑，全球的法庭依然认为指纹鉴定完美无缺，很多人仍然因为单一的指纹就被送进监狱。在广受欢迎的《法医实例》（*The Forensic Casebook*，2004）中，N. E. 耿吉（N. E. Genge）说："检查员只以百分之百和百分之零的思维思考，除此之外，别无其他。"但瑞士法医识别专家克里斯托弗·夏目普德（Christophe Champod）呼吁人们从可能性的角度看待指纹证据——使其符合其他法医原则，认为检查员应该对可能或潜在的匹配畅所欲言。他还指出降低指纹鉴定地位的重要性："指纹检查员描述指纹证据时只应把它当做佐证。"

　　如果把鉴证科学看做一个大家庭，指纹鉴定就是好吃多占的爷爷，总是抢最好的扶手椅，喜欢独断专行，根本意识不到他们所在的世界正发生翻天覆地的变化。只有当其他家人理解他有时会把人、地方和传闻混淆的时候，他的智慧才能得到适度小心地对待，他对家族的贡献才算是健康而合理的。

07

基因的指证：血迹与DNA
BLOOD SPATTER AND DNA

大洋里所有的水，

能够洗净我手上的血迹吗？

不，恐怕我这一手的血

倒要把一碧无垠的海水染成一片殷红呢。

《麦克白》（Macbeth），

第二幕第二场

　　血液是生命不可或缺的，没了它，人都要死。它像一条贯穿历史的线，将财产和权力从一代传给下一代。从很早以前，人类就把血液当做部落的标志，又把它看做个体的徽章。在一些社会体系里，继承权不是从父亲传给儿子，而是从父亲传给你姐妹的儿子，因为姐妹的儿子肯定与你有着相同的血脉。你确切地知道他的祖母是你母亲，却不能保证你的孩子真的是你的骨肉。

它从一开始就是罪案小说最强劲的核心。当医生华生第一次见到夏洛克·福尔摩斯时，他正弯腰趴在桌子上改进血红蛋白检验方法。当华生难以理解这个检验方法的奇妙之处时，这位顾问侦探大为光火，"怎么，先生，这是近年来实用法医学上最重大的发现了。难道您还看不出来这种试剂能使我们在鉴别血迹上百无一失吗？请到这边来！"接着，他拿针刺入自己的手指，用滴下来的血当场做实验。

　　"许多刑事犯罪案件往往取决于这一点，"他说道，"也许罪行发生后几个月才能查出一个嫌疑犯。检查了他的衬衣或者其他衣物后，发现上面有褐色斑点。这些斑点究竟是血迹呢，还是泥迹，是铁锈还是果汁的痕迹呢，还是其他什么东西？这是一个使许多专家都感到为难的问题，可是为什么呢？就是因为没有可靠的检验方法。现在，我们有了夏洛克·福尔摩斯检验法，以后就不会有任何困难了。"

　　阿瑟·柯南道尔的第一本小说的题目《血字的研究》就来自福尔摩斯对华生关于侦探工作之意义进行的说教。"谋杀案就像一条红线一样，贯穿在中间。咱们的责任就是要去揭露它，把它从生活中清理出来，彻底地加以暴露。"之后不久，两人在布里克斯顿路（Brixton Road）发现一条始于一所荒凉的房子的血线。看到现场后，华生差点晕倒，考虑到他曾在阿富汗战争中担任过军医，说实话，这实在太令人惊异了。然而，作为一个经常接触血液、凝血的作家，我看到血依然会想吐。

　　话不多说，回到正题。一男子躺在床上，侧面中刀，凶器刺破了他的心脏。"一条曲曲弯弯的血迹由房门下边流了出来，一直流过走道，汇积在对面墙脚下。"这一次，他的新检测方法派不上用场了；福尔摩斯只是用脑子记下了房子里所有的实物证据，又听了听警察对于这次无名谋杀案的看法。"他在行凶之后，一定是在房里还停留过一会儿。因为我们发现脸盆水中有血，说明凶手是曾经洗过手；床单上也有血迹，可见他行凶以后还从容地擦过刀子。"

通过犯罪现场发现的血液来重建发生的事件叫做血迹形态分析（Bloodstain Pattern Analysis）。柯南道尔的想象与现代专家从喷溅的血液中得出的信息几乎碰不着边。《血字的研究》出版两年前，波兰法医学会助理艾德拉德·皮尔维斯基（Euduard Piotrowski）写出了如何通过解读血迹来解释暴力行为过程的论文——《论头部遭受重击后血迹的起点、形状、方向和分布》（Concerning the Origin, Shape, Direction and Distribution of the Bloodstains Following Head Wounds Caused by Blows，1895），从而迈出了本行业的第一步。

皮尔维斯基在一面纸糊的墙壁前放了一只活兔子，用铁锤猛砸其头部，又找来一位画家画下血液喷溅的形态。论文中的彩图既准确又令人毛骨悚然。他又用石头和短柄斧弄死另外几只兔子，每次都变换姿势和打击角度，以弄清其对血迹形状和位置的影响。他做实验时的心情我们不得而知，但

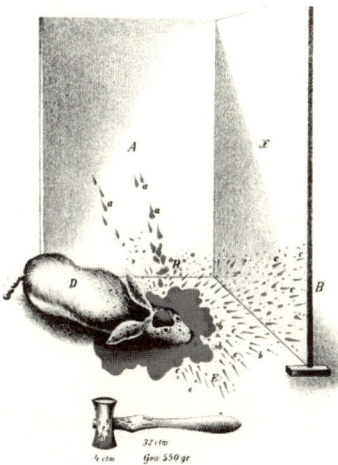

艾德拉德·皮尔维斯基具有重大意义的血迹学著作中的插图；作为其研究的一部分，他以各种工具重击动物，以观察效果。

在论文中他阐述了这一做法的高尚目的："鉴证证据专注于犯罪现场发现的血迹是至关重要的，因为血迹对于谋杀有指示作用，可以解释事故的重要时刻点。"

然而，在 20 世纪中期之前，皮尔维斯基的先驱性著作并未得到太多关注。在 1955 年的一个重大案件中，一位名为塞缪尔·谢帕德（Samuel Sheppard）的英俊潇洒的医生被控在俄亥俄州伊利湖畔自家房子的卧室里重击怀有身孕的妻子，致其死亡。他坚称是一个"头发浓密的不速之客"袭击了妻子（他的后颈受伤，这里非常难以自己伤到）。

初审及 1966 年的再审期间，伯克利加利福尼亚州立大学的鉴证科学家保罗·柯克（Paul Kirk）为他作证："武器击中带血的头部时，血液会像车轮的轮辐一样朝着各个方向飞溅。"柯克向法庭呈递了几张照片，其中显示了凶手站着重击谢帕德夫人时床边墙壁上的一片空白区域。"完全可以确定，"他说道，"血液都溅到了凶手身上，暴露在外的衣物肯定会沾满血迹。"警方刚到案发的房子时，谢帕德光着上身，处于昏迷状态，他们找到的唯一一处血迹位于他裤子的膝盖上。他记不起自己怎么会光着上身："或许凶手需要一件上衣。我不知道。"后来，警方在房子附近找到了一件符合谢帕德身材的 T 恤，它已经被撕破，上面没有血迹。再审期间，柯克那令人信服的证言为推翻谢帕德的判决立了大功，他得以在服刑 11 年后走出监狱大门。

五年后，美国政府发布了有关血液分析的第一本现代化手册——《人类血液飞溅特征及血迹形态》（*Flight Characteristics and Stain Patterns of Human Blood*，1971）。该手册及书中的 60 幅彩照向犯罪现场调查员展示了血迹可以透露出致命伤是怎么来的，位置在哪里，凶器是何种类型，凶手身上的血迹可能是怎样的，凶手是否也有出血，受害者死后是否被移动过，还有受害者死前是否自己移动过。

如今，警方依然每天都在采用血迹分析：到目前为止，它已经帮助他们解决了数千宗犯罪。但 20 世纪 80 年代遗传指纹（genetic fingerprinting）鉴定的发现给血迹的重要性带来重大变化。"凶手是谁"的问题清单上又增加了 "凶器是什么" "在什么位置" 和 "如何行凶" 等等。自 20 世纪早期以来，科学家们已经能够通过血液或精液样本来判断嫌疑人的血型，虽然这有助于缩小潜在嫌疑犯的范围，某些血型在大众中出现的频率却使得它往往只能被当做间接证据。血型鉴定与 DNA 所带来的鉴定可能性相比还相差甚远。

从 1982 年到 2011 年被关闭的英国鉴证科学服务中心，再到英国政府化学家实验室鉴证科，三十二年来，瓦尔·汤姆林森（Val Tomlison）一直在调查凶杀现场的血迹，并在实验室里分析 DNA。她性格随和，和蔼亲切，从外表是无法看出她与血液的亲密联系的——血液的流动、内部化学结构、所携带的信息——也看不出她对支撑每个人生命的基因密码的独到见解。"DNA 是有逻辑的。古怪的是，现场工作更像是一门艺术，而不像一门科学。"

当瓦尔挟着一沓白纸到达凶杀案现场时，犯罪现场调查员往往已经给每一处拍完照片并录了像。"许多时候我都会和门口的警察辩论一番，他们会说，'汤姆林森女士，你为什么还要画下来呢？根本没必要啊。'"然而，就像一个描绘风景的画家一样，瓦尔也想将自己彻底融入现场（景色）。"我度假的时候能拍 200 张照片，可一回到家里，这些就只是快照而已。但如果我站在那里把现场（景色）画下来，就能兼顾其中的具体细节之处。慢慢地，我构建出一幅图画，抹去不相干的东西。除了其中一处，其他的都可能无关紧要，那我就可以将它着重显示出来。照片只能展现出桌上放着的所有东西，不会侧重某个被打翻或被血液浸染的物体，也不会着重显示咖啡杯等等。"

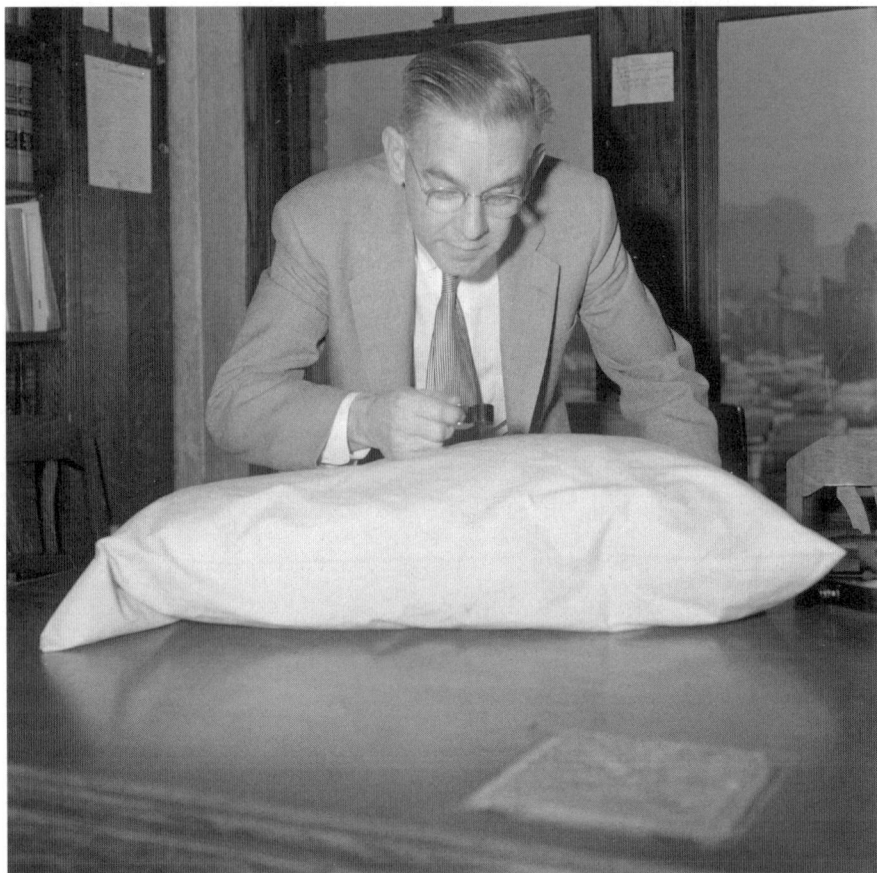

保罗·柯克医生在检查玛丽莲·谢帕德枕头上的血迹。
供图：Bettmann/Corbis

瓦尔在现场待了"五六个小时"后，她就已经整理好了思绪，理清了逻辑顺序。因此，画图这个行为比图画本身更加重要。"就算不能得到所有答案，我至少可以展示出我看到了什么，可能的事件顺序是什么。"这段话她会先说给高级调查官，然后再说给法庭。在法庭上，她使用的现场图画"可能会跟照片一样多，因为陪审团可以理解它们，房间里可能让他们分心的所有东西都已经抹掉了，所以能够只关注真正重要的东西。"

　　犯罪现场的血液比其他任何东西都更受瓦尔的看重。如其他所有液体一样，血流动力学也遵守物理定律。如果血液以垂直角度接触地板，会形成圆形血迹，这通常是它从人体或物件上缓慢滴落的结果。如果血液按一定的角度流动，就会形成椭圆形血迹，这通常是拳击或钝物重击的结果。椭圆形越长越窄，袭击角度就越小。如果物体表面的一摊血迹像"车轮的轮辐"一样扩散，那它就可能是某个地方血液喷溅一次（或数次）的结果。像瓦尔这样的血迹形态专家可以计算出血迹的撞击角度，然后给每一处血迹扯上线，再把线以最恰当的角度拉出，最后在受击位置汇合。例如，如果汇合点位于接近地板的地方，那么受害者受袭时就不会是站立姿势。之后，这种"线条模型"可以用作呈堂证供。而且，血液喷溅撞击的角度逐渐可以输入"无需实体线"（No More Strings）等电脑程序，根据犯罪现场的喷溅模式制作 3D 模型。

　　死亡原因并非总是那么神秘：在殴打或刀刺现场，血液喷溅模式十分明显，相比病理学家的尸体解剖，高级调查官或许能从瓦尔的分析中获取更多有关事故的信息。血迹是否仅限于一个区域，说明受害者立即倒在地上？他是否奋力一战，如此一来，血液就可能滴落到他的衣物上？凶手是否出于某种原因移动了尸体，导致头发向后散开，或者衣服起皱，是否可能在地板上留下一道血迹？尸体双腿是否交叉，说明它被翻转过？这些问题的答案可以为高级调查官了解嫌疑犯的行为和与受害者死亡相关的事件提供有用信息。

高级调查官想要瓦尔尽快告知他们嫌疑人身上的血迹情况如何。"我去的上一个现场是一座房间很多的维多利亚式老房子，里边血迹多的啊。你可以看出袭击者出门的路线，因为凡是衣物接触过的门上面都沾染了血迹。结果发现凶手把衣物烧了，但是我们复原了之后，上面还满是血迹。"

警方要在嫌疑犯毁掉关键证据之前争分夺秒地找到他们。但是血迹——与许多实物证据一样——很难清除。瓦尔有时候会被调离犯罪现场，前去嫌疑人家里检查各门和衣物。"他们通常已经清洗过了，所以我们会查看一下洗衣机里的东西。"鉴证科学家不会轻易地放弃证据，2004年约翰·加德纳误杀妻子后试图毁掉关键证据时就为此付出了代价。

然而，血液分析师的报告并非总能帮得上忙，尤其是在他们没办法花五六个小时的时间去感受犯罪现场的情况下。"我听说过很多科学家到了现场却被告知，'你给我看看那边的血迹，之后就没你的事了。'这是很恐怖的。"瓦尔说道，"对我而言，这就是一场即将来临的灾难。我们必须成为全局的一部分才行。"有时候，分析师会在完全未到过犯罪现场的情况下出庭作证，1997年2月15东苏塞克斯郡沿海的黑斯廷斯镇发生的一桩复杂而悲剧的案件就是如此。

傍晚时分，13岁的比利－乔正在油漆养父母家里的推拉门。肖恩·詹金斯——她的养父，附近一所学校的副校长——带着自己的两个亲生女儿从当地一家自助商店返回。其中一个女孩绕过推拉门去和比利－乔聊天，接着发出一声惊叫。比利－乔趴在地上，头部凹陷。肖恩扳起她的肩膀，想仔细看一下她的脸，结果看到一个血泡从鼻子里拱出来，然后爆掉了。他拨打999报警，救护人员宣布比利－乔当场死亡。

犯罪现场调查员在推拉门附近找到一个沾满血的帐篷铁钉，长46厘米，宽1.5厘米。尸体解剖表明凶手重击比利－乔的头部至少10次。第二天，血迹分析师前来察看现场，在挨着推拉门的墙壁上、推拉门内表面和餐厅地板上都发现了辐射形血迹。

当孩童死因可疑时，警方通常会先仔细调查与他们最亲近的人。肖恩·詹金斯的衣物和那个帐篷铁钉被送往英国鉴证科学服务中心进行分析。2月22日，鉴证科学家在他的裤子、夹克衫和鞋子上找到158处微小的血迹——微小到肉眼不可见。这些血迹是因为詹金斯重击自己女儿时留下的吗？还是比利-乔濒死时呼出的血沫溅到了他身上？

凶杀案发生数天后，血迹分析师得出结论，詹金斯身上的血迹说明他就是凶手，同时又不能排除别的可能性。

2月24日，警方逮捕了詹金斯，对他的审判则在6月3日开始。检方要求一位鉴证科学家用装满血液的吸管制造出泡沫，然后在一面白墙壁旁边爆掉。"爆炸"形成了向下和四面扩散范围达50厘米的血迹——但没有向上喷溅。接下来，他给一个猪头灌满血液，用在比利-乔身边找到的同种帐篷铁钉使劲敲打。这在他全身都留下了细微的血迹。

辩方也要求一位鉴证科学家做了实验。他往鼻子里抹了一些自己的血液，朝一臂之远的白纸上呼气。他同样得到了细微的血迹。

检方称詹金斯扳着比利-乔的肩膀去查看时，她早已死亡，所以根本不可能有呼吸。儿科专家大卫·索斯豪尔（David Southall）作证道，"看到小孩受伤喘气，任何人都会确信小孩还在呼吸，而且没有死亡，也会如实报告，因为对于旁观者来说，这些会特别明显。"然而，大脑到底受伤多严重才会使呼吸系统无法再继续运转，神经科专家并未就此达成一致意见。为被告辩护的病理学家认为比利-乔可能撑到往她养父身上呼气那么久。在交叉询问时，为被告作证的两位血迹分析师赞同詹金斯衣服上的血迹可能是帐篷铁钉重击时留下的。

肖恩·詹金斯一直坚称自己无罪，但于 1998 年 7 月 2 日被判谋杀，并处以终身监禁。有些人为这个判决感到欣慰，还有些人则因为该判决所依据的证据太少而感到震惊，他们认为警方太过倚重凶手可能来自家庭内部这个假设。过去两年里，曾有 85 次报告称有小偷和可疑人物出现于詹金斯所在的黑斯廷斯镇的房子附近。英国《新政治家周刊》(New Statesman) 痛斥这一判决，称"警方曾找到一个新嫌疑犯：此人有精神病史，有过暴力对待儿童的前科，凶杀案当天下午很多人看见他在附近闲逛。警方前去询问时，他似乎已经处理掉大部分衣物，这是极不寻常的。不管真正的凶手是谁，由于英国司法体系的变幻莫测，现在他很有可能谋杀了别人的女儿"。

2004 年，肖恩对自己的判决提起上诉，辩方病理学家呈递了有关比利 - 乔肺部检查的最新证据。最初的尸体解剖发现其肺部高度肿胀，这就意味着有某种东西（可能是血液）阻止了空气呼出。病理学家表示，如果阻塞物位于上呼吸道，它可能突然被松动，无论比利 - 乔是死是活，都会在他的衣服上留下血迹。之后又进行了两次审判，陪审团均无法达成裁决，2006 年，詹金斯被无罪释放。2011 年 6 月，他在朴茨茅斯大学获得犯罪学博士学位，如今与压力团体共同工作，其中包括致力于确保出庭作证的专家经验丰富且不偏不倚。杀害比利 - 乔的真凶依然逍遥法外。

1984 年，亚列克·杰夫瑞斯（Alec Jeffreys）正在兰卡斯特大学实验室做实验，突然灵光闪现。他一直在检查技术员家庭成员 DNA 实验的 X 射线：从结果来看，他显然找到了能够揭示任何人 DNA 中独特变化的技术。自从这次偶然发现以来，DNA 鉴定（又称遗传指纹鉴定）已经成为鉴证科学的"金科玉律"。当夏洛克·福尔摩斯凭空想出血红蛋白检测法时，他可以骄傲地宣称："无论血液新鲜与否，它似乎都能发生反应。假如这个试验方法能早些发现，那么，现在世界上数以百计的逍遥法外的罪人早就受到法律的制裁了。"在这些文字发表之后的 100 年里，真正的警探也得以知道他们在犯罪现场发现的血液属于何人。这样的专业知识可以用于证明有罪，也同样可以用于证明清白。例如，如果强奸案现场发现的血液既不属于受害者，也不属于嫌疑犯，那么至少你是在寻找另外一个人，一个可能怀有重要信息的人——或者可能就是罪魁祸首的那个人。单在美国，就有 314 个长期被困监狱，甚至等待着执行死刑的犯人因新的 DNA 证据出现而被无罪释放。

19 世纪末，遗传指纹鉴定比物理指纹鉴定更引起了人们的震惊。在公众看来，它成功地凌驾于其他实体证据之上。鉴证科学家安格斯·马歇尔（Angus Marshall）回忆起"美国的一起传奇案件，陪审团合议后告诉法官，'我们不接受血迹证据，想看看 DNA 鉴定结果。'罪犯基本上已经认罪，但他们仍然不信服。真是荒唐可笑"。

正如该案所暗示的那样，DNA 鉴定并非总是被当做万无一失的技术。DNA 鉴定技术发现 25 周年纪念时，有人问亚列克·杰夫瑞斯遗传指纹鉴定是否使用不当，他回答道："一大批罪犯被抓捕归案，无辜之人被释放出狱——许多人在监狱里待了 30 多年——移民家庭得以重聚……要我说，是得大于失的。"

要理解遗传指纹鉴定的优缺点，我们要回顾一下它协助解决的第一件罪案。这件案子发生在兰卡斯特郡纳博勒一座安静而古老的小村庄里。1983 年 11 月 22 日，15 岁的琳达·曼恩的尸体在一条人行道附近被人发现，她曾遭到强奸和扼颈。她腰部以下赤裸，面部沾有血迹。生理学家认为从她尸体上提取的精液样本属于 A 血型且含有一种特定类型的酶的分泌，这种组合的人只占总人数的 10%。但苦于其他证据太少，该案成了悬案。

三年后，即 1986 年 7 月 31 日，15 岁的道恩·阿斯沃思（Dawn Ashworth）

也失踪了。她的尸体被人发现于琳达的尸体附近，正好靠近十镑街（Ten Pound Lane）。她同样遭到扼颈、强奸，腰部以下同样赤裸。

首要嫌疑犯是患有学习障碍症的 17 岁医院护工理查德·巴克兰德。巴克兰德过去曾惹过很多事，有人看到他在犯罪现场附近。警方询问时，他透露了道恩谋杀案和遇害者尸体的一些细节，这些都是公众尚不知情的。不久后，他承认自己杀害了她，但坚决否认在三年前杀害琳达。

警方坚信谋杀两个女孩的是同一个人，于是找到了距纳博勒 5 英里的兰卡斯特大学的亚列克·杰夫瑞斯，因为他最近曾因"遗传指纹鉴定"上过当地新闻。对精液样本的分析表明警方的推测是正确的：犯下两起谋杀案的的确是同一个人，但并非理查德·巴克兰德。巴克兰德虽已认罪，却依旧被宣判无罪——这是基于 DNA 证据证明清白的第一人。

现在，警方手上有了凶手的遗传指纹，唯一的嫌疑人又洗脱了罪名。他们要求纳博勒和周边村落的 5000 名成年男性自愿提供血液或唾液样本。根据从琳达和道恩尸体上提取的只有 10% 的特种血型，杰夫瑞斯开始全力进行 DNA 鉴定。工作量是巨大而且史无前例的。然而，6 个月过去了，大量开支也花掉了，仍然没有找到匹配的人，案件再一次陷入僵局。

第二年，一位妇女在当地酒吧听到当地名叫伊恩·凯利的人向朋友吹嘘，说他替哥们科林·皮奇福柯提供血样赚了 200 英镑。皮奇福柯是糕点装饰工，为人寡言少语，有时也会发脾气，他叫糕点店的同事凯利替他做 DNA 检测。他说自己以前曾因猥亵露体被起诉过，不想再被警察骚扰。这个借口很靠不住脚，但 200 英镑现金足以封住凯利的口。这位妇女报了警，警方抓捕了皮奇福柯，提取了他的 DNA。结果二者相匹配，侦探们终于找到了答案。

1988 年，皮奇福柯因双重谋杀被判终身监禁。全世界的执法部门和科学家都睁大眼睛关注这次判决。吉尔·塔利（Gill Tully）当时是卡蒂夫大学读生物学的本科生，看到这样残忍——而且看似无法破解——的罪行用这么复杂的科学过程解决，她感到十分震惊。她修完第一学位，又到鉴证科学服务中心攻读博士学位，之后得到了这里的一份工作。在那里，她参与了一些重大技术发展，英国一度成为基因研究的强国。吉尔刚到的时候，瓦尔·汤姆林森已经在鉴证科学服务中心待了6年，她回想起DNA鉴定技术出现之前的氛围：

"凡事都要亲自动手。个人防护装备根本没发明出来。我们很少戴手套。精斑检测方法之一是看它是否干硬。我们没有独立办公室。座位就是自己的办公室，所以检查完所有的肮脏女裤和沾血物品后，直接在同一个座位上就能写报告。"

"回想起开始做DNA鉴定那会儿，还挺滑稽的。那时候都是提桶化学（bucket Chemistry），根本不需要专业技术，弄一大桶盐溶液，拿着放射性物质，再用跟十便士硬币大小差不多的血迹就能进行DNA鉴定。"

"在我早期的职业生涯中，除了最初的培训之外，根本没有正式的培训课程，之后就跟着一个经验丰富的科学家鞍前马后，血液酒精检测、精斑检测、纤维分析和毛发检测等等都要做。我处理过野鸡羽毛案，处理过鲑鱼盗猎案，还有偷割韭菜案。"

吉尔是在卡蒂夫大学本科第二年来英国鉴证科学服务中心实习的，当时大多数遗传学家带着极大的热情投入工作，但对于他们所引领的一场革命并不怎么注意。"上班休息的时候，人们关心的主要问题是还有没有剩下的果酱甜甜圈。"吉尔苦笑着说道。虽说科林·皮奇福柯一案向世界表明了DNA的作用有多大，她承认道，"我们都觉得它只能偶尔用于这种比较高调的案件。"

但多年来，每一项新发明都拓展了DNA的应用领域。"每次一想起来，

'噢，是啊，那样肯定很棒，对于常规罪案而言，花费是有点多了，可偶尔出现的高调案件就不一样，DNA 鉴定可能会改变全局。'但之后不久，许多技术花费变少，也更日常化，连盗窃案都能用了。"

从"提桶化学"迈出重大一步的是凯利·穆利斯（Kelly Mullis）。他是加利福尼亚州人，喜欢冲浪，也喜欢服用致幻药，却获得了诺贝尔化学奖。1983 年，穆利斯正沿着 128 号高速公路驾驶，突然有了意外发现。如果往 DNA 里加入聚合酶，用他的话说，会"使 DNA 成倍扩增"。利用聚合酶链式反应（PCR），穆利斯可以拿少量 DNA，使之扩增后便于解读。不久后，科学家们就已经用聚合酶链式反应来破解长达 70 年的悬案，还应用于解读恐龙化石、埋葬的皇室成员和诊断遗传性疾病。

吉尔·塔利刚来英国鉴证科学服务中心工作的时候，负责改进和使用聚合酶链式反应的只有她和她导师两人；她自认为对于"从最初就参与其中感到十分荣幸"。传统遗传指纹鉴定依赖于体液和毛发，但在 1999 年，吉尔所在团队利用聚合酶链式反应设计出了更加灵敏的办法，即"低拷贝 DNA 鉴定法"（low copy number［LCN］DNA profiling）。要得到低拷贝鉴定结果，他们只需获得潜在嫌疑人的几个细胞就够了。无论是一小块死皮，还是指纹留下的汗印，抑或贴邮票时留下的唾液干痕，所需的躯体物质的大小已经从十便士螺旋下降到了一粒盐的百万分之一。

低拷贝鉴定法对英国调查犯罪的方式产生了重大影响，但它被世人所接受的道路却是漫长的。一些涉及低拷贝 DNA 鉴定法的审判争议颇大，促使法官和评论者要求鉴证遗传学家为自己的方法辩护并加以改进。

北爱尔兰一座小镇的一场大规模爆炸引起的争议审判进一步奠定了低拷贝 DNA 鉴定法在法庭上的地位。1998 年，《耶稣受难节和平协议》（Good

Friday Peace Agreement）签订，基本结束了统一派与共和党军事组织之间的对峙。然而，8 月 15 日，真爱尔兰共和军引爆了一枚炸弹，将蒂龙郡奥马镇的一条繁华街道炸毁。炸弹袭击者事先打电话指明爆炸地点是当地法院大楼，警方据此将民众疏散到镇中心，却正好把他们送上了死亡之路。共有 29 人死亡，其中包括几个儿童和一对尚未出世的双胞胎。超过 200 人受伤。时任北爱尔兰事务大臣的莫·毛拉姆（Mo Mowlam）称这场爆炸为"大规模谋杀行为"。

三年后，建筑承包商科尔姆·墨菲（Colm Murphy）因引发爆炸罪名成立被判 14 年有期徒刑。这将成为漫长而痛苦的不成熟的司法进程的开端。2005 年，由于警察伪造笔录的消息传出，他的判决被撤销。第二年，警方逮捕了科尔姆·墨菲的外甥——名叫肖恩·霍伊的电工。在审判中，检方的诉讼依据是从用于爆炸袭击的炸弹计时器上提取的低拷贝 DNA，一位鉴证遗传学家称它来自肖恩·霍伊的几率比某个不知名人士大十亿倍。但由于缺乏目击证人证词或其他令人信服的证据，检方诉讼被驳回。

2007 年 12 月 20 日，威尔（Weir）法官阁下在做出判决时，批评检方把低拷贝 DNA 弄成了诉讼的障碍，而不是利用它来寻找其他实体证据。他还对警察和一些鉴证专家的"鲁莽作风"表示强烈不满。他甚至怀疑警方为了得到判决，"蓄意精心策划欺骗"并"强化"了证据。他指出，证实低拷贝 DNA 鉴定法仅有的论文是由就职于在英国鉴证服务中心的作者写的。最后，威尔认为这种方法太过新颖，建议对其即刻进行复审——为这次花费了政府 1600 万英镑的调查画上了并不圆满的句号。

威尔做出裁决后第二天，英国皇家检察署（CPS）暂停了低拷贝 DNA 鉴定法，组成委员会以审查其是否适用。自 1999 年以来，低拷贝 DNA 鉴定法曾被用于英国及国外的 21000 起重案，主要用于侦破悬案。英国皇家检察署下令复查涉及低拷贝 DNA 鉴定法的所有现有案件，其中包括了英格兰东北部提赛德的大卫·里德和泰瑞·里德兄弟一案。

2006 年 10 月 12 日，前拳击手、优秀登山运动员彼得·霍伊（Peter Hoe）的朋友收到一个 4 分钟长的迈克·欧菲尔德（Mike Oldfield）新纪元音乐语音信息，但当他回放并仔细听的时候，却听到霍伊模糊不清的呻吟声。此时的霍伊躺在临近米德尔斯堡的埃斯顿镇（Eston）家里的起居室，身上 5 处刀伤正往外冒血。警方逮捕并起诉了首要嫌疑犯大卫·里德和泰瑞·里德。哥哥大卫嫉妒霍伊的美名是尽人皆知的，在法庭上，霍伊的兄弟称这次袭击是对数天前一次酒吧冲突的报复："他们跑到我兄弟家里杀了他，就因为大卫咽不下这口气。"

瓦尔前去彼得·霍伊的起居室进行检查，并未发现任何迹象表明凶手也有受伤，不过她注意到了两小块塑料。"凶器是刀的话，这种情况很常见。震动和力道都施加到刀刃上，然后传到刀柄，使之折断。"回到实验室，瓦尔更加仔细地查看了这两块塑料，并根据自己的经验判定它们来自廉价刀。塑料上留有 DNA，低拷贝 DNA 鉴定法表明它与里德兄弟的 DNA 相匹配。

审判时，辩方找来一位杰出的塑料学教授——"来自纽卡斯尔大学的可爱绅士"，他前往阿尔戈斯买了一把塑料柄廉价刀。之后，他将刀插入一台机器，慢慢使之弯曲，直到刀柄折断。他在法庭上解释说已经测量了力度，证实人的手腕无法产生这样的力道。他宣称这两块塑料不可能是戳刺所产生的。"我坐在法庭上听他讲这些，"瓦尔回忆道，"但他彻底搞错了。当时实验室还在处理一桩涉及 4 把刀子的凶杀案，其中 3 把的刀柄折断痕迹一模一样。"

这位塑料学专家在可控但不现实的实验室环境中调查钢刀切骨头、塑料切肉等事关生死的事件，但对于瓦尔来说，这是一个漏洞百出的情境，"凶杀无法用实验来重现，每一个凶杀案都是独特的"。

里德兄弟自始至终都坚称自己无罪，却双双被判至少 18 年监禁。离开法庭的那一刻，两人咧嘴一笑，向法官表示感谢，而霍伊的母亲莫琳则在旁听席上痛哭流涕。

判决后不久，威尔法官宣判奥马镇爆炸案的肖恩·霍伊无罪释放，低拷贝 DNA 鉴定法被置于严格审查之下。尽管低拷贝 DNA 鉴定法的用途在 2008 年得到英国皇家检察署的再次验证，人们的疑问已经累积起来，于是在 2009 年 10 月 20 日，里德兄弟出现在了上诉法庭。他们的律师称，在初审时，瓦尔·汤姆林森对里德兄弟的 DNA 如何落到犯罪现场发现的塑料块上的推测有所僭越。

2009 年 10 月，在里德兄弟的上诉审判中，法庭收到联邦调查局前鉴证科学家布鲁斯·卜德伟（Bruce Budowle）的来信。卜德伟认为低拷贝 DNA 鉴定法具有内在缺陷，其结果并不具有重复性。"其可靠性尚未验证，"他说道。他认可塑料块来自凶手的刀子，但里德兄弟的 DNA 可能是二次转移的结果——也就是说，和他们有过接触的人之后又接触了刀子。

除了要了解以研究为基础的最新理论外，瓦尔这样的鉴证科学家还必须利用专业人员的经验库来解读他们所看到的东西。吉尔·塔利说："近些年来，上诉法庭做出了一些非常有意思的裁决，其中明确要求鉴证科学家根据经验提供意见，而非给出数据性评估。这对于科学家而言略有些古怪，但你可以看出法官们的意向。"然而，夏洛克·福尔摩斯老早就知道，"犯罪行为都有它非常类似的地方，如果你对一千个案子的详情细节都能了如指掌，而对第一千零一件案子竟不能解释的话，那才是怪事哩"。瓦尔关于刀柄折断和上面留存的 DNA 痕迹的证词都是基于多年的证据经验，它既是数据，又是看法；既是艺术，也是科学。最终，法庭采信了她的说法：审查委员会虽然建议进行外部确认，却认定该鉴定法稳健可靠。负责里德兄弟上诉案的三位法官做出裁决，认定旁证足以排除疑问，从而维持原判。他们认为，瓦尔关于DNA如何留到塑料刀柄上的专业意见"不仅具有可能性……而且不可或缺"。

里德兄弟一案还有确凿的旁证，比如在谋杀案两周前的一次酒吧冲突中，彼得·霍伊轻轻一拳将大卫·里德击倒在地，激起了他的虚荣心，与之对比明显的则是仅仅依赖于低拷贝DNA鉴定法的肖恩·霍伊一案。关于DNA作为案件重要组成部分在犯罪调查中的位置，人们得到了许多教训，然而，它也只是一个组成部分而已。人们要学的还有很多。

2011年，一位妇女在曼彻斯特植物山公园遭到暴力强奸。从受害者身上刮取的DNA指向19岁的普利茅斯人亚当·斯科特（Adam Scott），他随后被逮捕。他被关押在强奸犯和恋童癖专用的特别隔离区，受到犯人的言语攻击，但他坚称事发当天身在几百英里之外的普利茅斯，并且根本没去过曼彻斯特。

在监狱里待了四个半月后，人们发现原来亚当·斯科特不幸地成为了实验室交叉污染的受害者。几个月前，他曾在埃塞特郡（Exeter）涉及一起"吐痰事故"，之后警方刮取了他的唾液。科学家将刮取的唾液放到了英国政府化学家实验室鉴证实验室的一个托盘里，而这个托盘又拿来放置曼彻斯特强奸案受害者的唾液。斯科特的手机记录表明，强奸案发生时，他的确身在普利茅斯。

鉴证科学调控中心的安德鲁·莱尼森（Andrew Rennision）说道："污染是一位技术员的失误。他没有遵守已证实的DNA提取过程中处理塑料托盘的基本程序。"亚当·斯科特一案与古怪的"海尔布隆魅影谜案"（Phantom of Heilbronn）极其相似。在该案中，从19世纪90年代到20世纪初，一位貌似超人类女性连环杀手的DNA遍布奥地利、法国和德国的抢劫和凶杀现场。2009年，这个DNA又出现在德国一个寻求庇护的男性被焚尸体上，官方得出结论，"魅影"只不过是实验室污染的结果：用于收集 DNA 的棉签不合格，最终追根溯源到同一家工厂。这家工厂雇佣了数位东欧女性，而她们的 DNA 鉴定结果都与"魅影"相匹配。

事关真正的指纹时，遗传指纹鉴定并不足以单独作为定罪依据。就像吉尔所说，"DNA 不会说谎。它是极好的线索，证据性很强，但'基因鉴定'是一个有人类参与的过程，虽说错误率特别低，但也并不为零……DNA 不应当做为调查的捷径。"

在有些案例中，DNA 成为警方的救命稻草，更多时候是为他们的精力提供了一个宣泄口，让他们得以解决新旧案件。如果犯罪现场发现的 DNA 经全国数据库检查后无法给出完美的匹配，那它就不再是最后一招，因为血液能揭露更多人的信息。

家族式 DNA 检索技术（familial DNA searching）是由英国鉴证服务中心的乔纳森·惠特克（Jonathan Whitaker）在复审一宗悬案时发明的。1973 年，三名 16 岁女孩被强奸、扼颈、抛尸于南威尔士附近的塔尔伯特港口。对 200 名嫌疑人进行全面调查后，警方没能逮捕任何人。之后的 2000 年，惠特克用保存了 28 年的犯罪现场样本来做嫌疑犯 DNA 鉴定。他将鉴定结果输入全国数据库核对，结果一无所获。又一年过后，他被一个有意思的想法震住了。嫌疑犯家人相似的鉴定结果会在数据库里吗？他获准检索，并找到一个匹配度达 50% 的鉴定结果。该罪犯因汽车盗窃被录入数据库，但乔纳森·惠特克坚信这一家人里还有一个更加可恶的罪犯。约瑟夫·卡朋——汽车盗窃犯的父亲，十年前死于肺癌——成为首要嫌疑人。获准开棺验尸后，惠特克得以分析了他牙齿和股骨的 DNA。结果与嫌疑犯 DNA 二者相匹配，虽然罪犯无法得到惩罚，三桩强奸案却终于解决了。

利用家族式 DNA 检索技术破解第一宗新案件是在 2004 年。迈克尔·李特尔正开着卡车在公路天桥下行驶，一块砖头突然从天而降。它击穿了挡风玻璃，砸到了李特尔胸前。他费尽力气将卡车停到路肩，接着因心脏病突发而死亡。当科学家将砖头上的低拷贝 DNA 鉴定结果输入数据库时，并未得到直接匹配，只根据家庭关系找到克雷格·哈尔曼，此人承认了自己的罪行，因过失杀人罪被判 6 年有期徒刑。对于萨里郡警察局的高级督察格拉汉姆·希尔（Graham Hill）来说，这次定罪的原因只有一个："若没有这项全新的技术，这个罪犯肯定还在逍遥法外。这是毋庸置疑的。"

哈尔曼被定罪之后，亚列克·杰夫瑞斯说家族式 DNA 检索技术"可能引起相当棘手"的公民自由问题。人们的做法应当与犯罪相对应，既保证个人公民权利，又满足辨识罪犯的需求。以鉴证为目的的家族式 DNA 检索技术在许多国家依然是不合法的。在美国，允许使用这项技术的仅有加利福尼亚州和科罗拉多州，不过对一块被丢弃的披萨上提取的 DNA 进行家族式检索可能帮助破解了"残酷睡客"（Grim Sleeper）一案。这个连环杀手、强奸犯在 20 世纪 80 年代末到 21 世纪初搞得洛杉矶人心惶惶。在英国，家族式 DNA 检索技术仅用于调查凶杀案和强奸案。自哈尔曼被定罪以来，该技术协助警方抓到了 54 宗重案的嫌疑人——最终定罪的有 38 人。

伦理问题依然存在。纽约大学社会学家特洛伊·达斯特（Troy Duster）指出，由于美国黑人的关押率是白人的 8 倍（出于社会政治原因，包括执法部门所谓的种族歧视），家族式检索很可能有助于给黑人罪犯定罪。在英国，五分之二的黑人都在国家 DNA 数据库中留有案底，而白人则只有十分之一。在美国，联邦数据库中 40% 的 DNA 档案都是非洲裔美国人的，而他们只占全国人口的大约 12%。据估计，拉丁裔的 DNA 档案不久将同样上升，原因主要是事关移民的犯罪。

逐步平衡这一差异的其中一种方式是鉴定所有人。英国全国 DNA 数据库已经拥有了超过 600 万人的档案，其与居民总数的比例超过了世界上其他任何国家。2008 年，欧洲人权法庭做出一项决议，之前所有被逮捕者的 DNA 都会在数据库中永久保存的现状被迫发生改变。2012 年至 2013 年间 170 万无辜者的档案被从数据库中删除。亚列克·杰夫瑞斯于 2009 年就对此有过呼吁："我的想法很简单……无辜者的档案不应该保存在数据库中。将他们视为可能的罪犯不是打击犯罪的合适做法。"

由于许多罪行都是惯犯所为，全国数据库就成为警方的强力工具。2013 年，犯罪现场发现的 DNA 鉴定结果有 61% 都能在数据库中找到匹配。内政部没有记录多少匹配导致定罪，但它是警方力量的有力助手，其中一些人还提倡强制鉴定。但有人相信这样会导致更多错误假设。数个人的 DNA 出现在一个犯罪现场的原因可能是完全清白的，尤其是科学家如今可以从如此少量的 DNA 中获取结果。

这个可怕情境，加上个人隐私问题和鉴定 6000 万人所带来的巨大花费，可能足以让这个想法消停一阵了。另外，有人担心强制鉴定会使罪犯更容易嫁祸于无辜者。一位辩方律师曾在法庭上向瓦尔阐述了这个嫁祸理论，称他委托人的低拷贝 DNA 是某个无名氏特意放置到犯罪现场的。为了证明这一想法，他向瓦尔问了一个假设性问题：

"如果是你要陷害某人，你会怎么做？"

"恐怕我做不到。"瓦尔回答道。

以瓦尔的经验来看，大多数嫁祸陷害都因最基本的东西而失败。"孩子们掩饰自己错误的时候会采取极端手段。你也常见到陷害他人的罪犯把过多的血弄错了地方，或者犯罪发生一周后，本来收集到的血迹只会有两小块，可他们却弄了一大桶。"与所有的强力工具一样，DNA也可能被误用。但还是那句话，分析证据不仅仅是收集数据的问题——现场DNA是谁的，不是谁的——还涉及处理DNA的科学家的解读技能。这才是应当——大多时候也确实——保护无辜者的东西。

当然，并非所有的罪犯都想隐姓埋名：当政治斗士或恐怖分子犯下罪行时，他们恨不得天下尽人皆知。在马德里火车爆炸案中，DNA和政治从最初就成为案件的核心。袭击的时间——大选3天前——有着非同一般的意义。爆炸刚刚发生后，时任政府立即宣布所找到的证据指向巴斯克分裂主义团体埃塔组织（ETA），以图防止人们猜测这次爆炸是因西班牙政府介入伊拉克战争引起的。然而，爆炸发生3天后，以"欧洲基地组织军事发言人"自居的阿富汗人阿布·杜扎纳（Abu Dujana）宣称为此次事件负责。"这是对你们在全世界——尤其是在伊拉克和阿富汗——所犯罪行的报复……你们热爱生命，我们热爱死亡。"

三个月后，迫于警方突袭的压力，7名嫌疑犯在其公寓内引爆了数枚炸弹，致使其中四人及一名警员身亡。科学家无法将犯罪现场和其他地方找到的低拷贝DNA（包括一支牙刷上的DNA）与国家数据库档案匹配。一位法官做出裁决，科学家应当利用DNA来判断仍然在逃的嫌疑人究竟是北美洲裔，还是欧洲裔。这将帮助调查员最终确定他们的追踪目标是基地组织成员，还是埃塔组织成员。

然而地中海两岸南欧和北非之间的通婚十分普遍，使得利用当前技术根本无法区分二者。鉴证遗传学家克里斯托弗·菲利普斯（Christopher Philips）发明了一种新技术，并得出结论，其中一份既不属于任何死者或被捕嫌疑人的DNA档案，"几乎可以确定"属于一个北非人。家族式DNA检索技术后来表明它属于一个名叫奥海恩·达乌德的阿尔及利亚人,其指纹还被发现于爆炸地点附近一辆雷诺微型拖车内尚未引爆的雷管帽盖上。

在对种族渊源进行研究时,克里斯托弗·菲利普斯还做出推断,爆炸案所使用的一辆客货车内一条围巾上的 DNA 所有者眼睛是蓝色的"可能性是大约 90%"的。科学家越来越可以从嫌疑犯的 DNA 上看出其体貌特征:根据留在犯罪现场的痕迹描述出在场的人,几乎犹如亲眼所见。

一切都起源于姜黄色头发。21 世纪初期,英国鉴证科学服务中心的科学家发现,如果父母双方的基因(黑皮质素 4 受体基因)都被切断,那么他们的孩子将会是红头发。吉尔·塔利对于此种 DNA 鉴定的伦理学意义极为感兴趣,但总体上,她说:"还是一个如何正确使用的问题。设计红头发检测的时候,苏格兰的一些警察打来电话说,'发生了一起枪击案,我们可以根据弹道判断出是从哪扇窗户开的枪。我们从那附近找到了一些烟蒂,从中提取了一些 DNA。另外还有一位目击者说看见一个红头发的男子从那栋建筑跑开。所以在对个人进行大规模 DNA 筛查以找出留下烟蒂的那人之前,你能判断吸烟的人是红头发吗?'当时我们还做不到,但这很好地说明了这些技术能以符合伦理的适宜方式用于引导调查,从而避免花大笔大笔的钱去分析某人几个月前留下的、完全不相关的烟蒂。"

遗传指纹鉴定是分辨有罪与无辜的强有力武器;自威廉姆·赫歇尔和亨利·福尔兹在一个世纪以前发明指纹鉴定以来,这是鉴证科学界唯一的重大进展。鉴证科学大多建立在主观解读的基础上:正如本书指纹鉴定那一章所说的那样,专家们和常人一样,有时候也非常善于找出他们希望看到的模式。对于鉴证调查员来说,这是一个非常有用的技能,只要它的主观性能在法庭上受到认可并表达出来就可以。

虽说人为过失总爱见缝插针，而且特别细微，DNA 却能将我们拉出主观偏见的陷阱，从而利用经过 30 多年改进的客观可能性来解读实验数据。当吉尔拿着从犯罪现场得到的纯粹 DNA，并与嫌疑人匹配时，她可以有把握地告诉陪审员，"这个 DNA 属于他人而非当事人的几率是十亿分之一。这样的保守估计在普通陪审员都能理解。如果说是万亿的话，那就没有意义了。"但人生——和犯罪现场——从来不会这么简单。正如吉尔所说，"两个人的 DNA 混合到了一起，这是很常见的。那你就要对证据的可靠性进行更细致的评估，判断特定混合峰形表明检方假设为真的可能性和辩方假设为真的可能性。"

鉴证科学家要从 DNA 中学习的东西还有很多。在瓦尔和吉尔所处的时代，判断是否与全国数据库匹配的个人 DNA 只用到了 1% 不到。随着鉴定越来越快，越来越便宜，"理论上来说，你可以分析某个人所有的基因。"这种可能性是无穷的，"但在这么做之前，有很多重大的伦理和实践问题需要回答。你肯定不想用鉴证样本来得出某个人具有犯罪倾向的信息"。这种想法令人不安。例如，我们早已知道"斗士基因"的存在——主要存在于男性体内——与压力下的暴力和冲动行为有关。在 21 世纪，我们绝不想回归到凯撒·龙勃罗梭（Cesare Lombroso）的 19 世纪犯罪人论（uomo delinquente），也不想回到维多利时代的颅相学（discipline of phrenology），即根据头骨的形状来判断人的犯罪倾向。无论以什么标准来衡量，这都将是噩梦般的情境。

然而，如果使用得当，遗传指纹鉴定的未来将是鼓舞人心的，而不是令人心惊胆战的。如今有了能在不到一个半小时内就得出 DNA 分析结果的设备，使得在被捕的嫌疑犯获释之前就能通过全国数据库检索。如果检索得出与未破解案件现场相匹配的结果，警方也已将惯犯收押。吉尔解释道："盗窃惯犯被抓之后，有时候他们知道 DNA 将坐实罪名，所以保释出狱之后会变本加厉，犯下更多罪行，以保证坐牢期间家庭衣食无忧。然后，他们会要求检方把后来犯的这些罪也算进去，从而达到数刑并服的目的。有许多特别重大的案件，本来可以防止潜在的严重犯罪，结果罪犯先被警方关押，又被保释出去犯下重罪。但假如说警方能早些得到 DNA 结果，这些人就永远不可能被保释出去了。"

那时候，分析犯罪现场发现的少量 DNA 通常要花费一个半小时还多，但"总有那么一天，而且时日不远，你能够揪出嫌疑犯，而且不仅是揪出来，还可能在他们把偷来的赃物转手之前冲到他们家门前。这些被偷的东西将物归原主，因为有些东西具有情感价值等等。迅速做到这一点的可能性近在咫尺，触手可及"。让那些盗窃犯颤抖吧！

08

死者的尊严：人类学
ANTHROPOLOGY

"我见识过很多古怪的事情，但哪有一件比得上这个？……两个强壮的搬运工将数个各式各样的大箱子搬上证人席，里边装的是一位妇女的遗体：分别装在广口瓶、烟盒、纸盒和铁桶里；都是些干枯骨骼的碎块，纤维泡在令人毛骨悚然的溶液里；诡异的粪便和颗粒物，几块破布和衣物……然而，证人席上自始至终都坐着严肃的专家们，你听着他们不断解读和讲述，直到干枯的骨骼和尘土现出形状，仿佛拥有了生命，破布组成衣物，衣物又与死者的身材相符。"

朱利安·霍桑（Julian Hawthorne），

于 1857 年鲁特格特谋杀案

我们都为鉴证科学的无边法力感到神魂颠倒，它是令人爱不释手的罪案小说和令人寒毛直竖的电视剧的绝佳题材。然而，有时候，我们太痴迷于叙事的迷人之处，却忘记了现实世界中调查者所面对的犯罪数量之多。哪一类科学家所见到的严酷现实都比不上鉴证人类学家。血腥的战争和自然灾害是他们的前线，让死者安息是他们的职责。

1997 年的科索沃。随着 20 世纪即将收尾，因民族和宗教问题引起的一次最残酷的战争将巴尔干半岛摧残得四分五裂。各方都在将对方妖魔化，把敌人当做次等人类，誓将这害群之马清除殆尽，让这片土地重归洁净。这种思想必然导致残暴行为，当时当地的残暴行为也绝不鲜见。我和一些战后前往科索沃的调查员聊过，他们眼中依然流露出无法言表的阴影。

想想看：一辆拖拉机和挂车正沿着科索沃山脉向下行驶。手握方向盘的是个农民，他认为这场战争已经烧到了家门口，绝对不能再安逸下去了。挂车里坐着他的 11 个家人。他的 8 个孩子年龄从 1 岁到 14 岁不等，都挤在母亲、奶奶和姑姑身边。天气良好，万里无云，尽管已经成为他们生命中永恒。一部分的恐惧依旧存在，使得他们相互之间也悄悄说话。

可这种试图逃难求生的行为却给他们带来了灭顶之灾。在附近的某处地方，一个敌人带着战场上最致命的武器——榴弹发射器——躺在那里等待猎物上门。就算是个小孩子，一个下午也能学会使用这种武器；YouTube 网站上有好多教学视频。它廉价易得，高效无比，携带方便，中者必死无疑。它是非对称战争的象征，是越南战争后游击战争的中流砥柱。榴弹一发，死无全尸。

一颗榴弹不知从哪里呼啸着朝这家人飞来，爆炸声响，拖车炸毁，除一人外，其他人全部命丧黄泉。那个农民的一条腿被炸弹炸伤，可他还存着一口气。在震惊与绝望中，他拖着自己的身躯爬出火线。之后，他趁着天黑爬回爆炸地点寻找其他 11 个家人，可是只能尽力多找回一些血淋淋的残肢断臂。作为虔诚的穆斯林教徒，他一定要尽快埋葬家人。虽然悲痛不已，他依然挖出了一个浅浅的墓穴，把家人的遗骸埋进了地下。

18 个月后，鉴证人类学家苏·布莱克（Sue Black）带着一队英国鉴证调查员到达科索沃，为联合国国际刑事法庭针对位于海牙的前南斯拉夫问题搜集证据。这是自 1945—1948 年纽伦堡和东京之后的第一次国际战争罪审判。截至目前，共有 161 人被该刑事法庭起诉。南斯拉夫前总统斯洛博丹·米洛舍维奇（Slobodan Milošević）于 2006 年去世，此时的他尚未因反人类罪得到审判。派往科索沃的这支英国鉴证队伍的工作就是挖掘大型墓葬，调查种族屠杀行为。

见到那位农民时，苏觉得他"是我见过最安静、最有尊严的男人"。苏和同事正在搜集有关这次无端的拖车袭击事件的关键证据，然而，远在荷兰的法庭对这位经历丧亲之痛的农民几乎没有任何意义，他只想好好安葬家

鉴证人类学家在科索沃挖掘一处大型墓葬。
供图: AP/PA Photos

人。他感谢鉴证队伍远道而来替他挖出家人的遗体，还说家人扎堆埋在一个坟墓里，真主阿拉会分辨不出来，这令他十分心痛。他请她挖出家人遗体，分别装在 11 个尸袋里，方便他分开安葬。

他所不知道的是，为他服务的是一位世界顶尖的儿童骨骼专家。苏支开了所有人，只留下一个 X 光技术员和摄像师，然后在临时坟墓旁铺上 12 条布单。"之所以铺了 12 条，是因为我知道有些尸块是我们无法确认的。我还知道，往每一个尸袋里放上一点东西，就能轻易地安抚这位父亲悲痛的心理。当然，这样做是彻底违背道德的。更重要的是，这在司法上是绝对不允许的。我们是为了鉴证而去，不是为了施行人道主义。我们的工作是搜集证据、分析证据、呈递证据，等到上法庭作证的那一刻，还要能够为我们所做的一切做出合理解释。"她想象着辩方专家打开其中一个尸袋，发现其中的遗骸并非他们所称的那样，这必将使这次诉讼完全失去可信度。

于是她开始着手工作。18 个月过去了，尸体已经腐烂，她所面对的大多都只剩下骨骼。成年人相对比较容易相互区分，因为他们骨架较大且人数较少。剩下的 8 个孩子就比较难以辨认了。苏不辞辛苦地区分着遗骸。几个小时后，她辨识出了年纪较小的 6 个孩子。剩下的是两组上肢，属于 14 岁的双胞胎男童。"他们尸体的其他部分都没有了，只剩下肱骨和锁骨。但其中一组上肢穿着一件米老鼠汗衫。我跟一位警员说，'去问问那位父亲，他的哪个孩子喜欢米老鼠。别说是哪个双胞胎男孩，也别往那方面引导。如果他能回想起其中一个双胞胎男童的名字，我们就能区分开。'"警员得到了这位父亲的答复，他给出了其中一个双胞胎男童的名字。"他特别喜欢米老鼠。那件汗衫是他的。"一个小时后，苏将 12 个尸袋带到他面前。"这是他最想要的。把他的家人带回，这是我们能尽的一点绵薄之力，跟他的悲惨经历根本不能相提并论。"

苏是邓迪大学解剖与人体辨识中心主任，她实地工作的核心是复原、辨识骨骼残余。是人体骨骼吗？什么性别，年龄多大，身高多少，是哪个种族？什么时候死亡的？因何而死？如果尸体完整无缺，腐烂不太严重，人类学家或许就能回答这些问题。反之，鉴证人类学家就不单要分析这些骨骼，还要分析剩下的所有"人体残余"：毛发、衣物、珠宝饰品等人们日常收集和携带的物品。可以看出，就连我们在相机或视频中留下的影像也能用来分析线索，而这些都需要数年的经验才能注意到。在苏的职业生涯中，她曾追溯过人体隐藏的模式，研发了辨识人们身份的独特技术，向大批解剖学家、人类学家和医护人员传授过人体是如何组成的。

她教给本科生的那些内容，她领着他们参加过的实地考察，还有她自己的研究，统统都受到了她在科索沃战后4年经历的影响。苏把科索沃看做她职业生涯的转折点，其中一方面就是因为在那里工作的时候，她得以与数个国家级鉴证队伍共事并共享知识的机会，其中就包括了著名的阿根廷鉴证人类学团队，他们在20世纪70年代和80年代初开创了利用专业知识来解决侵犯人权案件的先例。

1976年至1983年期间，阿根廷由一个军政府统治。对于被认定为左翼或颠覆分子的人，该政府采取暴力和镇压措施，暴行者称其为"肮脏战争"。在布宜诺斯艾利斯及其他城市里，光天化日之下，平民被公然绑架，或被从家里掳走，带到分布于全国各处的300座秘密监狱的某一座里关押。许多人遭受了严刑拷问——男人、女人和孩子们无一幸免。怀孕也不能阻止捕手的暴行。一些人被迷晕，戴上眼罩，从飞机上扔进阿根廷和乌拉圭交界处的普拉特河，尸体漂得两岸到处都是。尸体没有被置入无标记的坟墓或水中，只会送到停尸房，标上"无名氏"。一位工人说："尸体存放30天以上，且没有任何冷冻措施……成群的苍蝇如云一般密集，地板上的蠕虫和蝇蛆堆积起来能有 10.5 厘米。"在这场"肮脏战争"中，共有 3000 多名平民受害，约 1000 人"失踪"。

1984 年，军政府被推翻以后，当地的阿根廷法官开始要求把尸体从无标记的坟墓中挖掘出来，加以辨认，以保证受害者亲属了解来龙去脉，同时将凶手绳之以法。受命的当地医生分析头骨的经验极其缺乏，急需帮助。1986 年，经验丰富的鉴证人类学家克莱德·斯诺（Clyde Snow）——曾参与调查过肯尼迪遇刺案和连环杀手约翰·韦恩·盖西（John Wayne Gacy）的受害者——到美国来为阿根廷鉴证人类学团队培训首批成员。"我们开始用科学方法来调查侵犯人权案件，"斯诺说道，"这在人权调查历史上尚属首次。我们起点低，但在如何调查侵犯人权案件方面引起了一场真正的革命。往人权领域引入科学的理念始于此处，始于阿根廷，如今已在全世界得到普遍采纳。"

斯诺召集了为数不多但十分执着的一群阿根廷年轻人，经常当场给他们做培训。他说，最初的几个月里，学生们会在墓地掉眼泪，他就开始给他们"念咒语"："想哭就在晚上没人的时候哭。"人类学家将尸体挖掘并记录好之后，调查员会将生物学鉴定结果与已知失踪人口的医疗记录和牙科记录进行比对。近些年来，人类学家已经从这些身份不明的尸骨上提取了 DNA，并将其与尚在人世的亲属联系起来。截至 2000 年，共有 60 具骨骼的身份得到辨识，另有 300 具仍在调查之中；这虽然只占整体的一部分，但毕竟已经有所进展。其中一个身份确认的是莉莉安娜·裴蕾亚拉，1977 年 10 月 5 日，她在下班归家途中被人掳走。之后，绑架者对她严刑折磨，然后奸杀。莉莉安娜失踪时已有五个月身孕。1985 年，在对 9 名军事领导人的审判中，克莱德·斯诺当庭证实了莉莉安娜的身份，并向法庭作出陈述，"从多方面来看，头骨本身就是最好的证人"。从莉莉安娜·裴蕾亚拉骨骼和其他几块具有代表性头骨上提取的证据，共使 6 名被告人伏法受刑。

阿根廷的这支鉴证队伍又在全球的 30 多个国家开展工作，一边挖掘大型墓穴，一边培训其他人以便自行开展鉴证调查，负责调查 30 年内战期间侵犯人权案件的危地马拉鉴证人类学基金会就是其中之一。南非种族隔离政策实施后，他们与南非的真理与和解委员会共同进行调查工作；1997 年，他们与古巴的地理学家队伍参与了玻利维亚的切·格瓦拉遗骸辨认工作。据传，1967 年，他双腿、双臂和胸廓遭到枪击，玻利维亚的士兵将他双手砍下以证实其身份。搜寻其遗骨的人类学家在两处墓穴中找到 7 具尸体。其中一具身穿蓝色夹克，鉴证队伍在夹克口袋里找到一小包烟叶，而这正是一位玻利维亚直升机飞行员在格瓦拉死前送给他的。这一辨识结果得到牙科记录的佐证。惨死他乡 30 年后，切·格瓦拉以英雄般的姿态荣归古巴。

他们在科索沃所共同使用的专业技能帮助苏·布莱克等人拓展了知识面和技巧，从而为该行业在全球的发展奠定了基础。苏本身就曾在复杂多样的环境中工作过，比如塞拉利昂、伊拉克和 2004 年遭海啸袭击后的泰国，还在英国负责过大量培训项目。

然而，需要应用苏的专业技能的残暴行为依然层出不穷。2014 年 1 月，一名代号为"凯撒"（Caesar）的叙利亚叛逃者——据说曾是军警摄影师——偷运出 55000 张照片，其中展示了 11000 名反抗阿萨德独裁政权期间被关押者的尸体。阿萨德政府对这些照片的真实性表示质疑，称其为反对组织伪造。苏被请来检查照片并判断其真伪。在描述这些照片时，她说："在 30 年的鉴证科学生涯中，这是我所见过的最残忍的暴力行为。"科索沃的残暴行为主要跟枪击有关，海啸则完全是天灾，这些照片揭示的却是有计划有步骤的严刑折磨。受害者有饥饿致死的，有扼颈致死的，还有电击致死的。他们

阿根廷鉴证人类学家团队成员在阿根廷科多巴省挖掘一个合葬墓。所发现的 100 具无名尸体应当是"肮脏战争"的受害者。
供图: EAAF/AFP/Getty Images

曾遭受重击、火烧和挖眼等酷刑。当被问及严刑折磨的证据是否可信，这些死亡事件是否需要进一步调查时，她对这两个问题的答案都是"绝对肯定"。

万幸的是，鉴证人类学家的大部分工作并不涉及严刑折磨和种族灭绝等的调查，被召集到所谓的"大规模死亡事件"现场的次数也很少，比如自然灾害、火车脱轨和2005年的伦敦地铁爆炸事件等。事实上，他们处理的大多数案件规模都比较小，但对于受这些死亡事件影响的人来说，其威力丝毫不减。

约翰·加德纳和玛格丽特·加德纳生活在苏格兰西海岸的海伦斯堡，距格拉斯哥市仅一个小时的车程。约翰曾做过商船水手，空怀壮志，却欠下一屁股债。2004年10月，约翰透露了最新的挣快钱计划：建造奢华的厨房。玛格丽特对此不以为然，并严词拒绝。

几天后，她正在办公室工作，一位银行职员打来电话，说她申请的5万英镑贷款出了问题。听到这个消息，她十分震惊，因为她根本就没有申请过贷款。据她所知，自己这一辈子都没申请过贷款。谈话过程中，事态逐渐明朗：约翰说服另一个女人假装成玛格丽特，以她的名义签署了贷款申请表。玛格丽特怒气难耐，跟同事说要回家跟丈夫讲个明白，然后再把他扫地出门。这是最后一次有人见到活着的她。

当被人问及妻子身在何处时，约翰不断含糊其辞地重复同一个说法。但有一件事他无法解释，那就是为什么她会突然不再给年迈的父母打电话，这可是她每天晚上的例行公事。收到玛格丽特失踪的报告后，警方严肃对待，派出一支鉴证队伍到房子四周检查。在浴室的浴缸底部，犯罪现场调查员找到了一些血迹——玛格丽特的血液。他们往U形浴池下水管里伸进去一个内窥镜，从中发现了一块牙釉质。他们检查了厨房里的洗衣机，刮取了房门，又发现了更多血迹。

但这些并不代表玛格丽特已经死了。她可能是在浴室里失足跌倒，磕掉了牙齿，同时又割伤了自己，然后把沾有血迹的衣服放进洗衣机里。但是，犯罪现场调查员决意把工作做得细致一点。他们取出洗衣机的过滤器，在上面找到了一个微小的米色碎块，其宽仅 4 毫米，长仅 1 厘米。他们认为这可能是骨头，但又不是特别肯定。他们本可以把小碎块裹进粉末里，找人对它进行 DNA 检测。所幸的是，他们明白，在进行必然会破坏证据的检测之前，一定要采取现有的技术来做好保存工作。

于是他们把这个小碎块带到了解剖与人类辨识中心，经过辨识，苏·布莱克认为它绝不是普通骨头，而是蝶骨左大翼上的一块。这块骨头位于颞骨内，正处于一簇关键的大动脉下方。少了这块骨头，玛格丽特·加德纳肯定会因失血过多而死，断无生还的可能。

这样一小块证据彻底揭穿了约翰·加德纳的谎言。面对确凿的证据，他很快向警方更改了证词。他说，玛格丽特怒气冲冲地从前门冲进来，两人的口头冲突迅速转为肢体冲突。玛格丽特从丈夫的手中逃脱，他追了过去。她冲出房子，一跤跌在顶层台阶上，头撞上了露台。她大量失血，约翰把她搬进浴室，那里面的血迹就是这么来的。接着，他发现自己针织套衫上沾了血迹，于是把衣服扔进了洗衣机。他用冷水加非生物洗衣粉清洗，故而碎块上的 DNA 得以保存（清洗过程中卡在了他针织套衫的纤维内）。他的说法与证据相吻合。后来，他告诉女儿自己把玛格丽特裹进床单，扔进了河里。然而，尽管玛格丽特·加德纳的尸体从未被找到过，基于那块含有她 DNA 的小骨头碎片，她丈夫最终被判过失杀人。

正式的人类学被用于像玛格丽特·加德纳过失杀人案等 21 世纪的案件之

前，对骨头的兴趣曾在司法审判中扮演一定角色。所涉案例中有一位13世纪的官员，其故事出现于中国验尸官手册《洗冤集录》一书。一男子杀害一男童并侵吞其财产。很久以后，东窗事发。罪犯认罪，称自己重殴该男童，然后将他扔到湖里。人们从河里捞出男童的尸体，但他的皮肉早已腐烂，只剩下森森白骨。一位高官认为这些骨头可能另有主人，没人敢提出与之相左的意见，因而也就未再深究。

但一段时间之后，另外一位官员复审卷宗，发现一个亲戚说该男童有"鸡胸"。这位官员于是动身前去检查那具骨骼。果不其然，受害者的肋骨接合角度异常。新一轮调查由此启动。凶手的证言得到证实，最终为他的罪行得到了应有的惩罚。

然而，这一早期案例虽然极为成功，骨骼学被正式引入法庭却是几个世纪以后的事情了。有记载的首例人类学出现在刑事审判中是在1897年的美国。乔治·多尔西（George Dorsey）是一位民族学学者，专门研究美洲印第安人，于1894年成为被哈佛大学授予的人类学博士学位第一人。他师从托马斯·德怀特（Thomas Dwight），即所谓的"鉴证人类学之父"。此人为鉴证人类学的早期发展开辟了道路，能够分析人类头骨的变异性，且准确度前所未有。在审判时，多尔西对收集手工制品，尤其是头骨的激情促使他走遍南北美洲，并从秘鲁带回了大量印加人木乃伊。

1897年，多尔西参与侦破的一件案子连续数周登上报纸头版。1866年，21岁的阿道夫·鲁特格特（Adolph Leutgert）从德国移民芝加哥，当时身无分文。与约翰·加德纳一样，他也是空怀大志。但与约翰·加德纳不同的是，他很善于理财。之后15年的时间里，他曾在皮革厂和搬运公司干过各种稀奇古怪的活计，然后攒下了4000美元——足以建设一座工厂并建立A. L.鲁特格特香肠加工公司。该加工厂生产的香肠迅速销往整座城市内外，为鲁特格特赢来"芝加哥香肠王"的称号。

开工厂前不久，这位身材魁梧的香肠企业家娶了一个身材娇小而又迷人的女人，此人名叫路易莎。但这段婚姻跟美国梦相差甚远，阿道夫开始和其他女人通奸。有谣言说他曾殴打自己的妻子。

1897 年 5 月 1 日，夫妻两人出门踏春，可只有阿道夫一人返回。对于阿道夫所说的她跟别的男人私奔一事，路易莎的家人并不信服，转而报告警方。警方进行了严密搜查，最终将目光转向鲁特格特香肠加工厂。一个目击者告诉警方，他曾在她失踪当晚看到阿道夫和妻子于夜里 10 点 30 分进了加工厂。守夜人证实了这个说法。不仅如此，鲁特格特还叫他去办事，并且后半夜不用值班。

警方走进加工厂，闻到一股特别的气味从用于蒸香肠的大桶里飘出来。几个警员往大桶里一看，只见桶底堆着一层淤泥，其中一位警员说："'气味'特别难闻……充满了死亡气息。"他们决定进一步调查。

"桶外边靠近底部的地方有个塞子被拔了出来，底部塞子孔上面……铺了几条粗麻布袋子。液体控干净后，麻布袋子里现出一堆黏稠的沉积物，还有大量小块骨头。通过对大桶的进一步搜查，人们在底部的其他骨骼碎片旁边找到了两枚无花纹金戒指。两枚戒指扣在一起，上面覆盖着一层黏稠状红灰色物质；较小的一枚是防止戒指脱落的指环，较大的是结婚戒指，内圈表面刻有'L.L'字样。"之后，经过确认，证实这是路易莎·鲁特格特的结婚戒指，是丈夫送给她的礼物。在一个熔炉里，警方还发现了一些疑似骨骼的小碎块，还有一具烧焦的尸体。根据这些重要证据，鲁特格特被逮捕。

同年夏天，在公众瞩目之下，对鲁特格特的审判于库克县法庭召开。乔治·多尔西和一些来自芝加哥菲尔德博物馆的同事为此次诉讼作证。多尔西称熔炉内发现的骨骼为人类所有，其中包含了女性的脚骨、指骨、肋骨、脚趾骨和头骨。另有一位证人作证称，大桶内发现的黏稠物质中含有血红素，这种化学物质是因存在于人体血液中的血红蛋白腐烂而产生。

还有一位目击者说，在路易莎失踪之前，阿道夫曾购买过几百磅的碱液——腐蚀性物质，用途多种多样，如可用于加工贮藏肉类、清洗炉灶、制作甲苯丙胺——然后慢慢加入蘸香肠的大桶里。阿道夫称这些碱液是买来清洗加工厂的。检方予以反驳，称碱液的碱性极强，特别适用于溶解大块物质。

第一次审判中，陪审团未达成一致裁决；陪审员分歧较大，还差点在审议室吵起来。但鲁特格特并未被释放出狱。第二年，再审开庭，乔治·多尔西再次作证。这一次，鲁特格特谋杀妻子罪名终于成立。

乔治·多尔西在证人席上的表现可圈可点。正如《芝加哥论坛报》（*Chicago Tribune*）所言，"显然，他最关心的莫过于据实说明真相，毫无夸大事实之举，不掺杂任何个人怨恨情绪……他的学识……非常系统，扎实全面，准确而广博，信手拈来"。相比而言，辩方专家威廉姆·H. 奥尔波特（William H. Allport）则因在法庭错将猴骨认作狗骨而颜面尽失。为了堵住陪审团的嘲笑，他含糊其辞地说"有一类动物叫做狗猴"。但远在法庭之外，许多解剖学家对多尔西处理这件案子的手法大肆诟病——其中还包括居心不良的奥尔波特，他嘲笑多尔西"根据跟豆子一样大小的 4 块骨头碎片就能辨认出女人"，以至于完全背离了鉴证科学。但报界无疑首次将鉴证人类学呈现给了大众。

现代鉴证人类学是一个相对较新颖的领域。在 20 世纪早期，对头骨残余的分析逐渐而缓慢地向前发展，但毕竟还是在发展的。

阿勒斯·哈得力卡（Aleš Hrdlička）生于波西米亚（今为捷克共和国一部

分），1881 年，13 岁的他移民美国，从此开始对人类起源产生浓厚兴趣。与先辈乔治·多尔西一样，哈得力卡研究的对象也是美洲土著人。30 岁时，他开始了为期 5 年的横跨美洲冒险，途中一直在研究头骨。研究结论使他得出一个原创理论——大约 12000 年前，东亚人穿过白令海峡，在美洲定居。此后，这一概念成为科学常识，DNA 鉴定在其中有一定的功劳。但是，除了对人类起源感兴趣之外，他还研究人类罪恶的起源和美洲罪犯与"普通人"的人格特征，以验证违法乱纪者的各项指标是否异于常人。到 1939 年，他得以公布结论："犯罪不是由身体驱使的，而是由精神驱使的。"

哈得力卡的专业技能并未如石沉大海一般没引起任何注意。20 世纪 30 年代，联邦调查局对于这一新兴科学是否有助于破解悬案表示质疑，于是向他求助。哈得力卡为超过 35 起联邦调查局案件做过咨询，判断头骨残余的身份、年龄以及是否为他杀。哈得力卡为鉴证人类学组建了庞大的体系，同时提供了系统化的鉴证方法。在他逝世那天，联邦调查局局长 J. 埃德加·胡佛（J. Edgar Hoover）称赞他"为打击犯罪的科学做出了杰出贡献"。在案件调查的同时，哈得力卡还在史密森学会教授学生，致力于培养下一代鉴证人类学家。

正如苏·布莱克的职业生涯转折点发生在巴尔干种族灭绝事件研究之后一样，20 世纪鉴证人类学的一些重大突破也都出现在本世纪最令人悲痛的几大事件之后。T. D. 斯图尔特（T. D. Stewart）是哈得力卡的得意门生之一，他在日本小仓市的一间仓库为朝鲜战争中的死者辨认身份。由于现代爆炸性武器对人体的毁伤效果极大，辨认工作就特别难以进行。运来的遗体都装在大箱子里，里面全都是松散的骨头，辨认过程既艰难，又令人潸然泪下，心痛不已。但斯图尔特抓住了摆在他面前的机遇：这样大规模的人体骨骼样本是绝无仅有的。他开始细心地统计尺寸大小，逐渐构建了一个数据库，从而能够根据头骨残余来准确推测身高、体重和大概年龄。

另一位曾为该领域做出巨大贡献的人类学家是米尔德里德·特罗特（Mildred Trotter），她于 1947 年起在地处夏威夷的美国墓地登记处工作。出于对手中用于推测身高和年龄的数据不满意——都是些从法国弄来的 50 年前的老数据，她开始使用二战中阵亡士兵的骨骼来自己测量。如今，美军中心鉴定实验室依然是世界上最大的人类鉴定实验室，斯图尔特和特罗特的测量法也仍然在广泛使用。

夏威夷的经验与教训向外传播，为其他致力于鉴定死者的鉴证人类学家提供了宝贵信息。在邓迪市的解剖与人类辨识中心，苏所开辟的就是一条教育之路。2008 年，该中心为警方建立了 24 小时免费邮件服务，其目标是在10 分钟内回答"这块骨头是否为人骨？"这一关键问题。每逢夏季，人们开挖花园或去乡下散步的时候，案件的数量就会剧增。

回答这一关键问题并不容易。天气对地形的影响，食腐动物的活动等都会使骨骼四处分散和破坏，有时候仅留下一根骨头。羊和鹿的肋骨与人肋骨十分相似，极易混淆。儿童的小骨和牙齿也与这些动物的极其相似，并且由于数量繁多——儿童有 800 根骨头，成年后骨骼聚合成 209 块——在农村地带极易大片分布。（据克莱德·斯诺估计，"可找到的"儿童骨骼仅有 56 块。）

2012 年，解剖与人类辨识中心共为 365 宗涉及骨骼的案件提供了满意的答案，也就是每天一宗。但最终证明是人骨的有多少呢？"结果证明，98%的都不是人骨。"苏·布莱克解释道。但即便是否定的答案也有重要作用。"就相当于告诉警方别因为名叫欧米特鲁德的一头牛就启动凶杀案调查，因为肯定查不出什么结果。"

但剩下的 2% 就属于曾经活生生的人了，这些也正是解剖学家或人类学家的用武之地。为了辨识出手中的是哪一部分人骨，他们首先要测量其大小和厚度，然后观察微小的凹凸之处，还有决定人骨各部分功能的标识。根据相关骨骼，有时可以判定性别：相比女性，男性的骨骼较大，也更加健壮；男性盆骨有心形开口，女性盆骨则为圆形开口，便于分娩；男性头骨也相对较大，比女性的下巴略宽。

多年前，我正和苏·布莱克坐在她的办公室里，一位便衣警员走进来，手上拿着一个纸袋，里面装着他在柯克迪——我在那里长大——附近的海滩上找到的一块骨头。苏戴上手套，神情严肃地从袋子里取出那块骨头。我们都看出那是块下颌骨，几颗牙齿还顽强地依附着。"是人骨，没错。"苏郑重地说道。我总觉得这是在作秀，专门做给我看的：从我小时候玩耍的沙滩上找到的一块人骨，哪有这种巧合。可苏坚决否认，她鄙视了我一番，然后解释道："警方不必为此费心思了。这是一块很老的骨头，其主人去世已久，从法律上来说，已经没有任何意义了。这种事常见的很。"

对于大多数人来说，跟陌生人的下颌骨邂逅是件令人不寒而栗的事情，但这个形容词不存在于苏·布莱克的职业词汇中，"恶心""令人厌恶""令人作呕"等词语也是如此。无论体面与否，人骨就是她的工作对象，她平静以待，根本毫无恶心可言。她说，对于血液、皮肉和骨骼的任何一点不适感，都已经被第一份工作给消除掉了——从 12 岁时起就在屠宰铺兼职工作。回想起那段日子，她说，那里特别冷，"当卡车直接从屠宰场运过来一车动物肝脏时，我们会比着谁最先冲到车后门，这样至少能让自己的手暖和一点"。那些令旁人对解剖退避三舍的平常事，对她来说都不足挂齿。可究竟是什么吸引着她呢？

从最初来说，肯定不是为了将凶手绳之于法的渴望。她是个彻头彻尾的

177

研究者，只对破解人体之谜感兴趣。可是后来，她逐渐意识到，原来破解人体之谜也能解开人类自相残杀所带来的破坏之谜。作为解剖学研究生，作为整个家族第一个走进大学的人，苏·布莱克发现肢解人体"是最震撼人心的经历"。她把逝者看做主动献身，为科学家钻研甘做肉体教科书的人，如此一来，他们才能做出有利于他人的重大突破。苏把骨骼辨识作为她的第一个研究项目，并且很快意识到这个项目可以轻而易举地应用到现实中去。

一位超轻型飞机飞行员坠落在苏格兰东海岸，她的任务是辨识其遗骸，这就是她的第一件案子。苏担心自己见到那位飞行员支离破碎的躯体后不知会作何反应，然而，面对现实，职业必需的那种临床超然心态随即就位。她解决了这桩案件，然后决定以此作为自己的职业。

苏在工作中常常遇到一些问题，而这些问题是我们大部分人当做娱乐消遣的。"我们都喜欢情节扣人心弦的谜案故事，"她说，"我们都喜欢离奇的罪案，有关的书籍和电视剧都爱看，这些都是因为我们对人体和人体解剖有着与生俱来的好奇心。我们可以利用这种好奇心来解决问题，而问题就是'对象是何人？''是怎么回事？'所以我在这方面结合得很好，一方面解剖是我最擅长的，我将它应用到现实世界中需要解决的问题上去，同时又在满足人类基本的好奇心。"

最初，苏·布莱克的鉴证工作主要集中在辨识受害者方面。成功的辨识往往有助于阐明一桩罪案，使刑事调查得以实现。但罪案调查涉及的不仅仅是受害者一方，其核心是施害者一方。自 19 世纪罪案小说兴起以来，这一核心就从未变过。优秀的科学家和优秀的侦探一样，都会开发出新技术来解决特定问题。如果这些技术行得通，就可以应用到相似的其他案件中。对于苏·布莱克而言，开辟新途径向来是她工作的动力。无论身处何地，只要有机会，她都决意拓展鉴证人类学的界限与适用范围。近些年来，她将更多的时间放在搜寻施害者身上，辨识受害者的工作就做得少了。

尼克·马什（Nick Marsh）是大都会警察局影像科主任，曾与苏在科索沃共事，两人成了好朋友，也是职业上的密友。回到英国后，他在影像科遇到了一桩看似毫无头绪的案件。一个14岁的小女孩到警局报警，声称其父亲在夜里侵犯她。她跟自己母亲讲过，但母亲不相信。这个女孩心知自己要有证据。她是个技术通，知道网络摄像头会在夜间转到录入红外光线模式。女孩设置好摄像头，将它指向自己的床，然后点击"录制"。

她把录制好的视频交给警方。尼克·马什遇到一个看似棘手的问题，那就是他看到确实有虐待行为发生，可摄像头的视角范围太小，看不到施虐者的脸。若没有脸部或其他明显的分辨标识，这个视频就不足以给她父亲定罪。

于是，尼克就去向他觉得能够帮忙的人求助。看完视频，苏说道："这是我见过最诡异的事情之一。我只感觉脖子后的汗毛都竖了起来。凌晨4点15分，一双腿出现在镜头里，然后站着不动。你能看到她躺在床上，穿着睡衣，屁股那个位置朝着镜头。他只是站在那里——我知道那是'他'，因为腿毛特别特别长——然后慢慢伸出前臂，把手放到被子下面。"

与尼克一样，苏的第一想法也是觉得无法辨识施虐者。但仔细一看，她发现红外线照出了施虐者的静脉，使他前臂上的表面血管清晰可见。她知道表面血管的分布方式因人而异，离心脏越远，血管的差异就越大，所以手部和前臂上的血管是人体上个体化特征最明显的地方之一。但仅仅根据这些分布方式来辨识一个人尚属鉴证学上的首例。在苏的建议下，警方给这位父亲的右臂拍了照。他的血管与视频中男子的完全匹配。

案件进入法庭程序后，辩方质疑苏提供的这一证据的可采纳性。法官同样认为血管分布方式分析无前例可循。陪审团被请出法庭，以便辩方和检方就该证据是否应该采纳进行辩论。法官询问苏打算如何答复。事到如今，她已意识到自己应该拍下当事人的两只胳膊，从而阐明前臂血管——即使是同一个人——的不同之处。为了争取表明意见的机会，她请求法官伸出双手，看一下他自己血管的差异。法官询问她的证据是否能够排除合理怀疑，证明施虐者就是那位父亲。"不能，"她坦白地回答道，"我所做的研究不足以确定这一分布方式与世界上其他人相吻合。"辩方决意将这一证据弃用。一切都要由法官来定夺。最终，基于苏在人体变异方面的解剖经验，法官判定该证据可以采纳，但辩方专家是一位图像分析师，而非解剖学家，并且因为没关手机惹怒了法官，这些因素也起到了辅助作用。

苏进行了作证，辩方陈词完毕，女孩被交叉询问，陪审团合议后得出了一个使苏大为意外的裁决：无罪。苏担心自己越了界，于是请法警询问陪审团，是否这项技术有缺陷。倘真如此，作为鉴证技术的血管分布方式分析将需要改进，或直接被弃用。陪审团答复说问题并不在于这项技术。他们理解这项技术，之所以给出"无罪"裁决，并非不相信技术，而是因为不相信那个女孩——她哭得不够真切。

苏并没有因陪审团的变化无常而绝望，而是致力于改进这项科技，以更好地应对纯粹感性化的法庭。由于当时解剖与人类辨识中心正在给全英国的警员进行灾难受害者辨识培训，苏决定充分利用这次特别的机遇。她让500名警员学生全部脱得只剩下内衣裤，她的团队分别用红外线和可见光给他们的脚、小腿、大腿、后背、腹部、胸部、上臂、前臂和手部拍照。通过分类和比较，这些照片为血管分布方式分析技术提供了强有力的支撑。

由于警员们喜欢交流案件过程和轶事，得知有关苏的专业技能消息的不止尼克·马什一个人。不久后，大都会警察局的另一位警员也因一起娈童案来向苏求助。2009年，警方搜查了肯特郡一个名叫迪恩·哈迪（Dean Hardy）的家具销售员的家，从其电脑上找到了36张不雅照片。其中一些是东南亚女孩，年龄从8岁到10岁不等。照片上这些女孩全都被一个西方人侵犯。图像数据文件中隐藏的元数据表明，这些照片拍摄于2005年。警方能够证明哈迪于2005年到泰国旅游，因而以侵犯这些女孩的罪名对他提起诉讼。他矢口否认。

这一次，苏·布莱克叫人给哈迪的两只手都拍了照。接着，她细心比对，特别留意其中的血管分布方式。她在他一根手指的根部发现了一个小伤疤，然后研究了他指节上的褶皱式样。她仔细观察他的斑点的分布，然后将自己的发现与照片中的手部进行对比，结果发现每一点都完全匹配。警方审讯哈迪时说："照片上的那只手跟你的左手相似，这比你左右手的相似度还高。"接着又问他："那是你的手吗？"面对翔实的证据，这一次他回答道："是我的。"

斑点和血管被用于辨识罪犯，这在英国历史上尚属首次。不久后，纪录片制片人根据苏与大都会警察局抓获迪恩·哈迪一案，就如何逮住娈童犯制作了一期节目。纪录片播出时，另有4位妇女站出来指认哈迪在她们小时候实施过侵犯。哈迪因在泰国侵犯女童被判6年刑期，又因英国的这几位受害者指证而被追加10年刑期。

当年稍晚些时候，苏协助建立了证据平台，使苏格兰已知最大的娈童圈成员纷纷被定罪。苏格兰中部的8名男子一直在制作、分享和收集娈童图片，其中一人的电脑上共存有78000张照片。忙完这件案子之后，苏及其团队目前每年都要参与15起娈童案案犯的辨识工作。解剖与人类辨识中心成为警方在这方面求助的第一站。

鉴证人类学领域中辨识未知人物的重大进展不仅仅发生在邓迪市的这个辨识中心。在路易斯安那州立大学，玛丽·美瀚（Mary Manheim）是鉴证人类学和计算机强化服务实验室的创始人和主任。美瀚于1981年获英国文学学位，然后转攻人类学。自那以后，她在美国参与侦查超过1000宗鉴证案件，并就此写下3本书，分别为《骨女》（The Bone Lady，2000）、《识骨寻踪》（Trail of Bones，2005）和《残骨之谜》（Bone Remains，2013）。几十年来，为了构建失踪人口数据库，她走访了路易斯安那州的每一个警察局、县治安官办公室和验尸官办公室。该数据库中共有600人的生物学档案和170具身份不明的遗骨，其目的就是在这两者之间进行匹配。如今，该数据库已接通全国性资料库，供人们寻找失踪的亲人。

在美瀚遇到的一个案件里，一名女性的尸体漂浮在墨西哥湾的深水中，那里位于路易斯安那州格兰德岛南部15英里处。她胸部中弹，被捆在渔网里，身上还系着一块混凝土锚：这显然是一起谋杀案。尸体虽然已在水中浸泡了一段时间，却依然保存完好，部分是因为渔网将以尸体为食的螃蟹和鱼类挡在了外边。正如美瀚所说："关节活动处摇动的躯体对于海洋生物有着极大的吸引力，手、脚和头部等往往会最先被吃掉。"

该尸体被标为99-15号，然后送往鉴证人类学和计算机强化服务实验室。美瀚觉得这是该项目的最佳试验品，她的团队很快就将该女性的面貌复原了活着时的模样。美瀚测量了她的头骨：她两眼间距较小，上包齿，眼窝呈椭圆形，显然是"典型的欧洲白人"。她戴着一条古怪的蝴蝶形绿松在配钻石项链。骨骼分析表明，她的腿部有旧伤，右腿患有关节炎，因而有点跛脚。她的智齿被拔掉，可能是美国牙医的杰作。测量了她的腿骨和盆骨之后，他们推算出了大致的身高、体重和年龄。99-15号尸体身高5英尺2英寸，年龄在48—60岁之间，体重为125—135磅。这些信息被输进了鉴证人类学和

182

计算机强化服务实验室数据库，2004 年 10 月，99-15 号尸体被确认为一名 65 岁的女性，她于 1999 年 1 月在路易斯安那州失踪。除了低估了这位女性的年龄之外，他们的分析可谓准确无误。

对于鉴证人类学家来说，确认身份是一种什么样的感受呢？与死者无声地交流了这么久，和那些内心怀揣恐惧的生者共同面对担扰变为现实的那一刻，又是一种什么样的感受呢？玛丽·美瀚对此深有感触。"身份确认会给家庭成员带来悲痛，但也能帮助他们继续自己的人生。"她如是说。他们不必再整日苦苦思索亲人可能会有的遭遇，终于可以安心地过自己的日子了。

对于苏·布莱克而言，有一个人的身份是她依然特别想确认的。她出生于苏格兰北部的因弗内斯，正是这里的一宗失踪案一直到今天都在缠扰着她。1976 年，蕾妮·麦克雷驱车从市中心的家里外出，后座上坐着她两个年幼的儿子。她把大儿子送到分居的丈夫家里，然后继续载着 3 岁的安德鲁去基尔马诺克看望她姐姐。

自此以后，蕾妮和安德鲁就再也没出现过。当晚稍晚些时候，她那辆空空如也的蓝色宝马车被人发现在通往南方的 A9 大路临时停车处着火。除了沾有蕾妮血迹的一块布料之外，遭焚毁的车里再无他物。她前夫被警方盘查，她那位秘密情人的身份浮出水面。严密的搜查，包括市区里超过 500 所房屋、车库和外屋，却是一无所获。似乎没有什么能引领警方找到解开蕾妮和她儿子命运之谜的钥匙。

2004 年，一个名为《未解悬案》（*Unsolved*）的电视纪录片在苏格兰播出，再次引发了公众对这一失踪之谜的关注。一位已退休警员站出身来，声称曾有人推测蕾妮和安德鲁的尸体可能被遗弃在靠近 A9 公路的一个采矿场里。苏·布莱克参与了开掘采矿场、寻找两人遗体的苦差事。他们用了 3 周时间，从采矿场清走了 2 万吨泥土，砍掉了 2000 棵树。这次行动的花费超过了 10 万英镑，可他们找到的只是些兔子的骨头、两个松脆的纸箱和一些男人的衣物。

悬案复审虽然失败了，但苏·布莱克收到了蕾妮姐姐的一封来信，这封信她将永远保存着。"我只想让妹妹回家，"信中写道，"我知道她如今已不在人世了。我接受她已死的事实。每次有人寻找她的时候，我都会燃起一丝希望；可每当搜寻无果，我的心会再沉一些。"就苏的经验来看，人们找不到自己家人的时候——不管是在科索沃、阿根廷、泰国，还是在英国——他们从来都过不了这个坎。正是这样一种思维不断地刺激着她，要她完成将死者带回家的任务。

"我们带去消息的时候，"苏说道，"通常都是坏消息。'是您儿子'、'是您妻子'、'是您女儿'。但这样的坏消息也暗含着一丝善意，'至少你现在确切知道了，可以安葬亲人，也可以表示哀悼了。你永远不会忘怀，但你可以继续自己的人生了。'"

09

思想的索引：面貌复原技术
FACIAL RECONSTRUCTION

一张脸上，可供大自然雕琢的空间之大，
着实让我惊奇不已。

《人》(*A Character*，1800)，

威廉姆·华兹华斯

指纹和 DNA 什么的都抛一边去吧，我们之所以有别于其他人，其实全因为一张脸。大自然、教育和环境，这三者在我们身上的独特结合，创造了一系列特征，而这些特征就是熟人辨识我们的关键。是否我们都有那样的时刻，看到陌生人那似曾相识的身形、步态或头发，我们都会误认为是熟人，可当他们转身或走近，看到那张脸，我们就会立刻认识到自己的错误。然而，死亡却会夺去我们的脸部。脸部的血肉腐烂，大自然将我们剥离成森森白骨，皮肤下的头骨对于曾经认识和爱过我们的人来说，根本就毫无意义可言。

所幸的是，有那么一小撮科学家，他们的工作就是专门还死者一张脸。

在英国，理查德·尼夫（Richard Neave）通过曼彻斯特大学的头骨残骸创立了面貌复原技术。1970 年，位于曼彻斯特博物馆的埃及木乃伊调查团队组建之时，他就是其中一员，而在 1973 年，他利用石膏和黏土，重建了两个4000 多年前的埃及人的面部，分别是胡纳姆 – 纳卡特（Khnum-Nakht）和内卡特 – 安可（Nekht-Ankh），人称"木乃伊兄弟"。"从一开始，"尼夫写道，"我就尽力不去仅仅依赖直觉——可恼地被人喊做'艺术执照'。"相反，他利用组织厚度平均值来判断脸部形状，而这个平均值则是从瑞典解剖学家尤里乌斯·科尔曼恩（Julius Kollmann）在 1898 年收集的尸体上测算出来的。

尼夫在模拟面部肌肉和头骨肌肉上手法娴熟，而这些肌肉为其他皮肉和皮肤的镶嵌提供了框架。在考古领域锻炼了技能之后，他转投鉴证科学，曾参与过 20 多起无名尸体的辨识工作，辨识成功率达到 75%。

古怪的是，他所遇到的最有挑战性的案件之一，却是以无头尸开始的。1993 年，曼彻斯特皮卡迪利车站铁轨拱桥下，一具男尸被发现，他身上除了一条内裤，别无他物。警方百般努力，却始终无法查明他的身份。

三个月后，一男子正在斯塔福德郡坎诺克的一个运动场遛狗，这里离曼彻斯特仅 75 英里。突然，小狗开始往下挖，而且是像疯了一样疯狂地挖，直到挖出一个断头。该头颅被砸成一百多片；后来，人们弄明白这是被大砍刀砍砸所致。DNA 测试将它与曼彻斯特的无头尸联系起来，但警方依然无法据此查明身份。起初，复原其面部似乎毫无实现的可能：大量骨骼遗失，尤以头骨中间的关键部位为甚。警方推测，凶手是有意为之，故意让人无法认出这次残酷袭击的受害者。但在丰富的知识和经验的协助下，理查德·尼夫耐心地将现有的头骨拼到一起，尽最大努力补全其空缺，然后铸成石膏模子。《独立报》（Independent）发布了尼夫铸成的头部石膏像后，76 个家庭觉得这个脸庞似曾相识。

警方收集了这些家庭的照片和详细信息，然后开始将他们失踪的亲属的面部与这个头骨进行比对。他们按照名单挨个比对，可一无所获，凶手的目的似乎达到了。最终，警方比对了最后一个。阿德南·埃尔－塞恩之所以被排到最后一名，是因为这具尸体或头骨有关的所有信息都表明受害者是高加索人。但他们的细节两相匹配，警方总算查明了受害者的身份。

阿德南·埃尔－塞恩是科威特商人，46 岁，一直居住在伦敦西部的梅达谷（Maida Vale）。他家境殷实，在科威特经营银行挣了一大笔钱，年仅 38 岁就退休了。肢解的尸体被发现前一天，有人看见他在伦敦中部格罗夫纳广场的大不列颠酒店就餐。从埃尔－塞恩公寓中找到的牙科病历和指纹证实了他的身份。尸体解剖表明，致命袭击发生时，他吞下了一颗牙齿，而头部是在他死后被砍下来的。至今为止，这桩凶杀案依然未破，杀人动机依然是个谜，但至少他的家人知道他的生死。

理查德·尼夫协助论证了面部复原的科学基础，摆脱了"它是一门艺术，而非严谨的学科"这种观念。他以在曼彻斯特大学工作、授课为业，将知识传承给下一代，其中就有现任邓迪大学颅面重建教授的卡洛琳·威尔金森（Caroline Wilkinson）。

卡洛琳的标志性案件几乎与埃尔－塞恩一案一样难以破解。2001 年 8 月的一天，一人在荷兰纳尔德湖边公园（Lake Nulde）的沙滩上晒太阳时看到女童尸体的残肢。接下来的几天时间里，尸体的其他部位在荷兰沿岸的不同地点被找到。之后，一个渔民在距纳尔德公园 80 英里的码头附近找到 一个头骨，其面部遭受重创，已无法辨识。调查员毫无头绪，于是联系了卡洛琳，希望她答应来辨识头骨。

但当警方告诉她，他们估计受害者的年龄在 5—7 岁之间，她对于接手这件案子感到十分不安。她之所以犹豫，部分是因为她自己的女儿当时也正好年仅 5 岁，更重要的是出于职业上的谨慎，而非仅仅是情绪上的反应。

当时，解剖学家质疑重建儿童的面貌能否与成年人的面貌复原一样精确，因为未成年人的面部尚未发育完全，缺乏明确特征。但卡洛琳攻读博士学位时，研究的正好就是未成年人面貌重现。她相信自己一定会给这件案子的调查带来转机。她按捺住内心的不安，检查了荷兰警方送来的破碎头骨。在研究头骨时，卡洛琳发现这具童尸有着一些异常特征：又大又宽的鼻子——与大多数 5 岁孩子那上翘的鼻子迥异——而且门牙之间的空隙特别大。仅根据这些，她就可以判定这是一张非同一般的面庞。

一般来说，虽然失踪儿童得到更多的媒体关注，根据照片来辨识失踪儿童比辨识成年人却更少见，因为他们那尚未完全发育的面部比起成年人更加相似。根据美国全国失踪和受剥削儿童保护中心——在美国境内每周发布数千张失踪儿童的照片——的数据，失踪儿童被找到的概率只有六分之一，这还是在某人看到失踪儿童的照片后打给执法部门才有的结果。

但卡洛琳满心希望这个女孩的身份能被辨识出来。她竭尽全力，制作了纳尔德女童的面部陶土模型。模型照片在全欧洲的报纸和电视上广为传播。一周时间不到，女孩就被确认为来自多德雷赫特的罗伊娜·里克斯，时年 5 岁半。

身份确认后，恐怖的故事浮出水面。在罗伊娜短暂而又悲剧的生命的最后五个月里，她一直被母亲的男友虐待，而且母亲还知情不报。她被锁进狗笼里，度过了人生的最后两个月。她死后，本来应该呵护她、保护她的那两人，残忍地将她的尸体切成碎块，撒到荷兰各个地方。两人最终在西班牙被捕，并为他们的罪行付出了代价。在荷兰，面貌复原用于破案，这还是头一次——若没有卡洛琳的努力，罗伊娜之死就永远无法为人所知，也无法将凶手绳之以法。

面貌复原并非新鲜事物，也并不总是跟谋杀有关。它源于人们通过实体化的方式与逝者对话的渴望，这种做法的历史也很久远。1953 年，考古学家凯瑟琳·凯尼恩（Kathleen Kenyon）在耶利哥发现了大约为公元前 7000 年的一些头骨，上面覆盖着精致的陶土，眼窝里塞着贝壳，以模仿眼睛。她被这些头骨的美震撼到了："每一个头骨都有独有的特征，让人禁不住觉得这就是实实在在的肖像画。"古代的中东艺术家利用陶土，将先人身份中最精华的身体特征——脸部——制成模型，好让他们有朝一日能够征服死神。

面部总是被人赋予重大意义。18 世纪艺术家威廉·荷加斯（William Hogarth）将面部称为"思想的索引"。毫无疑问，面部会暴露我们的情绪和反应——笑、哭、害怕、平静、愉悦。面部肌肉最微小的动作都可以折射出反感或喜爱：想一想困惑的皱眉与愤怒的皱眉之间那细微的差别，你就能明白了。我们的大脑十分擅长识别他人面部上的细微差异，所以我们才能识百人而不混淆。5 个月大的婴儿就能分辨他们母亲的面部，2.5% 的人是"超级识人狂"，即凡是见过一面的人，他们几乎都能分辨出来。我们可以从面部看出人的几个关键要素——性别、年龄、大致健康状况等等。但仅仅因为你能看到别人的脸，也不能说明你会读心术；正如莎士比亚所说："世上还没有一种方法，可以从一个人的脸上探察他的居心。"有一样东西是我们从一张脸上绝对无法看出来的，那就是此人的"居心"是否叵测。

然而，19 世纪的犯罪学家凯撒·龙勃罗梭（Cesare Lombroso）却认为自己技高一筹。龙勃罗梭测量了 383 名违法人员的面部，然后在 1878 年发表了《犯罪人论》（*Criminal Man*）一书，认为"大下巴，高颧骨，眉骨突出，掌中线条互不连通，眼窝过大，尖耳朵"等都是导致犯罪的根源。龙勃罗梭后来对自己的测量结果进行了研究，证明他得出的结论是错误的。证据并不支

Fig. 1. Tipo scimmiesco - Omicida-grassatore.

Fig. 4. Tipo degenerato - Parricida-ladro.

Fig. 2. Tipo scimmiesco - Omicida-stupratore

Fig. 5. Tipo degenerato - Uxoricida-grassatore.

Fig. 3. Tipo scimmiesco - Omicida-stupratore.

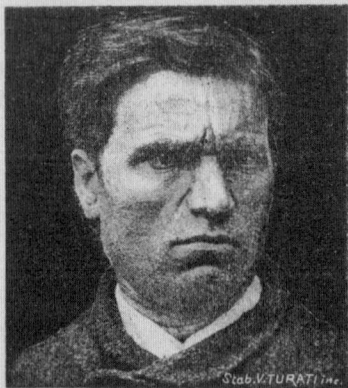

Fig. 6. Tipo pazzesco - Assassino.

Stab.V.TURATI inc.

凯撒·龙勃罗梭汇编的一组"罪犯面容"：这一组是凶杀犯。
龙勃罗梭认为可以从一个人的生理特征来预测犯罪。

持这一理论；它的基础仅仅是龙勃罗梭本人的偏见和毫无依据的看法而已。

但所谓的"龙勃罗梭犯罪学理论"是个十分有诱惑力的概念，其创始人常常被请去法庭作证，结果也是成败参半。有一次，在缺乏确凿证据的情况下，他建议裁决一男子犯有谋杀罪，却遭到一位陪审员的忽视，因而大为光火。尽管龙勃罗梭认为被告拥有"各方面都符合罪犯类型的面相"，如"招风耳、少年皱纹和凶神恶煞似的脸"，这一切都足以在"对罪犯冷面无情"的国家里判被告有罪，但陪审团对此并不信服。同时代的一些科学家也对他多有诟病，但即使遭受这些挫折，他的理念依然影响深远。人们倾听他的话，因为他们都会本能地从人的面部寻找含义。

龙勃罗梭的做法错得彻彻底底。但从一方面来看，他走对了方向。为了破案，为了解开过往的秘密，科学家和调查员们确实要对面相学多加关注。在卡洛琳·威尔金森看来，"若对面部解剖和人类学不了解，那么得出来的面貌复原，往好了说是幼稚，往坏了说就是错得让人恶心。"画家和雕塑家早就知道，了解面部肌肉如何相互连接和运动能够提高作品的准确度，因而他们都对剖析和解剖兴趣十足。列奥纳多·达·芬奇一辈子解剖过30具未冷冻的尸体，驱散了"与这些被肢解、剥皮、不堪入目的死者共生的恐惧"。解剖实践使得他画出一系列惊人的解剖手稿（其中包括一幅头骨剖面图），为达·芬奇后期那些画匠级的人脸图像增添了更多写实感。

17世纪杰出的西西里雕塑家朱利奥·宗博（Giulio Zumbo）从未见过达·芬奇那些未曾发表的头骨绘画，但成功地以另一种方式推动了人们对一个人的脸部与头骨有关的理解。在一位法国外科医生的协助下，他往实实在在的头骨上浇了一层蜡，扯下"皮肤"，露出面部肌肉，由此得到的半腐烂面部彩色模型，还有蝇蛆从鼻子里往外爬，看起来却不像真正的人。

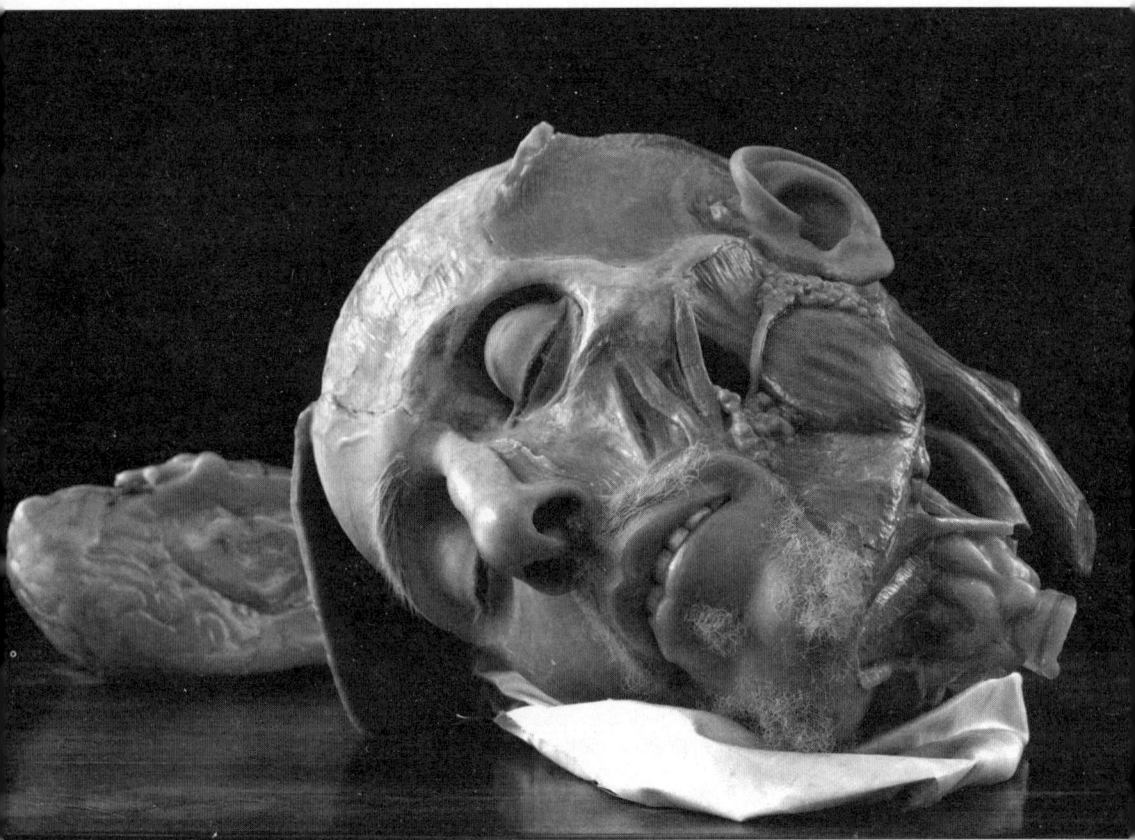

一老年男子覆满蜡油的头部模型，由 17 世纪
的雕塑家朱利奥·宗博制作而成。宗博制作
了许多栩栩如生的解剖模型；在本例中，他
将多层彩色蜡油逐层覆盖到真实的头骨上。
供图: Bridgeman Arts

在 19 世纪，随着我们对人体运作的理解愈来愈深，面貌复原也逐渐成为一门严谨的学科。早期从业者缺乏既有的解剖学法则来遵守，于是开始着手去制定法则。德国和瑞士解剖学家、雕塑家鼎力合作，以解读面部与头骨之间所存在的关联。

1894 年，在莱比锡，考古学家挖掘出一具骨骼，他们认为其属于约翰·塞巴斯蒂安·巴赫（Johann Sebastian Bach）。他们请解剖学家威尔海姆·希兹（Welhelm His）来证实这一想法。他采用一种自创的方式，即搬来 24 具男尸和 4 具女尸，在他们面部的显要位置摆上几块胶皮。他用蘸了油的针穿过每一块胶皮——代表皮肤所在高度——再穿过面部，直至顶到骨头。然后再拔出针，测量一下针尖到胶皮的长度。这就是世界上最早的软组织厚度测量法。他给测量结果取了平均值，然后在一位雕塑家的协助下，开始在头骨上堆积陶土，以与平均值相匹配。由此而制成的模型，与当时的巴赫的形象极度相似。

由于威尔海姆·希兹对音乐家巴赫当时的肖像十分熟悉，其面貌复原的科学价值就大打折扣，但他的针和胶皮技术却有着经久不衰的价值；他所测量出来的数据前后极为一致，如今依然被人所采用，不过面貌复原学家认为，近些年来，西方人的面部越来越臃肿。1899 年，科尔曼恩（Kollmann）和雕塑家布奇（Buchy）利用该技术复原了一位新石器时代妇女的面部。这位妇女居住在瑞士欧韦尼耶的一座湖边，被看做是第一个遵照科学程序进行的面貌复原，原因在于科尔曼恩的模型是基于大量软组织测量结果的。这些测量结果取自当地的 56 具男尸和 99 具女尸——20 世纪 70 年代，理查德·尼夫重建木乃伊兄弟的面部时，采用的正是这些数据。

随着 20 世纪往前推移，面貌复原技术也在不断进步。人类学家米哈伊尔·格拉西莫夫（Mikhail Gerasimov）研发出了当今所谓的"俄罗斯方法"，即更关注肌肉结构，对组织厚度测量则关注较少。他做成肌肉模型，一根一根地放到头骨上，再盖上薄薄一层陶土，当做皮肤。他总共复原了超过200个古人面部——包括伊凡雷帝的面部，还曾参与过150宗鉴证案件。1950年，他在莫斯科的苏联科学院建立了整形复原实验室。这个实验室如今还在运作，并为业界做出了重大贡献。

医学科技的发展也催生了面貌复原领域的重大发展。给活人进行X光和CT扫描成为数据的重要来源。在20世纪80年代之前，所有的测量都是在尸体上进行的，准确性难免会打一些折扣。人死后，细胞壁会马上开始破裂，引起体液退回到脑中、脸上，以减少其充实感。另外，正如美国面貌复原学家贝蒂·加特里弗（Betty Gatliff）所说："人死的时候，不会往上蹿，只会往下躺。软组织会移位。"活人的脸部、头骨的三维模型向来是复原学家的圣物，CT扫描得出的厚度测量结果则更广泛地为人所接受。因此，面貌复原如今已经更加精确——因而更令人信服。

当犯罪现场线索、失踪人口档案和DNA、牙科病历等鉴证证据都对辨识头骨于事无补的时候，调查员就会招来鉴证美工师。如果调查员不知道要辨识的人是谁，就只能期望公众里有人认识，罗伊娜·里克斯和阿德南·埃尔-塞恩就是两个范例。复原了的面部是辨识工具，能够激起人的记忆。严格来说，它并非"鉴证"，原因在于面貌复原本身并不为法庭所接受。只有在受害者家人联系了警方之后，辨识的鉴证程序才会启动。

但为什么一张脸会是它看起来的那般模样呢？它是如何成为辨识方式的呢？我们倾向于把面部看做社交工具，所以当我们想无礼地开除别人时，会跟他们说"我不听，懒得理你"，或者直接转头。事实上，我们的面部进化主要是为了功能性。眼睛长在头部的前方，使得我们有了视觉重叠区，从而有一种景深感觉。我们的嘴唇和颌骨进化得完美无缺，可以用于咀嚼、吞

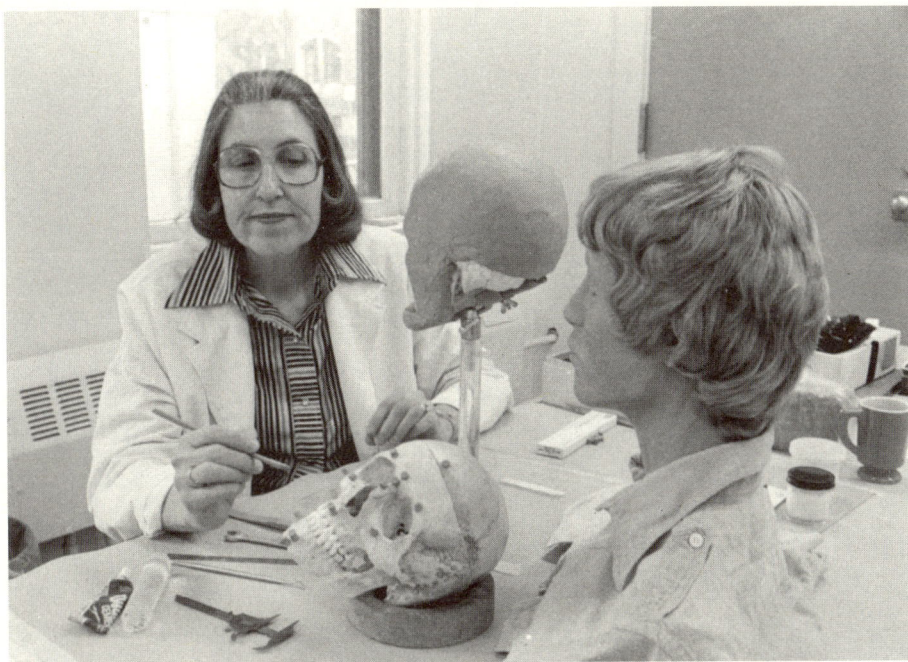

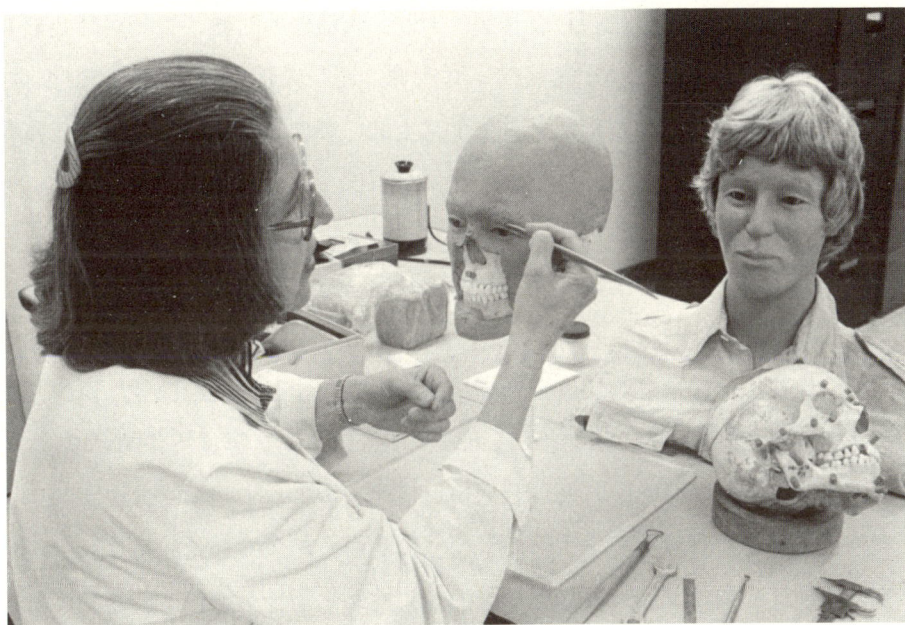

贝蒂·P. 加特里弗正在给 1980 年 7 月被连环杀手约翰·W. 盖西杀害的 9 名身份不明的受害者之一做面貌复原。复原后的头部被媒体发布，以期辨识这些受害者。在她右边，分别是一个已完成的复原和一个覆有橡胶的头骨，这些橡胶表明了人体面部组织的平均厚度。供图: PA Photos

咽、呼吸和讲话。头部两边各长一只耳朵，有助于我们定位声音来源。但也还存在着一些其他因素。在早期社会里，家族相似性强化了部落内的忠诚，而在后来以下巴遗传性畸形著称的哈普斯堡王室等朝代，也同样如此。

脸形取决于头骨的 22 块骨头。这些骨头的复杂形状，再加上与之连接的肌肉的辅助作用，就是人脸不同的原因所在。对这些骨头和肌肉所组成的无数种变化进行了解，正是面貌复原的开端。

为了推断出某人眼睛的形状和独特特征，鉴证美工师会测量一下眼眶的深度和眉毛的形状。嘴唇的形状和贴合方式要从牙齿的大小和位置来推断。耳朵和鼻子的推断难度较大，因为人死后，软骨会腐烂。我们只能推断出耳朵所在的位置，是否打有耳洞；不过，人活着的时候，每一对耳朵都如指纹一样独一无二。鼻子是扁的、鹰钩鼻，还是像猪那样上翘，这都很难判断。但"鼻骨"能让解剖学家对位于其上的"鼻肉"了解颇多。例如，鼻骨底部翘起的那块骨头——鼻脊——通常只有一个尖。如果有两个尖的话，鼻端就会略微分开。

基于头骨的面貌复原只能抛开头发、瞳色等重要区分因素来进行，至少目前是这种状况。遗传学家最近研究出如何从 DNA 中识别 19 种不同的瞳色。但提取这种信息的代价十分高昂——远远超出了分配给面貌复原的开支，就连谋杀案也不例外。DNA 还可以揭示发色，但就算这笔花销可以忽略不计，对于美工师而言，它的可利用价值也是有限的。卡洛琳·威尔金森说道："今年，我给我的所有学生都拍了照。仅有两人的头发还是原色。我今年 48 岁，估计我的朋友们大多都不知道我的头发原来是什么颜色。就连我自己都记不太清了。"所以大多数美工师会回避这个问题。他们不着痕迹地模糊处理模型的头发（和无法预测的耳朵）。然而，总体结果依然可以那么令人不可思议，这通常是由于 CT 扫描提供的软组织厚度数据特别准确。模型与真脸相似度越高，某人辨识出他们所爱之人的几率就越大。2013 年，爱丁堡的一桩大案就证明了高度相似所起到的作用。

4 月 24 日，菲洛梅娜·邓利维从都柏林离家来到爱丁堡。她时年 66 岁，身体轻盈，不爱说话，此行的目的是探视长子谢默斯。在他位于贝尔格林路的公寓里，两人开始拉起家常。谢默斯谈起他最近在爱丁堡电车交通网做的苦力，菲洛梅娜则讲讲他四个兄弟姐妹的新鲜事。可谢默斯行为有些诡异，先是心不在焉，接着又躁动不安。

菲洛梅娜警觉起来。她跟儿子说要在爱丁堡四处转转，暗地里却去了波托贝洛警察局。她问警察局的警员，哪里可以找到便宜的房间。她说："我不想在儿子狂躁症发作的时候和他待在一起。"几天后，谢默斯给身在都柏林的父亲打电话说，母亲已经动身往家赶。她再也没回到过家。

6 月 6 日，一个 24 岁的滑雪教练到爱丁堡克斯托芬山自然保护区骑行。天气炎热，他决定停下来，找个地方歇一会儿，避避暑。他推着自行车沿一条小道正走着，突然看到泥土里有一排白得刺眼的牙齿闪闪发光。这排牙齿处在一个断头的遗骸上，皮肉大多已腐烂，喜食腐肉的苍蝇嗡嗡乱飞。

在露出发光牙齿的那个浅浅墓穴里，鉴证人类学家詹妮弗·米勒（Jennifer Miller）挖出了两条被砍下的腿和一个人体躯干，她认为这是一个 60 岁上下的女性。她发现，闪闪发光的牙齿是昂贵的牙齿美容的结果。她从尸体上摘下来的一枚戒指是传统的爱尔兰克拉达（Claddagh）戒指①。掌握了这有限的信息后，警方用了几周时间来比对失踪人口名单。

---

① 克拉达戒指是爱尔兰的传统婚戒，是爱尔兰文化遗产的一部分，象征着爱情、友谊和忠贞。

最后，他们请卡洛琳·威尔金森来进行面貌复原。她先是对头骨进行 3D 扫描，然后在电脑上填充软组织，从而完成了面貌复原。所得的图片传遍了欧洲的警察机构，还在 BBC 的法制节目《犯罪观察》（Crimewatch）上展示过。《犯罪观察》的主持人还提到了那枚克拉达戒指，这使得都柏林的一位家庭成员更加断定此人就是菲洛梅娜。卡洛琳所制作的图片的相似度无比准确，牙科病历更是将尸体的身份板上钉钉。

几天后，谢默斯被捕，因谋杀其母被起诉，而他矢口否认。

陪审团不相信他的话。相反，他们接受检方的说法，即菲洛梅娜在和警方谈话后的某个时间，又回到了谢默斯的公寓里。在那里，她被谋杀。病理学家发现，她的颈部小骨受损（通常说明有窒息行为），头部和断裂的肋骨上都有伤痕。谢默斯锯掉了她的头和腿，但这些伤痕是在死前还是死后形成的，人们无法判断出来。《苏格兰先驱报》（Herald Scotland）的一位记者所报道的一种可能性令人胆寒："儿子锯掉她的腿时，菲洛梅娜·邓利维可能还活着，只是昏迷不醒。"至于她死时的具体情形如何，将永远是一个谜团了。

我们只知道，之后谢默斯把肢解了的母亲遗体装进手提箱，带到克斯托芬山上。他用铁锹挖出一个浅坑，把母亲扔了进去。正如鉴证专家常常跟我们说的那样，相较于有效地处理尸体所遇到的难度，杀人算容易的了。两个月后，她的尸体重见天日，成为他被定罪的关键证据。检察官称这件案子的"一个个证据汇聚到一起，就像线缆里的一缕缕丝线一样"。2014 年 1 月，谢默斯·邓利维被判谋杀，这很大程度上都是卡洛琳·威尔金森的功劳。

这样迅速的受害者身份辨识并不是常有的事。1987 年 11 月 18 日，在伦敦最繁忙的火车站——国王十字街车站，一个烟蒂引燃了木质扶梯下的一堆垃圾。火势迅速高涨，燃成一个 600℃ 高温的火球，沿着扶梯冲到了上方的地下售票厅。

几百人被困在国王十字街 6 条地铁线路构成的错综复杂的隧道里。有些人走扶梯来躲避地下的黑烟，结果却被活活烧死。有些人使劲撞门，希望登上那些未作停留的列车。待到消防员终于扑灭大火之后，他们找到了 31 具死尸。

在接下来的数日和数周时间里，警方成功地辨认出其中 30 具尸体的身份，仅剩一名中年男子的尸体。理查德·尼夫被请来给这个面部被火球严重烧蚀的男子进行面貌复原。他在鼻子和嘴部周围找到一些组织，这些都有助于他预测面部在该位置的形状。他还拿到了特别详细的档案，其中列出了受害者的身高、年龄和健康状况。

国际刑警也被请来帮忙，还在遥远的中国和澳大利亚也进行了调查。英国所有的主要报纸都刊登了理查德·尼夫做出的面貌复原图，上百人打电话过来，声称这是他们圈子里的失踪者。但明确的匹配结果最终无法确定。与此同时，这具尸体被埋在了伦敦北部的一个墓地，墓碑上写着"无名氏"。

1997 年，中年苏格兰人玛丽·雷希曼对失踪的父亲亚历山大·法隆发起问询。1974 年，妻子去世后，法隆的人生一片昏暗。他无法应对日常生活，房子也卖了，只能和其他的无名无姓、无家可归的流浪汉一起，在伦敦的大街上风餐露宿。玛丽和妹妹早就怀疑国王十字街火灾中的无名受害者可能是她们的父亲，但她并没有抱太大希望。火灾发生时，他父亲 73 岁，身高 5 英尺 6 英寸，而尸体解剖则认为死者年龄在 40—60 岁之间，身高为 5 英尺 2 英寸。但这具尸体和亚历山大·法隆一样，都有严重的烟瘾，另外，它的头骨里还留着脑部手术的金属夹。玛丽·雷希曼发起问询的时候，警方以为他们跟另外一个失踪男子休伯特·罗斯匹配上了，于是就没再管她。接着到了 2002 年，伦敦北部举办了一个宗教仪式，以纪念大火受害者逝世 15 周年。这促使玛丽·雷希曼再次向警方问询。

2004 年，理查德·尼夫看到了玛丽·雷希曼父亲的照片。他翻遍了自己的记录，寻找着神秘受害人头骨的照片以及自己制作的陶土模型。他对比了正面和侧面照片，立即就发现了其中的相似性——二者的颊骨都很突出，薄嘴唇，双眼之间距离相似，从嘴角到下巴延伸出同样的笑纹，不过照片中男子的鼻子比模型的大。加上牙科病历和打入金属夹的那位脑神经外科医生的佐证，国王十字街大火的最后一位受害者终于被确认为亚历山大·法隆——距他死亡已经过去了 16 年。

理查德·尼夫制作的亚历山大·法隆面部模型引起了其女玛丽的问询，这正是它的作用所在。其他因素，包括纪实证据，都有助于辨识，并且无需再进行令人痛心的掘尸工作。另外，正如玛丽·雷希曼所说："如今，有一件事让我们确定父亲就是那场火灾的受害者，就是，我们在警方的协助下，确保火灾发生后，不会以他的名义提高福利金。如果我父亲还活着，有哪里给钱的话，他肯定第一个排队。"

如果国王十字街火灾发生在今天，亚历山大·法隆的面部将会采用电脑来复原。数字模型尚未取代陶土模型——在邓迪大学教书时，卡洛琳·威尔金森仍然会用陶土模型来教授学生——但如今 80% 的司法面貌复原都是由电脑来完成的。

首先，卡洛琳要给头骨进行三维扫描，通常会用到 CT 扫描仪，然后把得到的模型导入图片编辑程序中。接着，她从许多基本的肌肉模板中选择一套，覆盖到头骨上。现在，卡洛琳手动稍微调整肌肉——点击、拖拽、

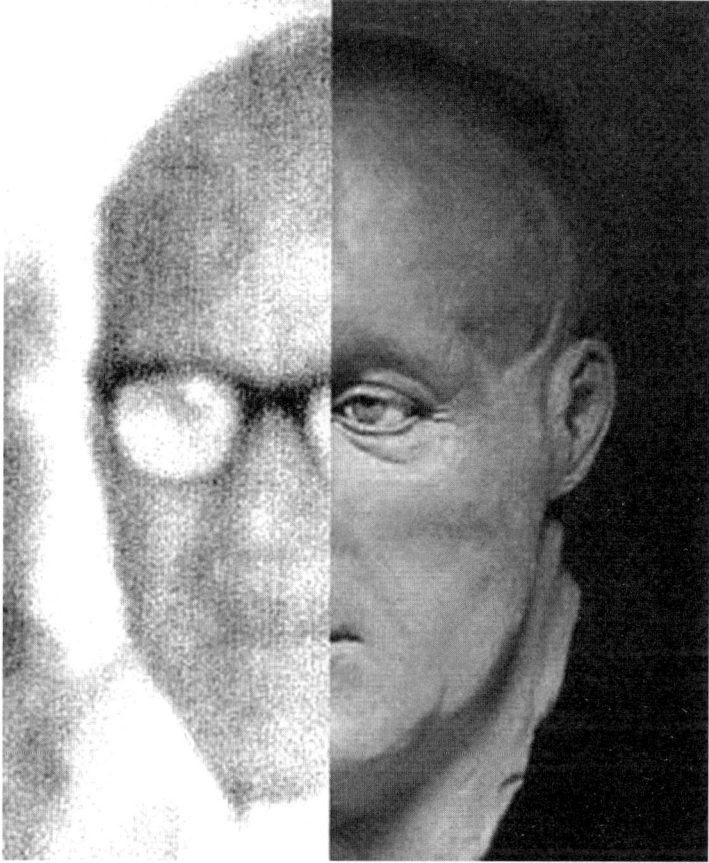

国王十字街火灾受害者之一亚历山大·法隆的照片，
与之对比的是利用其遗体制作出来的面貌复原。
供图·PA Photos

点击、拖拽——与陶土铸模时使用的是同样的标准厚度。电脑建模比陶土铸模快，原因在于模板已定，卡洛琳不必每次都从头开始。但速度也并不能提高很多，添加皮肤、眼睛和头发，然后再使它们具有纹理感，这些都耗时极长。

但除了速度以外，电脑建模法还有其他优势。卡洛琳可以改变多个元素，如肤色和发色，然后打印出一摞可能性比较大的照片，供调查员查看。三维扫描使得复原师能够看到头骨的伤痕，如榔头击打的痕迹，而且比石膏铸模看得更清楚。给伤口和凶器准确建模后，人们就有可能为当时的事件和面部建模，之后就可以用做法庭证供。如果有人认出复原的模型，发来一张失踪的所爱之人的照片，美工师就可以扫描下来，再叠印到头骨上。这就是1935年拼图杀人案中的巴克·拉克斯顿医生之被捉拿归案时所采用的技术的数字版本。

颅面建模师不仅会用电脑模拟一张脸曾经是什么样，还会模拟它现在会是什么样，失踪人口案件中更是如此。"衰老"过程在很大程度上可以实现自动化。人越老，耳朵就越长，其增长速度大致可以预测，各种计算程序能够绘出脸庞衰老过程中基本的下垂与膨胀。但衰老过程的照片很大程度上取决于美工师的直觉和经验，这些人会盯着人变老的过程的照片，从中找出基本趋势。美工师使用年纪较大的兄弟姐妹的照片作为指导，调整图片，以反映出目标人物可能怎样生活，然后再添加独一无二的衣物或面部毛发。雀斑等细部也可以手动添加。对于卡洛琳·威尔金森来说，"最难应付的是肤色、颜色、胖瘦以及是否有皱纹"。

寻找失踪人口的努力还可能被跟衰老无关的面部变化所阻碍，这一点可能受到像栽植面部毛发这样简单的技术的影响。拉多万·卡拉季奇（Radovan Karadžić）是前波斯尼亚塞尔维亚政治家，被前南斯拉夫国际刑事法庭以

1995 年的战争罪起诉。除了其他专制行为外，卡拉季奇被控在 1995 年下令进行斯雷布雷尼察大屠杀，导致 8000 名波士尼亚人遇难。被起诉后，"波斯尼亚屠夫"玩起了失踪，他理了发，蓄起了胡须，穿上牧师长袍，过上了流浪生活，在各庙宇之间窜来转去。

　　卡洛琳·威尔金森被请来制作卡拉季奇的衰老过程画像。她画出来的脸形与他本人别无二致，只是在胡子方面略有差异。他搬到了贝尔格莱德（Belgrade），长发扎成马尾辫，戴着大方眼镜，留着一把浓密的白胡子。他自称"灵魂探索者达比奇"，伪装成人类量子能量专家，在一家替代医学（alternative medicine）诊所工作，经常公开演讲。但这些衰老过程画像为捕获卡拉季奇提供了新的动力。2008 年，即卡洛琳发来照片一年后，他被塞尔维亚安全部队逮捕，然后引渡到海牙接受审判。目前该案依然在审理之中。

"波斯尼亚屠夫"（Butcber of Bosnia）。左起：1994 年的前波士尼亚塞尔维亚领导人拉多万·卡拉季奇；以战争罪被起诉后，逃脱追捕期间的样貌；2008 年 7 月，在海牙前南斯拉夫国际刑事犯罪法庭上的样貌。他总共被控 11 项种族灭绝、战争罪和人道主义犯罪。

计算机也常常会帮鉴证美工师辨识出不太罪大恶极的罪犯。他们分析监控录像视频，再将其中的图片与嫌疑人相对比。当犯罪分子面对视频中模糊不清的自己依然不肯轻易开口坦白——这是常有的事——那么就难以百分百地确定犯案的就是他们。即便视频的质量较好，凭目观来辨识一张不熟悉的脸是十分不可靠的程序。计算机化面部图片对比则是比较靠谱的选择。其中一种方式是把视频中的一个静态画面叠加到嫌疑人照片上，不过由于罪犯常常不会正视镜头，这样做会显得有些古怪。另外一种技术——过去15年来一直被英国法庭所采用——叫基于照片的人体测量学。这种技术指的是对比两张面部照片上突出点的相应距离和角度。但这项技术并不完美。即使说要嫌疑人按照视频中那样摆出姿势，还是有一大批复杂的变量需要考虑，比如距离摄像头的远近、摄像头的角度和定位朝向。

我们见识过鉴证美工师如何用头骨辨认死者，从照片中辨认失踪人口，从视频中辨认通缉犯，他们的工作的另一个重要方面就是根据目击证人的口述来描画通缉犯。从历史上看，这个工作属于素描师，他们要把目击者时常恍惚模糊的回忆转换成嫌疑人的图像。但在20世纪80年代，肯特大学的研究员们协助研发了一种替代方式，称为E-FIT（电子面部识别技术）。如今，全世界的警察机构都在使用E-FIT，它也常常出现在各种媒体上。为了制作出通缉犯画像，目击者要面对一大堆由电脑生成的面孔，然后点击选择与他们所见到的人最像的那一个。之后，他们会看到另一组更加精细的面孔。如此一来，照片就得到了改善，直到它能相对地更接近目击者记忆中的那个人。

最初，面貌复原是让我们直面历史的一种方式——如今也以同样的目的在使用它。2012年，人们在莱斯特市的一家停车场下面发现了一组骨骼。有人怀疑这是理查德三世的遗骨，即英格兰金雀花王朝的最后一个国王。他于1485年在附近的博斯沃思原野战役中战死，之后被埋葬在当地一间教堂里。

理查德三世协会组织了一个团队，前去调查这些遗骨。科学家开始分析DNA样本，并对头骨进行了三维扫描。他们将数字头骨发给卡洛琳·威尔金森，后者开始着手制作国王的面部，同时避免看到现有的肖像画，以防对科学进程产生阻碍。她和她的团队利用立体光刻——一种电脑进程，移动的激光束逐层打在遇激光就变硬的液体聚合物上，形成结构——给肌肉和皮肤构建了模型。

当DNA结果返回并与国王的后代相匹配时，卡洛琳最终将她的模型与肖像画做了对比。二者惊人地相似，都有着高耸的鼻子和突出的下巴。"看着不像暴君，"理查德三世协会的菲利帕·兰利（Philippa Langley）如是说，"不好意思，可就是不像。他帅气逼人，感觉和蔼可亲，仿佛现在就可以跟他对话一般。"

卡洛琳对于自己的理查德三世复原工作感到十分自豪。"我们的面貌复原技术用活人盲测过许多次，我们知道70%的颅面误差不到2毫米。"她说道。为了达到这样的准确度，卡洛琳要站在所有的面貌复原先辈肩膀上，从朱利奥·赞博，到威尔海姆·希兹，再到理查德·尼夫，但正是她个人对艺术的痴迷和观察力，才使得她能够如此高效地进行面貌复原。她称自己"非常不适合出去约会，因为如果要看电影的话，我会一直说，'噢，看他的耳朵，看他的鼻子，多俊啊！'大家伙就会说'闭嘴！只看别吭声行不'。坐火车的时候，我通常会拿出手机，偷偷拍些照片。我会拿出来iPad，假装在看东西，然后借机拍照片。我真是太坏了。"

"只要是到海外旅行（主要是做考古工作的时候），我都会收集一些摄影肖像书。我去的那些地方，他们的摄影书是网络上找不到的。所以如果去埃及的话，我会买一本埃及人脸图画书等等。所以我现在拥有一个巨大的面部数据库，可以用来指点我们如何去做。"

正因为能接触到全世界这样广泛的脸谱，当今的鉴证美工师才能成为比列奥纳多·达·芬奇更加有用的艺术家—解剖学家。将科学应用到艺术世界，死者才有可能给我们讲述另外的故事。

10

科技与应用：数字取证
DIGITAL FORENSICS

网络的出现使疑案小说情节设置变得更加困难，原因在于侦探和读者所能获取的信息太多太多了。如果一个侦探笨到在任何侦察中都无法踏出最显然的一步，即上网搜索相关信息，那么读者就不会对他保有长久的兴趣。

杰弗瑞·巴洛（Jeffrey Barlow），
贝尔格伦德网络研究中心

安格斯·马歇尔（Angus Marshall）及其妻子都是鉴证科学家。每当晚宴聚会的时候，人们都会猜测他俩整天都待在太平间解剖尸体。雪莉·马歇尔（Shirley Marshall）一提起自己的 DNA 工作基本上完全是在实验室进行时，他们很快就兴味索然了。安格斯更是给他们头上浇了一盆冷水："论起切肉啊，其实就是做饭的时候，或者修车的时候，当然后者是出了意外。"

上学的时候，为了能接触到电子设备，安格斯加入了无线电俱乐部。有一天，一位数学老师带了微电脑给全班看。"这导致了电脑俱乐部的成立，也导致了我的'衰落'。自 1983 年左右以来，我就没再看清楚过阳光。"

毕业后，安格斯成了一名电脑科学家。在赫尔大学，他就职于网络计算机中心，而这个名字让个个黑客都无法抗拒。有一个黑客甚至切断了整个大学主园区的网络连接。安格斯着手追踪这个黑客，顺着他的 IP 地址，成功地找到了他在阿姆斯特丹的街区地址。这些小把戏似乎微不足道，但安格斯对于自己坚持不懈得来的结果十分自豪，并且向英国鉴证科学协会提交了一份调查报告。这样一来，当一件更加严肃而令人不安的案件发生时，他们就知道该找谁了。

31 岁的简·朗赫斯特住在布莱顿，并在这里担任特教教师。她留着一头干净利落的披肩栗色长发。认识的人都说她性格温良，热情开朗，当地管弦乐队——她在乐队里拉中提琴——的朋友更是对她赞不绝口。2003 年 3 月 14 日，星期五，天色尚早，简一如往常地跟男友马尔科姆吻别。

当晚，马尔科姆回到家，却发现她不见了，于是很快担心起来。简是个很靠谱的人，凡是有什么打算，她都会告知别人，以免他们担心。半夜时分，马尔科姆因她的失踪而深感忧虑，于是打了 999 报警。警方最初将简的失踪定性为一般的失踪人口案，但在五天后，他们将之转变成为重大凶杀案调查。跟简有业务往来的银行说，自从周五以来，她的银行账号都没有任何活动迹象。通信网络供应商说她的手机一定是关机了，因为它一次都没有与他们的发射台通信过。

经过了一个月的搜寻，在 70 名警员的努力和无数报纸的呼吁下，简的尸体在 4 月 19 日被人找到。她被人遗弃在西苏塞克斯郡的一个树木茂盛的自然保护区内，尸体遭到过焚烧。路过的人看到了火焰，然后叫来了消防队。找到尸体的那位消防员注意到一条尼龙紧身衣深深地勒进了简的脖子里。犯罪现场调查员搜索了周边区域，找到了一根火柴和一个汽油罐。

简的身份辨认要看牙科病历。两个病理学家检查她的尸体时发现，紧身衣在简的脖子上缠得特别紧，导致皮肤破裂，引发了出血。数天后，警方逮捕了格拉汉姆·库茨——挨家挨户推销清洁产品的推销员——并指控他谋杀简。简有个弹吉他的男朋友，此人是他的至交，跟简相识已有五年之久。

面对病理学家的报告和微迹证据，库茨先是沉默不语，但最终承认杀了简。他告诉警方，他本来安排带她去当地的休闲中心游泳，却把她带回自己的公寓去喝茶。在公寓里，两人同意发生窒息式性行为，他把紧身衣缠到简的脖子上，一边收紧绳结，一边自慰。他达到高潮后，看了一眼她的身体，"惊恐地"发现她已经没有了生命迹象。接着，他把她的尸体放进一个硬纸板箱子里，然后搬到花园工棚内。

简失踪 11 天后，警方前来走访库茨。他们想盘问她认识的所有人，以寻找线索。那时候，他觉得应该把她的尸体抱到附近大黄储物设施①的一个房间里，为此付钱拿到了一把"全天候"可用的钥匙。接下来的 3 周时间里，他先后 9 次前来查看简的尸体。等到尸体腐败的味道过于浓郁时，他于 4 月 17 日再次挪动她的尸体，搬到自然保护区后，向她的遗体放了一把火。

调查储物柜时，警方找到了简的手机、钱包、泳装和库茨的一件衬衫，上面沾着她的血迹。他们还找到了一个内含他精液、外侧含有她 DNA 的安全套。警方搜查了他的公寓，带走了两台电脑。安格斯·马歇尔与警方的计算机犯罪小组一起处理这两台电脑，同时压制着内心里对库茨被控的行为的厌恶之感。

在法庭上，辩方辩称，库茨仅犯有过失杀人罪，还请鉴证病理学家迪

---

① 大黄储物设施（Big Yellow Storage）是英国著名的自助存储设备商。

因谋杀简妮·朗赫斯特而被定罪的格拉汉姆·库茨被闭路电视拍到。他正在从她死后数周被放置的储物室里往外移动她的尸体。
供图: Rex Features

克·夏泊德（Dick Shepherd）前来作证。他说，在窒息性行为过程中，由于脑神经中的迷走神经遭到抑制，有可能造成人的迅速死亡，时间通常在一两秒钟之内。检方病理学家威斯纳·久洛维奇（Vesna Djurovic）对这种可能性予以驳斥，且认为人窒息而死需要 2—3 分钟时间——这段时间足以让库茨明白自己的所作所为。

库茨的前女友之一证实，在两人持续了五年的恋爱关系中，他曾在多个场合对她部分扼颈。简的两位前男友则证实与她的性爱尚属正常。在检方交叉询问时，库茨承认自己痴迷于女人的颈部，而且这是他第一次和简发生性关系。

对于安格斯来说，这件案子从感情和职业上看，都是非常棘手的。他从"相对微不足道的黑客案件被推到了恐怖的谋杀案的风口浪尖。我永远不会忘记这件案子"。这个案件改变了他的职业轨迹，也让他得以看清人们为了免于处罚能做出些什么事，还有人在努力防止这些人免受处罚。他从中学到了许多教训："我被两位出庭律师交叉询问。他们对有些概念不太理解，问问题的方式也不对。所以法官介入，因为他比他们两个更了解技术问题。"

不幸的是，法官向安格斯询问了一个有关储存在用户本地终端上的数据——存储在你的电脑上的微量数据，当重新访问网页时，这些数据会与网站传输——使用问题。这个问题吓住了陪审团。"他们开始向法官传纸条，希望了解如何才能保护自身，不让配偶和其他家庭成员看到自己的网络行为。"法官肃清秩序后，安格斯开始呈递证据。

他在库茨的两台电脑上找到了 800 余张色情图片，其中 699 张都是被扼颈、窒息或绞杀的女子。其中一张图片上显示一个圣诞老人扼着一个女孩的颈部。除了找到这些图片外，安格斯还将库茨的网络行为时间线拼凑了出来。他一直在访问暴力色情网站，如"美妞之死"（Necrobabes）、"窒息死亡"（Deathbyasphyxia）和"女吊死鬼"（Hangingbitches）等。简死前几周，他的访问频繁度大大提高，还付钱购买了"死亡俱乐部"和"残暴的爱"等网站的会员。在简死亡前一天和她的尸体被发现焚烧前两天，他的访问量和下载量达到顶峰。

格拉汉姆·库茨谋杀罪成立，被判终身监禁。安格斯回想起法官对于"其电脑中发现的证据，揭示了他的正常行为模式和谋杀当天这种行为模式的完全缺失"的重要性的评论。自该案以后，安格斯就把理清时间线证据当做了第一要务。

暴力罪犯通常会留下自己思想走上邪路的数字痕迹。在走上邪路的过程中，网络是否对他们起到了鼓励作用？无论何时，网络上总会存在着大约 10 万个"咸湿"网站，传播杀戮、食人、恋尸和强奸等行为的图片与视频。英国和美国政府都已采取措施，打击此类网站——不过，相对于冰岛尝试彻底禁止网络色情，这些都只是试探性措施而已。

无论官方多么警觉，问题在于一个站点被关闭后，常常又会立即换个域名重新开张。找出这个问题的根源，追踪暴力色情的制作者，都需要一定层次的组织和国际合作，但这一点到目前为止并未实现。有些人说，贩卖暴力色情内容的站点之所以存在，仅仅是因为人对此有需求。站点与需求之间的关系仍然需要研究和阐明，但如果说二者之间没有关联，似乎又有些自欺欺人。究竟是这些网络图片引发了极端行为，还是仅仅反映了现实，有一点是无可置疑的，那就是暴力性犯罪者利用这些东西给自己的幻想助燃。

2013 年 5 月 26 日，23 岁的杰米·雷诺兹发出一条短信："我很兴奋，别迟到。"他和 17 岁的乔治娅·威廉姆斯——一个警探的女儿——约好，要她到他位于什罗普郡威灵顿的家里为一个色情项目试穿几件衣服。雷诺兹没告诉乔治亚，他策划这个项目已经好几个月了。

她到了之后，他叫她穿上高跟鞋、皮夹克和皮裤子。他拍了一些照片，然后让她站在楼梯平台的一个红色回收箱上。他在她脖子上系了一根绳索，另一端则系在上面的阁楼入口处。他拍了一张照片。至此，根据后来看到现场的警员描述，乔治娅看起来"开心"而且"顺从"。接着，雷诺兹踢走了她脚下的箱子。根据她后腰上的一块淤青，一位病理学家判断，他曾用膝盖往下压着她，以加速窒息。随后，他又性侵了她的尸体。

　　警方搜查雷诺兹的电脑时，从中发现了大量合成照片。他从 Facebook 上找来一些无辜女孩的头像，再粘贴到跟激烈性行为有关的尸体上。他们找到了 72 个暴力色情视频，17000 多张图片，还有雷诺兹写的 40 篇奇幻小说，其中一篇名为"震惊的乔治娅·威廉姆斯"。雷诺兹在犯罪前、犯罪过程中和之后都给受害者拍过照片。由于这些材料过于压抑，检方律师要求不在法庭聆讯过程中出示，仅由法官一人查看。由于乔治娅父亲所称的"超乎想象的可怕行为"，雷诺兹被判终身监禁。

　　个人电脑和智能手机的全球扩张，使格拉汉姆·库茨和杰米·雷诺兹之流沉迷于色情幻想变得更加轻而易举。但大多数人使用网络是为了做一些相对无害的事情（虽然在库茨案中，法官对安格斯关于网络数据存储的解释所做出的反应，可能说明人们的目的恰恰与此相反）。罪犯也同样会用网络来做一些普通的事情。他们写邮件给家人，通过网络零售店购物等等。可一旦踏上违法的道路，他们就会留下足迹，像安格斯这样的鉴证数字分析师从中能解读到的远远超乎他们的想象。

　　当今个人设备普及是从一小部分人开始的。在 20 世纪 80 年代早期，鉴证数字分析师主要是协助警方调查侵犯版权案件——例如小孩子们往自己的雅达利游戏平台里拷贝游戏——和商业欺诈行为。硬盘存储量在当时是极小的，专家通常要浏览完硬盘里的所有文件，直到找出能用于定罪的证据。"电脑最初是比较蠢的设备，"安格斯说，"跟如今我们所见到的复杂性、交互性不能相提并论。"

直到 20 世纪 90 年代中期，电脑才通过拨号"电子公告板"（BBS）的形式连接起来，这就是万维网的前身。人们通过电子公告板跟其他极客（geek）聊聊自己遇到的技术问题，或者找人帮忙打完一场游戏。利用新发现的能力来探索作恶可能性的人也有，但大多数人只是对这些可能性感到兴奋而已。想要参与其中，你必须得具有一定的技术，而且通常要亲手打造相当一部分工具。

但计算能力不断地以指数级增长。微软公司推出 Windows 95 的时候，也为普通人打开了万维网。至此，警方开始严肃对待数字鉴证，他们和安格斯一样，都意识到"罪犯总是特别擅长采用新技术"。2001 年，内政大臣杰克·斯托（Jack Straw）成立了英国国家高科技犯罪调查部门。部门成立时，他说："新科技给合法使用者带来了无穷的裨益，但也给罪犯提供了契机，从商业欺诈到娈童癖的罪犯，无一例外。"国家高科技犯罪调查部门将主要针对数字革命所产生的新型犯罪（如黑客）和它所推动的旧式犯罪（如跟踪）。

2006 年，该全国性的调查部门被地方部门所取代。如今，在犯罪现场，是否要动用所带队伍中的高科技犯罪调查小组来查看数字材料，都由高级调查官员来决定。"以 DNA 为例，"安格斯解释道，"如果有目击者证词、指纹和其他证据，他们往往不需要再做那个昂贵的分析。但对于跟踪和引诱等行为，他们就得动用高科技犯罪调查小组了。"如果一个调查小组不具备分析数字证据的能力或专业技能，高级调查官员将会请来安格斯这样的独立调查人员。到那个时候，"常规工作通常已经都完成了。大多数时候，调查员都想迅速知道棘手问题的答案，所以我会在调查过程中临时设计和发明新技术"。

这种临时设计方法在最近的一起虐童案中就有应用。被告人——暂且称之为大卫——因多起娈童案被起诉。其辩护策略是质疑关键证人——其继女"萨拉"——的证言真实性。他声称，与这个 14 岁女童发生性关系的不是他，而是她在 Facebook 上瞎聊的男孩子们。为了证明自己的说法，大卫从他安装在萨拉电脑上的"键盘记录器"上生成了数据。所谓键盘记录器就是一个隐藏程序，它能悄悄地记录电脑用户的行为。每当萨拉敲字或点击浏览器上的东西时，键盘记录器就会截屏——保存电脑屏幕上的一切内容。大卫定期下载了这些截屏图片。他呈递给法庭的一些照片显示了萨拉和少年朋友"弗雷德"在 Facebook 上的不雅聊天会话，但两人极力否认曾有过这段对话。

安格斯通常会检查嫌疑人的数字生活，而非受害者的数字生活。但在该案中，要佐证或证明大卫的证词无效，最好的办法就是查看萨拉的电脑。他在上面没有找到萨拉与弗雷德聊天的证据，但这并不证明这段对话就没有过。"一般来说，如今 Facebook 不会在硬盘上留下踪迹。一切都保留在浏览器上。"安格斯解释说。他在电脑上确实找到了键盘记录器，但那段对话的截屏图片却不存在。这也不能证明什么，因为键盘记录器在收集一定量的图片后，通常会删除一些，以免阻塞硬盘。

不过，就算用户删除了聊天记录，Facebook 本身会全部保存下来，于是安格斯考虑向该公司索要萨拉和弗雷德的聊天记录。但这种做法会落入通讯监察和秘密监察的诟病，他需要《2000 年调查权规范法案》的批准，而Facebook 公司无疑也需要一定时间去调查。安格斯要等上六个月或更久才能拿到所需的证据。

接下来，他要来萨拉的登录信息，登录进她的账户后，没有发现与弗雷德聊天的记录。当然，这可能是因为她删除了对话内容。但她绝不可能完全从她的"好友"列表中删除任何人。在萨拉的"现有好友""已删除好友"和"好友申请"中，根本没有弗雷德这个人。登录弗雷德的账户后，安格斯也没找到他与萨拉发生过对话或朋友关系的踪迹。不过，在萨拉的账户上，安格斯确实发现了她与其他男孩进行过的较为随意的对话，大卫也提供了这些对话的截屏图片。如此看来，大卫是在真实的截屏图片中掺杂了伪造的图片。但安格斯太熟悉一条原则了，那就是找不到证据并不代表证据不存在。

最终，安格斯向法官报告说，他对于事实没有把握。从理论上来看，萨拉和弗雷德很可能在那些与普通档案极为相似的虚假档案中进行过那段不雅对话。同样，作为技术很棒的业余摄影师，大卫可能伪造了截屏图片。为了对有关事实得出令人满意的观点，安格斯需要查看大卫的电脑，以确认他是否用图片编辑程序处理过截屏图片。

至此，决定权掌握在法官手中。案件审理工作是否应该继续进行？或者中止审理，在安格斯检查大卫的电脑时，将陪审员再隔离一周？他决定继续审理。陪审团听取了受害者剩下的证词和安格斯提供的证据。他的证据并无定论——他也非常小心地让陪审团明白这一点——却形成了一组证据，证明大卫可能是个善于操纵他人的大骗子。经过合议，陪审团裁决他有罪。目前，他正在监狱中度过他的 20 年刑期。

正如键盘记录器一案所表明的那样，使用数字设备上与日俱增的功能的人越多，鉴证数字分析师的工作就越难做。虽然有些鉴证科学家能够回答一些不绕弯的问题——"这血是 A 先生的还是 B 先生的"——在安格斯所属领域的那些人则要判断证据的真实性，构建网络行为和网络下行为的时间线，评估不在场证明的有效性。若没有想象力与警觉性的适当结合，就无法进行此类活动。

安格斯对这份工作的热爱源于其智力挑战。"我总会学到一些新东西，不会当一天和尚撞一天钟，而是切实地去解决问题。"对于他而言，最难以承受的就是自己的调查一无所获。"干这一行的，我不知道谁面对一个一无所获的工作会止步不前。你会不断地去查啊查，因为必然存在着某个线索，线索总是存在的。而如果你尽了一切努力，却仍是达到事情的极限无法进展，这是很难让人接受的。"

上手工作之前，安格斯需要一些东西来入手，而得到这些东西的过程却让人头疼。"为了收集针对某个坏蛋的证据，你得冲进一间办公室，拿走所有员工的电脑。你的行为要合规才行。"为安格斯拿到可供研究的硬件，这是警方的职责。他们要先取得搜查令，之后才能没收嫌疑人卧室内或裤子口袋里的数字设备。

犯罪现场找到的设备上通常布满了指纹和 DNA，但由于犯罪现场调查员用来撒粉和显现指纹的磁刷会发出电磁场，因而也就破坏了设备内的证据。因此，犯罪现场调查员学会了小心翼翼地将证据放进防静电塑料袋内，然后再送到数字分析师那里。"我们有时还是会遇到设备送错地方的情况，"安格斯说道，"我遇到过手机电话送到闭路电视调查部门的，因为侦探们想得到其中的照片。我见过有些警员拿起一部手机——现在已经非常非常少见了，但我确实见过——自己乱戳，看看里边都有什么东西。"

没被人动过的设备到了高科技犯罪调查部门之后，根据安格斯的说法，"除非是像凶杀案或还活着的失踪人口案，这设备会在证物室里待上六个月，因为警察要做的事情太多了"。如今，能到安格斯手里的不再是答录机、打印机或传真机等设备了，而常常是电脑、智能手机或平板电脑一类。这些小型设备里包含了一个人生活的详细（或者部分的）说明。破坏这些也就意味着破坏公正。"首要规则就是一定要尽量地去保护。"安格斯说。除了鉴证数字分析师，犯罪现场调查员和想要提供可靠证据的市民也要将它奉为黄金法则。在实际操作中，这通常意味着鉴证分析师要把所需调查的机器中的内容直接拷贝一份，从而保证原内容的完整性。

"计算机取证"这一术语在 1992 年首次出现的时候，它指的是从电脑中收集数据以用于犯罪调查。在安格斯的一个早期案例中，一家公司的董事长指控之前的董事欺诈，并且收集了公司的主硬盘来作为呈递的证据。他曾将硬盘送修两周，在家里放了一周，然后才交给计算机取证机构检查。安格斯向法官报告称，这样的一系列证据保护行为不够规范。在硬盘的这段错综复杂的旅途中，该员工是否曾在某个节点添加、修改或覆盖文件，这是无法确定的。在前往利兹皇家法庭参加听证会的火车接近约克郡车站时，安格斯接到一通电话，说法官认同了他的报告，已经撤销了该案。他在约克郡下车，走到对面的站台，朝着位于达林顿市的家往回赶。

"有时候我会违反首要规则，"安格斯说，"最新的苹果手机和黑莓手机基本上无法拷贝。我得在上面安装软件越狱。那么就应用到了第二条法则：无法拷贝，就得修改，但要确保你明白自己的所作所为，并且能做出解释。同期记录①效验如神。"如果调查员打开一份文件，那么这个时间点会记录到文件本身。这就妨碍了时间线的生成，而正如对方律师总爱在法庭上提及的那样，也彻底地更改了该文件。

一旦完全拷贝硬盘后，安格斯就要用定制软件来查看现有文件和已删除文件。安格斯可以从电脑和智能手机硬盘上复原几乎所有的已删除照片、视频和信息，这和老式侦探从信中还原擦掉的铅笔字痕迹是一样的道理。

---

① 同期记录，事件发生时或发生后很短时间内，由记录者对所见、所闻、所感、所为进行准确记录。

针对智能手机，安格斯会查看短信、拨出电话和未接来电。短信对话有时会透露出罪犯们在犯罪发生前后在互相聊什么。个人短信也能提供重要证据。2001 年 6 月 18 日早晨，15 岁的丹妮尔·琼斯在她位于埃塞克斯郡东蒂尔伯里的家附近失踪。她叔叔斯图亚特·坎贝尔（Stuart Campbell）迅速进入警方视野，调查员在他的阁楼里找到一个绿色帆布袋，里边装着混有他和丹妮尔血液的一双白袜子，他因而被捕归案。

坎贝尔声称，丹妮尔失踪的时候，他正在雷利的一家 DIY 商店，那里距此处有半个小时车程。警方搜查了他的手机，找到当天早上丹妮尔发来的一条短信：

HI STU THANKZ 4

BEIN SO NICE UR THE

BEST UNCLE EVER!

TELL MUM I'M SO

SORRY LUVYA LOADZ

DAN XXX

嗨 斯图 谢谢你对我这么好

你就是世界上最棒的叔叔

跟妈妈说 我很抱歉

满满的爱送给你们

丹 XXX

然而，警方查询网络供应商的记录后，发现坎贝尔的手机收到短信时，他和丹妮尔的手机都在同一个手机信号塔附近。

语言学专家马尔科姆·库萨德（Malcolm Coulthard）在法庭上证实，丹妮尔习惯性地用小写编辑短信。他还注意到，在坎贝尔手机的另一条短信里，即第一条短信之后不久发送的那条短信，其中的"what（什么）"被简写成"wot"（啥），而丹妮尔则总是打成"wat"（嘛）。显然，这条短信是有人特意编写的，坎贝尔伪造的证据因此被人识破。尽管埃斯阿克斯郡警方耗资 170 万英镑来搜索丹妮尔的尸体，最终却一无所获，不过她叔叔这辈子都要在监狱里度过了。

准确定位犯罪发生时受害者和嫌疑犯的位置，这对于调查员而言有着明显的益处。现代苹果手机和安卓手机默认记录其移动轨迹，使得绘制某人的手机所到之地——以及假设某人所到之地——的行程图成为可能。定位追踪功能可以通过智能手机内部的设置取消，但很多人不知道这一点。iPhone 5S 手机有一个特制的定位芯片，它以备用电池电力运行。有用户报告称，iPhone 手机没电关机四天后，依然在追踪他们的移动轨迹。关于位置数据，苹果公司给出的说法是它有助于改良其地图应用，也能为用户在附近可以做些什么提供个性化建议。不用说，警方对这些数据也是挺感兴趣的。

就算用户关闭了手机上的定位追踪功能，调查员也可以查询网络供应商记录，确定特定时间的大概位置。这是因为手机会不断地与地方手机信号塔通信，以寻找信号。这些信号塔常常覆盖小片区域，正如东蒂尔伯里的斯图亚特·坎贝尔一案和 2010 年苏格兰发生的另一起重大案件中那样。

5 月 4 日早晨，38 岁的苏珊娜·派利到爱丁堡中部蓟街的一家金融服务中心做图书管理员工作。上午 8 点 51 分，闭路电视拍到她走出圣百莉超市。她在这里买了午餐，而这是人们最后一次见到活着的她。而在这些人中，不包括她 49 岁的同事大卫·吉尔罗之外。吉尔罗已婚，育有子女，与苏珊娜有一年左右的婚外情。最近，她因为受够了吉尔罗的控制欲和嫉妒心，决定彻底终结两人的关系。

在苏珊娜失踪之前的一个月里，吉尔罗疯狂地给她发了 400 条短信和无数条语音信息。他极力想保持这段关系，不愿意被她抛弃。某两天，他给她发了 50 多条恳求短信。她消失前一天，吉尔罗给她发了无数条短信和一条语音信息，其中说道："我很担心你。"

苏珊娜消失前的那天晚上是与新结交的男子马克·布鲁克斯度过的，这一下子激怒了吉尔罗。他在他们办公室的地下室谋杀了苏珊娜，将她的尸体藏匿在楼梯间里。他编了个借口，要同事——后来说他"似乎浑身黏糊糊的，脖子和脸上都有抓痕"——乘公交车回家，然后用了他的车。回家途中，闭路电视视频录像显示他从巨能连锁药房买了 4 瓶空气清新剂。回到办公室后，吉尔罗更改了预定日程，所以第二天要驱车 130 公里到阿盖尔郡市（Argyll）中心，去查看一所账户归他们公司管理的学校。接着，他收拾苏珊娜的尸体，放进了车子的后备箱里。

当晚，他先去观看他一个孩子的学校音乐会表演，然后带家人去了一家餐馆。与此同时，苏珊娜的父母忧心忡忡地报告她失踪了。

5 月 6 日，警方提审吉尔罗。他们发现他前额有伤口，胸膛上有细微的淤青，手掌、手腕和前臂上都有弧形抓痕。吉尔罗说是在收拾花园的时候自己弄伤的。鉴证病理学家纳撒尼尔·加里（Nathaniel Cary）后来检查这些伤口的照片，然后证明这些伤口或许是由他人（可能是在挣扎过程中）的指甲造成，并且在其他致人窒息死亡的人身上见到过。他补充说自己不能确定，因为吉尔罗用肉色化妆品遮住了抓伤伤痕。但在交叉询问过程中，他承认吉尔罗关于伤痕从何而来的说法也可能属实。

与此同时，警方依然怀疑吉尔罗，于是扣下了他的手机和汽车。鉴证科学家科斯蒂·麦克塔克（Kirsty McTurk）打开后备箱时，闻到其中散发出一股清新的味道，极似"空气清新剂"或"洗涤剂"。她先在后备箱中寻找证据，然后又到蓟街办公室的地下室楼梯间里，但都没有找到苏珊娜的 DNA 踪迹。不过，当经过特殊训练的警犬嗅了后备箱和楼梯间后，它们那发现了人类血液残余的表现"十分明显"。早前，其中一条名为巴斯特的史宾格犬曾在将近 3 米深的水中找出了一具尸体的确切位置。

　　警方还在吉尔罗的车下发现了植物和坏掉的悬挂。路边摄像头不能提供确定结论，但侦探们觉得他一定在 A83 公路的"休憩与感恩大道"（Rest and Be Thankful road）——著名的观景道——转了弯，然后才回了家。

　　一位鉴证数字分析师着手检查吉尔罗的手机。"手机关掉的时候，"安格斯解释道，"会记录下来与它进行最后一次通信的手机信号塔，以便重新开机的时候很快就能找到这个信号塔。"在去阿盖尔郡那所学校的路上，吉尔罗在斯特灵和因弗雷里之间关掉了手机。警方怀疑，他这么做是为了在茂密的丛林中寻找合适的地方来处理苏珊娜的尸体时避免被追踪到。接着，他去了那所学校。回程的路上，吉尔罗再次在斯特灵和因弗雷里之间关闭了手机。警察认为，这正是他抛尸的时间。

　　吉尔罗出庭受审时，警方搜索队伍依然没有找到苏珊娜的尸体。然而，2012 年 3 月 15 日，大卫·吉尔罗被判谋杀和试图妨碍司法罪名成立。法官布拉克戴尔（Bracadale）同意电视台进入法庭摄像，吉尔罗因而成为英国第一个受审过程上电视的定罪杀手。"你以令人胆寒的镇定与精明算计，"布拉克戴尔说道，"动手处理尸体，地点显然是在阿盖尔郡的某处；若非洛锡安和伯德斯警署那令人赞叹的彻底调查，你或许可能会成功地避免被发现和起诉。"他判决吉尔罗至少 18 年监禁。在受到爱丁堡监狱同狱犯人的威胁后，吉尔罗被转往肖茨监狱，而在到这里的第一天，他的下巴就被另外一个犯人打掉了。

吉尔罗之所以被定罪很大程度上与调查员对他的数字足迹敏感有关。若没有他们对手机和闭路电视录像证据的分析，他如今很可能会逍遥法外。杀人凶手在尸体未被找到的情况下就被定罪，这是非常少见的。这种情况发生在斯图亚特·坎贝尔身上，部分原因在于调查员从他阁楼上的那间内裤上找到了丹妮尔的血迹；利物浦毒贩之所以被定罪，则完全是因为从以他的受害者尸体为食的蝇蛆外壳上找到了 DNA。在吉尔罗一案中，DNA 证据不存在。他胳膊上的伤痕也不足以定罪。他之所以被定罪，皆因为异常的手机开关机行为、闭路电视录像和路边摄像机拍下的照片。

利用照片和录像来将大卫·吉尔罗这样的罪犯绳之以法是安格斯·马歇尔这类人的职责所在。这份工作有时是灵机一动，但常常是有条理的；构建数字情境是需要时间的。安格斯自创了工具来协助工作。"我是个怪人。业界的标准工具，我一个都不用；我用它们和别人用它们只会得出同样的结果。我所编写的大部分程序都不大，也不复杂，它们仅仅是将事物自动化，让我有时间睡个大觉而已。"一旦这样的程序从特定硬盘上复原了所有照片和视频文件，另外一个程序就会进行检索，自动按照严重程度归入五类中的一类，即从相对无害的裸照到兽奸，以与警方的虐童数据库比对。"不幸的是，总有些图片是我没见过的，所以就得找人坐下来手工分类，然后提交。"安格斯笑意盈盈地说道。

数据库记录了每一张照片的来源，前提是来源已知。这就意味着调查员可以顺着非法媒体的消费者这根藤摸到生产者这个瓜，2005 年捣毁苏格兰最大的变童圈就是如此。这是件令人痛苦的工作，但像安格斯这样的独立专

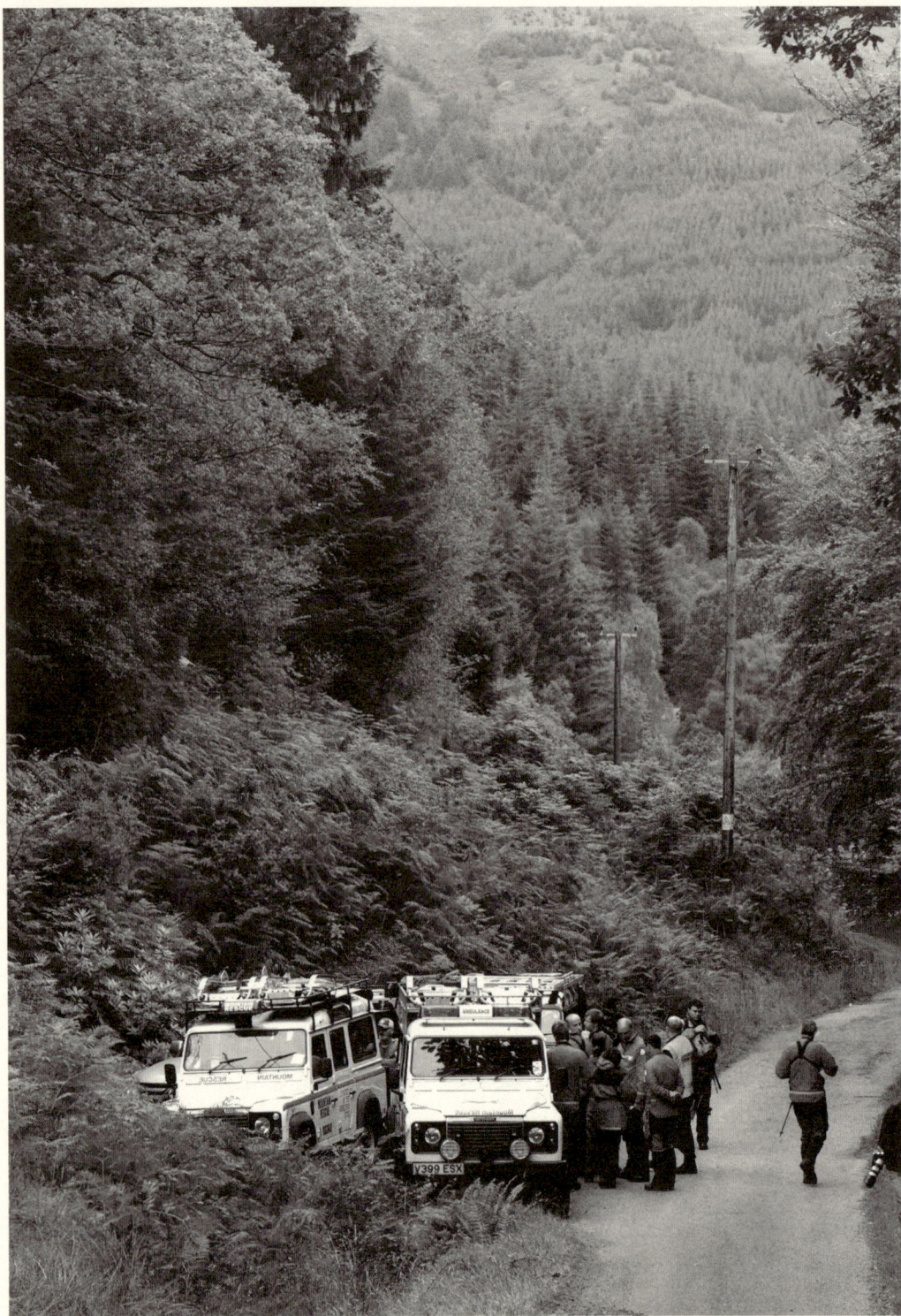

警方在苏格兰阿罗彻尔附近搜寻苏珊娜·派利的尸体。她的遗体并未被找到，但大卫·吉尔罗则在 2012 年被裁决为谋杀罪。
供图：Mirrorpix

家——或者更普遍的警员——会非常仔细地查看不雅照片和视频，寻找这些东西在何处制作的线索。"线索可能是电线插座的形状、电视里的声音或人们说的哪种语言等细节，"安格斯解释道，"你可以根据太阳在天空的位置来判断当天的大概时间。如果上面有受虐者在场，你可以估计他们的年龄，再跟失踪人口数据库中的模样相互参照。"

接下来还有元数据，即数字相机和智能手机上所拍摄的图片和视频文件自带的信息。元数据会透露有用信息，从设备的品牌和型号，到该媒体生成的日期与时间——前提是罪犯设定了时间。尽管图片操作软件和文件分享站点有时会剔除元数据，它通常还是存在的，用合适的软件就能读取。

现代设备甚至还会在元数据中加入全球定位系统坐标，使得人们可以知道拍摄者所在位置。这就意味着数字鉴证专家可以查询手机网络记录，弄清楚任一特定时间手机的特定活动区域。元数据中的全球定位系统坐标还曾帮助警察确定在逃犯的位置，比如轰动一时的约翰·迈克菲（John McAfee）案。此人是一个反复无常的电脑天才，居住在伯利兹的丛林中。

第二次世界大战期间，一个英国妇女爱上了驻扎在英国的一名士兵，迈克菲就是二人的爱情结晶。小时候，他跟随父母移居弗吉尼亚州。15 岁时，他那嗜酒又爱打人的父亲饮弹自尽。随后，迈克菲迷上了毒品，但对电脑编程的热情不减，还在美国国家航空航天局这样气派的机构找到了工作。最后，他自谋生路，研发了迈克菲反病毒软件，即第一个能够大批量供应的反病毒软件。1996 年，他以数百万美元的价格售出了公司股份。到那时，正如迈克菲自己所说，人们都把他当做"硅谷的野孩子，总是疑神疑鬼，精神分裂"。

2008 年，63 岁的迈克菲从加利福尼亚州动身南下，前往伯利兹，希望用那里的丛林植物研发新型抗生素，按照他的说法，这种抗生素能够"阻断病毒的传染能力"。2012 年，警方突袭了他的研发机构，声称这是冰毒生产工厂。随后，所有指控被全部撤销。

但迈克菲与其美国籍邻居格里高利·福尔之间的关系日益恶化。福尔是一家奥兰多运动酒吧的老板，他特别讨厌迈克菲的群狗。他向当地政府投诉，其中写道："这些畜生摆脱枷锁，成群乱窜。三个居民被咬，还有三个游客被攻击。"后来，迈克菲发现自己的 11 条狗被投毒，只得开枪帮它们解脱。

2012 年 11 月 11 日，一个房间清洁工发现福尔头部中弹，仰面躺在他自己家的庭院里。警方来询问迈克菲时，他躲到了一个箱子下面，之后扮做衣

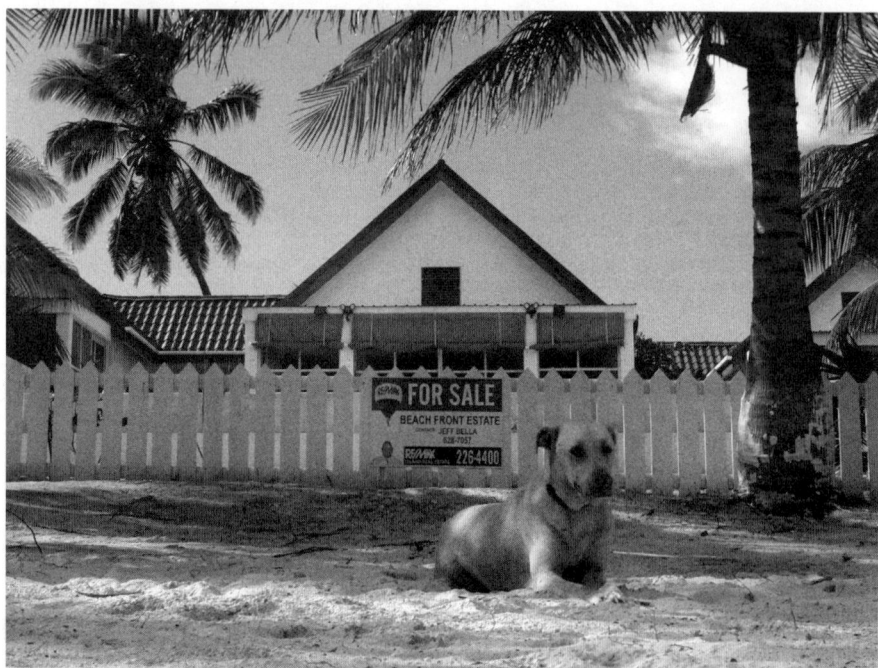

迈克菲在伯利兹的房子。
供图: Hnery Romero/Reuters/Corbis

衫褴褛的推销员，开始了逃命生涯。但是，他依然在更新博客，还接受在线采访。"我彻底地改变了自己的面貌，"他写道，"不幸的是，这样正好看起来像是个杀人犯。"当他非法越境进入危地马拉时，《Vice》杂志主编决定追踪报导他的亡命生涯，并带了一个摄影师随行。

12 月 3 日，《Vice》网站发布了迈克菲站在几棵棕榈树前的照片，下面写着洋溢着自得之意的大字："蠢货们，我们正和约翰·迈克菲在一起。"但这张照片中的元数据正好含有迈克菲所在地的准确纬度和经度线索。意识到这一点后，摄影师在 Facebook 上说他修改了元数据。可他撒了谎，危地马拉警方很快找到并拘留了迈克菲。他假装心脏病突发，以给自己的律师争取时间。两人合力成功阻止了危地马拉官方将迈克菲引渡回伯利兹的企图。相反，他被送往迈阿密，然后在那里被无罪释放。之后，他前往加拿大的蒙特利旅行。伯利兹警方依然认为迈克菲是格里高利·福尔被杀一案的"嫌疑人"，但并非首要嫌疑人。

迈克菲现在又回到了硅谷，目前正在研发一个名为 D-Central 的小装置。该装置价值 100 美元，可以与电脑、智能手机或平板电脑相连接，而且迈克菲承诺，它能让你匿名访问网络。"看不到它的话，你就无法去黑它，就不能去查看它，其中所发生的一切行为也就都无法监控了。"鉴于爱德华·斯诺登（Edward Snowden）泄密一案，这个想法吸引了不少人，而考虑到他那段因过度暴露信息而带来的不愉快经历，更受吸引的或许是迈克菲自己吧。

D-Central 是一款异乎寻常的设备，它能保持私人通信的私密性，这正是科技狂罪犯和违法分子都梦寐以求的妙计。"当然，年轻一代对自己的足迹都是相当小心的，"安格斯说，"几年来，我跟年轻一代里的不少人谈过，对于监控的程度和个人数据被利用的程度，他们都了然于胸。他们中的许多人都用最简单的办法来确保其他人无法得到他们的数据；那就是撒谎、创建虚假账户和留下虚假的足迹。"有些人这么做是为了防止潜在的雇主看到自己赤膊烂醉的照片；有些人则是不喜欢政府官员窥探他们的数据；还有些人是因为不想让自己的犯罪行为被人发现。

安格斯对于美国国安局的监听行为十分不齿，特别令他不满的是以危害个人隐私的方式达到维护公共安全的目的。"我们以前觉得东欧一团糟。没想到我们的盟友有过之而无不及。"当国安局这样的机构监听谷歌邮件或Facebook一类网站时，他们会利用自动化程序来寻找触发词。假设说你给情人写了一封邮件："你像炸弹一样火爆。"安格斯设想道："他们会查看一番，或许笑上两声，然后留作圣诞节聚会的笑料，至此也就罢了。但如果你开始聊起建造核弹头，他们就会把你老底都翻出来。"当然，对于谷歌邮件和Facebook这样的程序供应商，许多重刑犯都唯恐避之不及。

有些罪犯还知道，如果在自己的手机或平板电脑上通过Facebook等应用上网，肯定会留下能让安格斯找到的踪迹。"但如果是通过移动设备上的网页浏览器上网，那就不会留下踪迹。所以我得去找Facebook公司，他们也确实会提供一些东西。Twitter（美国社交网络及微博客服务的网站）基本上什么都提供不了。"

加利福尼亚州的这些大型公司都在努力怂恿人们把个人数据存储到"云"里，讽刺的是，所谓"云"不过是美国的一个远程存储设备。"云"即时更新用户所有数字设备上的个人数据，这些公司想从其中挖料并加以利用就变得更加轻而易举。荒谬的是，用户和公司获得数据越便捷，安格斯之类的人们就越难以找到其踪迹。

安格斯说，未来"是网络和'云'的天下。各种设备把越来越多的数据上传到'云'里，便于人们随时随地使用。所以我们发现，从设备上获取材料变得越来越难，因为这些东西根本就不在设备上。为此，我们首先要确定是否能通过技术手段从'云'里提取数据；其次，要确定是否能得到法律授权。"如今，跨越国际边境对于侦探而言和云计算出现之前一样困难，但这种需求大得太多了。

安格斯回想起最近的一起案子。一位法官给一家社交媒体公司写信，就其用户数据日志记录的可靠性提了两个问题。"那家公司的律师给了我们一个非常简单的回复。其中首先说道：'你这信寄错地方了。别在美国给我们写信，到都柏林去写。'其次又说道：'按照英美双方现有的协定，我们不必回答你的问题。'"

云计算还给鉴证专家带来了其他难题。有了像 Dropbox（云端）这种在各设备间同步数据的软件，用户可以通过别处的一个设备覆盖和改变另一个设备上的文件。安格斯称之为"对终端用户大有裨益，但从调查的角度来看，如果某人在本国的这一边的家里给电脑动了手脚，而他们在本国另一端的家里的笔记本电脑还开着机，Dropbox 就会更改笔记本电脑上的内容，我也没办法查出你在哪个家里"。

如果是有意为之的话，这种行为就叫做"反取证"，其表现形式也是多种多样的。举个简单的例子，一个做事有条理的罪犯在实施犯罪几天前买了一部预付费电话，实施犯罪后立马就把它丢掉了。更加复杂的反取证技巧还有很多。有些程序允许用户更改文件中的元数据，如此一来，他们就可以生成一份看似创建于 1912 年，最后使用时间是在 2050 年的文件。还有些人制作的文件会让鉴证程序以为这完全是另一种类型的文件。因此，专家可能被迷惑住，误将虐童的照片文件当做 mp3 音乐文件。识破这些诡计就有赖于鉴证数字分析师的聪明才智和经验。正如心理画像师需要与罪犯产生共鸣，才能理解他们的动机，预测其行为一样，数字分析师也要时刻处于该领域的发展前沿，才能弄明白科技狂罪犯到底意欲何为。

有时候，专家们也会亲自尝试反取证。安格斯解释道："我的一些同事游遍全世界，身上不带任何科技设备。不管到哪个国家，他们都会新买一台笔记本电脑和一部手机，临走的时候再毁掉，扔到那里就不管了。"他们之所以这么做，原因在于某些国家的机场工作人员要例行公事，确保人们不会把本国事情的真相偷偷传出去，或者带进来色情物品或炸弹制造手册。他们仅仅需要在极短时间内访问你的数据。"机场工作人员只需把你带到屋子里，然后戴上皮手套，让你忙活上半个小时左右，"安格斯说。这段时间就足以让他们将整个硬盘拷贝下来了。

在黑客等网络犯罪案件中，鉴证数字分析师有时不得不拼命追赶罪犯。古话说得好：道高一尺魔高一丈。指纹鉴定逼得窃贼戴上手套；闭路电视逼得小孩子们戴上兜帽。所以说，有时候老式科技往往成为最佳的反取证工具。模拟相机不会在其照片中嵌入元数据；老式的公告板可以在虚拟空间里建立，且使用时完全不会被人发现。"这些操作起来都非常容易，"安格斯说，"旧式软件都还存在着。如今硬件也是唾手可得。花钱又不多，说实话，你可以在预付费电话的另一端挂载一个，而且几乎无法追踪到。"

实体证据在破解大多数犯罪中依然扮演着绝对的重要作用。"我所经历过的案件里，没有哪一件是完全依赖计算机证据的，"安格斯坦承道，"计算机证据要佐证其他证据。它是极好的佐证，但完全以它为证据的情况是很少见的。所以如果我们找不到它的话，我之前也说过，找不到证据并不代表证据不存在。"

11

犯罪行为的动机：鉴证心理学
FORENSIC PSYCHOLOGY

　　"每个贼都自有他的风格或作案手法；这套手法他甚少偏离，也不大可能完全摒弃，有时候其特征太过明显，连新手都能一眼识破，但是……只有实践丰富、智力超群、热情似火的观察者才能辨别出这些独属于该盗贼风格的细微且极其相似的特质，并从中得出重要结论。"

汉斯·格罗斯，

《犯罪调查：实用手册》（1934）

　　所谓犯罪，还不止违法那么简单。一般而言，你还要有违法的决心。除了少数例外，若一种犯罪行为不具有犯罪意图，就不能受到惩罚。换句话说，如果违法者对自己的行为无所知觉——比如说因为他们疯了，或者说受到改变心智的药物影响——他们会因此得到治疗，而非惩处。

　　动机虽然常常作为罪案小说和影视剧的核心，在真正的凶杀案调查中却通常不是最紧急的问题。确凿的鉴证证据、方式和机遇才是这些凶杀案调查的关注点。但有时候，动机却有助于引领调查者们朝着寻找确凿证据的正确方向行走。例如，失踪儿童声称遭受性虐，这就足以将离家出走案的调查变成严肃得多的行动。陪审员对动机情有独钟，原因在于动机有助于他们去理解远远超乎他们个人经验的事件。

若一个罪犯对自己圈子之外的数个人施害，也就是所谓的"陌生人"犯案，寻找动机就愈加困难。连环杀手的动机可能是不规律的、多重的，可能是在一生中发展而来，也可能只存在那么一毫秒。

心理学家一般认为，超乎凶手掌握的那些因素，如教养和遗传，会对他们的成年行为方式造成决定性影响。研究者探讨了多个理论，以图解释为什么有些人会成为连环杀手。有时候，他们所发现的答案的确会让人惊得目瞪口呆。

美国神经科学家詹姆斯·法隆（James Fallon）研究了几个已定罪连环杀手的大脑，发现其中许多人大脑中与同情、道德和自我控制相关的前额叶区域活动程度低于平均值。为了量化他们与一般民众之间的区别，法隆将大脑扫描图放到书桌上，跟自己家人的大脑扫描图混到一起。"神经病"感觉最强烈的却是他的大脑扫描图。他想过要把这令人心烦意乱的结果隐瞒下来，但最终决定做好科学实验，通过检测自己的DNA来做进一步调查。结果更是令人不安。"所有与攻击性、暴力和少同情心有关的高风险等位基因，我都有。"

如今，极度忧虑的法隆研究了一下自己的家谱。他在自己的家族里找到了7个谋杀嫌疑犯，其中还有一宗被编成了臭名昭著的童谣：

利兹·博登举起斧头，
劈了妈妈四十下。

当她意识到自己的行为，

又砍了爸爸四十一下。

在为自己的无犯罪行为寻找答案的过程中，法隆将非暴力性格归结为母亲的爱，并从心底里感谢她。2013 年，他写了一本书，名叫《内心潜藏的神经病》（ *The Psychopath Inside* ），其中写道："生物性并非死刑，但它让你很容易得到这种结果。基因填弹上膛，让一些人走上成为神经病的道路。"

与法隆一样，参与到刑事审判中的首批科学家也想弄清楚大脑不正常者的思维。他们身受医学训练，对于违法者的心智能力和诊断"心理疾病"深感兴趣。被告什么时候产生了作案意图？他什么时候无需对自己的行为负责？

当警方遇到无法理解的诡异犯罪时，他们就要向曾接触过精神疾病患者的精神病学家和心理学家求助。常人看来，这些乖僻扭曲罪行的行为者都"疯了"。现如今许多司法机关中依然作为基本原则测试的精神病罪犯指导原则，是在 1843 年丹尼尔·迈克纳顿（Daniel M' Naghten）一案之后确立的。他射杀了首相的私人秘书爱德华·德拉蒙德（Edward Drummond），却因精神疾病而被判无罪。迈克纳顿法则可以总结为：被告是否知道自己的行为？若知道的话，他是否意识到这种行为是错误的？

有时候，犯罪行为留下的疑问空间似乎小而又小。1929 年，彼得·库尔登——又称"杜塞尔多夫吸血鬼"——刺杀、扼杀至少 9 个德国儿童。在库尔登等待着被行刑的时候，卡尔·博格（Karl Berg）——杰出的心理学家——获得了他的信任，得以让他敞开心扉谈论他的罪行。"性欲在我身上非常激烈，"库尔登说道，"尤其是在过去几年里，而且更是受到了犯罪本身的刺

警察在搜查杜塞尔多夫的帕彭代尔农场，寻找
库尔登的受害者的尸体。供图: Rex Features/
Associated Newspapers

激。为此，我总是被迫寻找新的受害者。有时候，即便刚刚握住受害者的喉咙，我就高潮了；有时候不行，不过当我刺中受害者的时候，高潮也会到来。我的本意并非从正常的性交中获得满足，而是通过杀戮来获得满足。"库尔登所选择的武器是一把剪刀。见到血更能使他达到高潮。他甚至充满期望地问博格，在断头台切断脖子的一段时间之后，他是否能够听到血液从躯干里喷涌而出的声音。

对于杜塞尔多夫的居民而言，最令人震惊的莫过于这个令整座城市都惶恐不安的"吸血鬼"看起来却并不像一个疯子。"他身材高挑，面貌也相当俊朗，一头浓密的黄头发总是梳得整整齐齐，一双蓝眼睛透露出睿智，"新闻报道如是说。审判头一天，他出庭时"穿着笔挺的西服……一副循规蹈矩的商人模样"。库尔登的外表与举止都没显露出他那充满暴力的童年、婚内强奸和乱伦问题。然而，在博格的大量采访中和他人生的其他时刻，他似乎完全脱离了现实。但若不是因为这样，他恐怕不会和那么多受害者结交为友。所以，尽管他的犯罪行为表明了精神上的疯狂，他却是一个很容易接近的人。

尽管像凯撒·龙勃罗梭那样在 19 世纪试图严格定义某一个犯罪心理无法实现，到了彼得·库尔登这一代，汉斯·格罗斯等犯罪学家已经明白，根据犯罪现场的线索，许多种犯罪心理都可以得到部分解读了。连环作案者的日常行为通常在某种程度上与他们的犯罪行为相一致。例如，如果一个涉性谋杀犯曾有过性伴侣，他们通常会虐待性伴侣（正如库尔登虐待其妻子一样）。鉴证心理学家利用这个"一致性原则"来构筑连环作案者的心理画像，从而帮助警察专注于自己的调查。

世界上的第一份"罪犯心理画像"很可能是因 1888 年东伦敦白教堂的一系列谋杀而出现的。8 月 31 日，星期五，凌晨 3 点 40 分，一个手推车夫正沿着屯货区走着，一片黑暗中，他看到一位妇女俯趴在人行道上，她的裙子被掀到了肚子上。手推车夫走上前去，发现她的手十分冰凉。唯一的一盏街灯还在街对面，手推车夫无法判定她是醉了还是死了。他把她的裙子拉下来遮盖，然后找警察去了。

巡警约翰·尼尔（John Neil）到达现场，发现血从这位妇女的喉咙里向外涌。她的喉咙被斜着从一只耳朵割到另一只耳朵，凶狠程度足以斩断脊髓。当这位妇女被抬入"停尸间"时，巡官约翰·斯普莱特琳（John Spratling）掀起她的衣服：从下腹部直到胸骨有一道口子，肠子从里面流出来。《雷诺兹新闻》（Reynolds' Newspaper）写道："她就像屠宰铺的死牛一样被切开。"病理学家发现这位妇女的生殖器上有两处刀伤，认为该凶手"必定具备一定的解剖学知识，因为他袭击的全是要害"。她很快被确认为43岁的妓女，玛丽·安·尼古拉斯。她在尘世的所有物大都随身携带——一条白手帕、一把梳子和一面镜子。

在接下来的两个半月时间里，另有3名妓女被人发现死在白教堂区的黑暗街道上。11月9日，当第五名受害者玛丽·简·凯利（Mary Jane Kelly）被人发现死在一间出租屋的床上时，伦敦警察厅依然没能查出凶手的身份，而凶手现在已经得了"开膛手杰克"的绰号。无奈之下，警方召来威斯敏斯特区法医托马斯·邦德（Thomas Bond），以评估凶手的外科技术。玛丽·凯利的死亡现场引得邦德胃内因恐惧而翻腾不已。他在她体内未能找到心脏，开膛手把它带走了！

后来，在安静的办公室里，邦德深吸了一口气，努力去思考自己的所见所闻。首先，他回答了警方提出了的中心问题。事实上，与最初那位病理学家得出的结论相反，他认为凶手"并不具备屠夫、宰马者或任何惯于屠宰死亡动物的人的专业知识"。但邦德不能仅仅判定开膛手不是什么身份，他要

"开膛手杰克"造成一时轰动: 此处是当时的一份杂志封面所描绘的警员尼尔发现玛丽·安·尼古拉斯的尸体。

给警方查出开膛手是谁指明方向。他检视了警方的报告和过去 7 个月里在白教堂区被杀的数十个妓女的验尸报告，发现其中 5 起绝对是同一人所为。开膛手在午夜和凌晨 6 点之间行凶，凶器是一把长刀，地点是在白教堂区周围的一平方英里范围内。

过犹不及的行为——所谓的"标志"——与基本细节一样，引起了邦德的关注。开膛手让受害者以双腿打开的丢人姿势躺在地上，内脏要么暴露在外，要么失踪，喉咙也被切断。随着每一宗谋杀案的发生，他的致残程度就更增一分：这是典型的自信引发暴力程度升级。他的四个受害者被抛尸大街，但第五个——玛丽·凯利——却是在室内被杀，为他损毁尸体提供了更多的时间与隐私空间。邦德说开膛手"受制于间歇性杀人与性欲狂躁症"，给出了现如今依然声名显赫的心理画像：

> 此人身体强壮，头脑极为冷静，颇有胆色……从外表来看，凶手也许是安静而毫无威胁感的中年男子，衣着整洁而体面。我觉得他必然惯于身穿斗篷或外套，否则如果手上或衣服上沾着血迹在大街上被人看见，绝对难逃他人的注意……他可能独居，生活习性怪异……或许与一些对他的性格与习惯略有了解的体面人打交道，这些人有理由相信他有时候脑子不太正常。

邦德的心理画像中有些部分显得不可捉摸——为什么"可能是中年"？——而且忽略了其他因素，比如犯罪现场未发现精液。然而，这份报告极大地影响了本调查涉及的高级警员和政府人物。当然，由于警方未能将"开膛手杰克"抓捕归案，我们也无法知道邦德的心理画像准确度有多高。但这是一份小心翼翼的评估，里面的一些极为重要的限定词如今依然在心理画像中有所使用，比如"也许""可能"和"或许"等，而且也确实阐明了开膛手如何悄然逃离犯罪现场等重要问题。

"罪犯心理画像"的现代历史源于20世纪40年代，当时美国战略情报局要求精神病学家沃尔特·兰格（Walter Langer）给阿道夫·希特勒（Adolf Hitler）做一份心理画像。第二次世界大战结束后，为皇家空军（后到萨里大学）效力的利昂内尔·哈瓦德（Lionel Haward）列出一份纳粹高阶战犯可能具有的性格，纽约精神保健助理处长詹姆斯·布鲁塞尔（James Brussel）医生在20世纪50年代也使用过这种技术。布鲁塞尔住在纽约市西村，常常一边抽着烟管，一边埋头读弗洛伊德。他并非胆小怕事之人，他的诸多著作中有一本叫做《精神病学家速成：如何通过简单的十个课时成为专业的精神病学家》（ *Instand Shrink: How to Become an Expert Psychiatrist in Ten Easy Lessons* ）。他最著名的鉴证著作就涉及了给"纽约炸弹狂人"做的心理画像。此人的行动持续了16年之久。

1940年11月16日，一个工人在爱迪生联合电气公司位于纽约的办公室的窗台上发现了一枚装满炸药的雷管炸弹。雷管外包着一张手写字条："爱迪生联合电气公司的混蛋们——拿命来。"这根雷管是个哑弹。10个月后，距爱迪生联合电气公司两个街区远的一条街上又发现了相似的设备，上面也包着一张字条。这也是一个哑弹。

1941年12月，日本袭击珍珠港后，纽约警方收到了一封信，信上写道："战争期间我不会再制造更多炸弹——我的爱国心促使我做出这一决定——之后，我要让爱迪生联合电气公司伏法——他们要为自己的卑鄙行径付出代价。"

果然，纽约在1951年前都再未受到雷管炸弹威胁。但此时炸弹狂人已经开始了新的攻击方式。接下来的5年时间里，他总共埋下了至少31颗炸弹，主要都位于公共建筑内，包括剧院、电影院、图书馆、火车站和公共厕所。每一枚炸弹跟烟斗一样长，里面装满了火药，再用羊毛短袜裹住，外加一个用手电筒电池和怀表制成的计时器。有时候警方会接到预警电话；有时候炸弹没发生爆炸；有时候字条上一再重申，只有当爱迪生联合电气公司伏法的时候，他的行动才会停止。

第一枚雷管炸弹于 1951 年 3 月在大中央车站的牡蛎酒吧附近爆炸。1952 年 12 月，炸弹狂人的一枚炸弹在莱克星顿大街的洛斯剧院首次造成人员受伤。1954 年 11 月，塞在无线电城音乐厅一张座椅里面的炸弹将正在观看《白色圣诞节》(White Christmas) 的一名观众炸穿，4 人受伤。1956 年，布鲁克林派拉蒙剧院的一枚炸弹又导致 6 人受伤，当时有 1500 多人在那里观看《战争与和平》(War and Peace)。整座城市一片哗然。纽约市警察局启动了其历史上规模最大的追捕行动。他们相信要找的是对爱迪生联合电气公司心怀怨恨的前员工，但除此之外，指纹检查员、笔迹专家和炸弹调查小组也未能再缩小范围。

纽约市警察局于是叫来了布鲁塞尔。他研究了所有卷宗，检查了犯罪现场，查看了炸弹狂的手法，然后给出了他称为"肖像"的描述："通过研究一个人的行为，我已经推断出他可能是什么样的人。"布鲁塞尔认为炸弹狂必然是个技术熟练的机械工，是斯拉夫后裔，虔诚的天主教徒，居住在康涅狄格州，40 多岁，衣着干净整洁，胡子刮得干干净净，未婚，可能还是个处男。熟悉了手头的任务后，布鲁塞尔发现炸弹狂手写字条里的"w"与两个"u"相似，圈起来像一对乳房——他一定还没度过心理发展的恋母阶段，很可能还和一位类似母亲身份的人共同居住，比如年纪较大的女性亲属。布鲁塞尔认为炸弹狂深受妄想症的折磨，并以准确的预言作为结论：被警察抓捕的时候，他肯定是穿着扣好的双排扣西装。

在布鲁塞尔的要求下，该心理画像在 1956 年圣诞节当天的《纽约时报》上发表。这可能是他对于抓捕炸弹狂所做出的最大贡献了。节礼日时，《美国纽约日报》（New York Journal-American）发表一封公开信，承诺只要炸弹狂自首，定会给他一场公平的审判。他回复说不愿意，并列出了对爱迪生联合电气公司的诸多抱怨："我受了工伤。我的医疗费用高昂……我这一生将面对痛苦与折磨，却连一分钱的补偿都没有得到。"

这一回复促使公司文员爱丽丝·凯利查看了一下爱迪生联合电气公司 1940 年以前的用人记录——而该公司之前告诉警方这些记录已经被毁掉了。在用人记录中，凯利找到了一份关于乔治·梅特斯基（George Metesky）的文件。1929 年至 1931 年间，此人在爱迪生联合电气公司担任发电机清洁工，在"地狱门"（Hell Gate）发电站的一次事故中受伤。梅特斯基吸入了一股气体，他声称这股气体破坏了他的肺部，引发了肺炎和结核病。他被解雇，并且没有得到任何抚恤金，因而给市长、警察局局长和几份报纸写了总共 900 封信。"连 1 块钱的明信片都没人回复给我，"他后来说道。通读梅特斯基的抱怨信件时，凯利注意到其中几封写着"卑鄙行径"，而这正好与炸弹狂的字条中过时的短语相同。

1957 年 1 月 21 日，警方来到梅特斯基在康涅狄格州威斯切特的家。他身穿睡衣打开门，看来是刚刚安置好，准备和两个姐姐过夜。两位姐姐告诉警方，他衣着无瑕，经常去做弥撒。待更衣完毕从楼上下来时，梅特斯基果然穿着扣好的双排扣西装。他告诉警方，他从来没想过要伤害任何人，炸弹的设计也依照这一原则。一名医生宣称梅特斯基疯了，不适合出庭受审，于是他被送到马特宛州立医院犯罪精神病科。他于 1973 年获释，20 年后以 90 岁高龄去世。

尽管有布鲁塞尔那传奇般的心理画像，却是爱丽丝·凯利细心地用梅特

警方带走"纽约炸弹狂"乔治·梅特斯基。他此时身穿扣好的双排扣西装，而在他被捕之前曾进行过心理画像的詹姆斯·布鲁塞尔博士特别指出，他被捕时会穿着这种衣服。供图: Rex Features/CSU Archives/Everett Collection

斯基抱怨信件中的线索与用人记录相比对，才致使他被抓捕归案。但布鲁塞尔的心理画像被称作演绎法的经典，因为它准确无误地判断出炸弹狂是一个住在康涅狄格州、患有妄想症的斯拉夫后裔天主教徒，并且穿着特定类型的西装。他的推理是逻辑的产物，而非魔术般的存在：投弹是一种与妄想症相关联的犯罪；在东欧的战后示威游行中，投弹是极为普遍的；大多数斯拉夫人都是天主教徒；许多斯拉夫人生活在康涅狄格州；20世纪50年代流行男人穿扣好的双排扣夹克衫。

该案最令人震惊的莫过于尽管炸弹狂在字条中留下了如此多的线索，纽约市警察局却用了16年才抓到他："我身患疾病，因此我要让爱迪生联合电气公司付出代价。"在2007年《纽约客》（New Yorker）杂志的一篇文章中，马尔科姆·格拉德维尔（Malcolm Gladwell）总结道："布鲁塞尔并没有真正把握住炸弹狂的思想。他似乎只明白一个道理，那就是只要你做出大量的正确预测，那些错误的部分很快就会被忘掉。'罪犯就是他'这种推理并不是鉴证分析的胜利，只不过是聚会上的消遣把戏。"但当时并没有这样的诋毁者，有的只是人们松了一口气。此后，警察召来心理学家和精神病学家为严重犯罪调查进行心理画像，很大程度上是受到布鲁塞尔所做心理画像的鼓励。

1977年，美国联邦调查局在弗吉尼亚州匡提科的国家学院开创了心理画像培训课程。这些课程是霍华德·提顿（Howard Teton）的成果，他认为詹姆斯·布鲁塞尔是"该领域真正的先驱"，并深受布鲁塞尔的成就影响。一小队联邦调查局探员趁周末驾车到监狱里去，走访了36名连环杀手和连环强奸犯。他们想用实证证据作为未来心理画像的基础，而非直觉和传闻。通过研究，他们总结出了两种类型的连环杀手：混乱型，随机袭击受害者，不顾其身份，杀的时候马马虎虎，会留下鉴证痕迹；条理型，这类人的受害者能够满足特定的个人幻想。他会慢慢处置受害者，也很少留下鉴证痕迹。

给连环杀手进行这样的二元化分类是极其诱人的——也极其耗时——但将他们列入一定范围才是更准确的方式。有些凶手从头混乱到尾，有些凶手却会随着时间的推移而变得有条理起来。举个例子来说，"开膛手杰克"就是在出租屋这样的隐私环境中对付玛丽·凯利——他的第五名受害者，也可能是最后一位——以便更好地肢解她。但升级并不总会让凶手变得更有条理。随着他们对暴力和血腥的渴求的提高，他们的袭击行为可能会变得更加混乱和粗心大意。在好莱坞影视剧的影响下，我们习惯于认为连环杀手都很神秘莫测，聪明无比，都是白种中产阶级分子。这种想法也部分地得到了数据的证明：统计表明，他们似乎智力略高于普通人，都是单身、白种人，出自工人阶级或中产阶级（有些值得注意的例外）。

正如鉴证科学家布伦特·特维（Brent Turvey）所说："有一个强奸犯在公园里袭击妇女，并且会把她的裙子掀起来盖住她的脸。为什么？这有什么意味？这种行为可能有数十种不同的意义。可能说明他不想看见她，可能说明他不想被她看见，也可能说明他想看见她的胸脯，或者把她想象成另外一个人，或者要禁制她的双手——所有这些都是有可能的。你不能孤立地看待一种行为。"

对于我们中的许多人来说，第一次接触罪犯心理画像师这个概念应该是在黑暗之中。1991 年电影《沉默的羔羊》（*The Silence of the Lambs*）改编自托马斯·哈里斯（Thomas Harris）引人入胜的同名小说，其中向我们展示了由朱迪·福斯特（Jodie Foster）饰演的联邦调查局探员克拉丽丝·史达琳。实习探员克拉丽丝被选入一个连环杀手特遣队，因为她的上司们认为她能从汉尼拔·莱克特——聪明绝顶的鉴证精神病学家，因连环食人谋杀行为被关押——那里寻得帮助。电影与小说中的谜语与题外话交织成一张网，简单地概括了给连环杀手做心理画像的难度。

托马斯·哈里斯的汉尼拔·莱克特系列小说是第一批处理罪犯心理画像主题的小说之一，而这个主题此后也成为罪案作家的高产领域，连我自己也不例外。对于虚构作家而言，理解角色的动机是我们写作的核心；鉴证心理学家为我们提供了完美的形象——他们以分析和深入的眼光来看待他人，可最终也能成为英雄。

但为罪犯心理画像的种种可能性所倾倒的不止我们作家。20世纪80年代中期，全世界的警察机构都已经被联邦调查局培养的"罪犯心理画像师"给深深迷住了。他们为那些看似走入死胡同的案件带来了新的希望。

四年来，大都会警察局一直穷于追捕一个在伦敦暴力袭击妇女的强奸犯。袭击案件始于1982年，一头戴巴拉克拉瓦盔式帽的男子在汉姆斯特康健火车站附近强奸了一位妇女。此后，北伦敦又发生了多起类似案件。1985年12月29日，"铁道强奸犯"将19岁的艾莉森·德蕾拖下火车，塞上嘴，强奸她之后，又用一根绳子将她勒死，从而转变成了"铁道杀手"。

至此，警方已经将此人——有时与同谋共同作案——与40宗强奸案联系起来。接着，15岁的荷兰女孩马蒂耶·塔姆柏一泽（Maartje Tamboezer）在萨里郡火车站附近的林地中穿行时被袭。两名男子将她拖行了半英里，然后强奸了她，用她自己的腰带将她勒死，然后点着了她的尸体。仅一个月后，当地电视播音员安娜·洛克（Anne Locke）在赫特佛德郡布鲁克曼斯公园下火车后被绑架谋杀。嫌疑犯的名单长得超出了掌控。一种新的破案方式迫在眉睫。

1986年，大都会警察局联系了萨里大学环境心理学家大卫·坎特（David Canter）。警方只问了一个问题："你能在罪犯再次杀人之前帮我们抓住他吗？"

　　所有的袭击都发生在夜间或火车站附近，受害者通常是十几岁的少女，她们先被强奸，然后再被扼颈致死（共三起）。坎特查看了袭击的日期与细节，将袭击地点标在了地图上。他认为强奸行为起初是临时起意，后来变得越来越有计划性。他觉得该罪犯最初是在家附近自己所熟悉的地域行凶，然后才向不会被认出来的地方扩展。根据目击者口供和警方报告，坎特对蒙面袭击者的性格和生活方式做出了心理画像。他认为该罪犯已婚，但是没有子女（因为他在动手袭击一些受害者之前，会跟她们正常聊天）；有一份半熟练的工作（从他具有策划后期犯罪行为的能力可知）；年龄为二十几岁（根据目击者口供）；"很可能有过暴力对待女性的前科，下流无比，人尽皆知"。

　　根据坎特做出的心理画像，警方开始跟踪约翰·达菲。此人是木匠，曾在英国铁路公司工作，住在基尔伯恩，离最初三起袭击案特别近。达菲之所以上了警方嫌疑犯名单，是因为他曾经用刀逼迫强奸了他已分居的妻子。但他嫌疑较小，因为一些警员认为这"不过是家务事"。当坎特认为铁道强奸犯可能有这种暴力前科时，达菲的嫌疑就大大提高了。警方趁他在公园跟踪一位妇女时抓捕了他，确凿的鉴证证据将他与两起谋杀案和四起强奸案联系起来。1988年2月，他被定罪。

　　坎特的心理画像共有17条，其中13条与达菲相符。他曾说过达菲个子矮小（只有5尺4英寸）；其貌不扬（痤疮疤痕颇多）；对武术感兴趣（在武术俱乐部待过很长时间，收集了一些功夫武器）；留下了犯罪的纪念品（33名受害者的家门钥匙）。达菲被定罪后，英国警方在重大罪案调查中请心理学家做罪犯心理画像就成了惯例。

　　达菲被成功定罪的唯一不足之处，是他的同伙依然还在逍遥法外。将近10年时间里，达菲都拒绝谈起此人。但鉴证心理学家简妮·卡特勒（Jenny

Cutler）最终从他口中套出了信息。有人说，"他开始喜欢上她。在敌对的男性环境中，他社交不足。他在某种程度上被她吸引住了。"他最后吐露了同伙的名字——发小大卫·麦卡伊。两人都是爱尔兰裔工人阶级出身，在学校饱受欺凌，只得相互帮忙。13 岁时，麦卡伊因在操场重击一只刺猬致死而被停学。老师们发现达菲满身是血地站在他身边大笑。22 岁时，两人一同实施了第一次强奸。在麦卡伊受审的法庭上，达菲解释道："我们通常会乘车旅行。我们称之为'狩猎'。其中包括寻找猎物，找到后就开始跟踪。大卫有一盘迈克尔·杰克逊（Micheal Jackson）的'战栗'（Thriller）磁带。我们常常放这首歌，跟着唱，积累胆气……我们把这当做玩笑，当做游戏。这能提高兴奋度……一旦踏上了违法的道路——就很难收手了。"在犯罪行为发生当时尚无法实现的低拷贝 DNA 证据的佐证下，他行凶的证据无可置疑。1999 年，麦卡伊因三起谋杀和七起强奸被定罪，达菲则又加上了 17 起强奸的罪名。

大卫·坎特的心理画像中最有用的一条就是预测了凶手的住所位置。达菲被定罪之前，坎特是一位环境心理学家，之后就自称"侦查心理学家"，他花费大量时间来研究地域心理画像，并写出了大量文章。正如守法公民喜欢到同一条街购物一样，大多数罪犯也喜欢在同一区域行动。在自己熟悉的地方，他们会更有安全感。大卫·坎特提出了一个环形假设：画一个圆，距离最远的两个犯罪现场也在圆上，罪犯的家很可能就在圆心附近。研究表明，对于大多数行凶超过五次的罪犯而言，这一假设是正确的。坎特发现，通常来说，一个连环杀手的居住地就在头三次谋杀地点所形成的三角形内，达菲就是如此。他开发了一个名为"法网"（Dragnet）的电脑程序，能够生成"热点"（hotspots）。"法网"不会尝试去用"X"来表明凶手的住所位置，而是生成他可能居住的地域，以不同颜色来显示可能性最高的地点到可能性最低的地点。

我个人接触利用电脑算法来抓捕连环凶手源于温哥华警察局的金·罗斯莫（Kim Rossmo）侦探。他是加拿大首位获得犯罪学博士学位的警员，为了论文而做的研究使得他开发了一个能够预测连环凶手居住地的程序。我们见面时，他的程序正在由盗窃犯调查员进行测试，并且这些调查员被测试结果震惊了。我被所见所闻深深折服，于是在 2000 年出版的恐怖小说《杀死影子》(*Killing the Shadows*) 中用到这一程序，而当时地域心理画像的理念仍在酝酿之中。数年后，我在美国巡回推广一本书，某天早上打开电视，看到金·罗斯莫在追捕华盛顿狙击手时接受采访。短短的几年间，这种先进科技已经成为了主流。

动手写《杀死影子》那会儿，我已经出版了以临床心理学家和罪犯心理画像师托尼·希尔（Tony Hill）医生为主角的两部小说。在构思他的首秀小说《人鱼之歌》(*The Mermaids Singing*) 之时，我就知道自己需要寻找帮助。英国的警察与美国联邦调查局和加拿大皇家骑警队的行事风格是大大不同的。我们不会培训行为科学警察，而是让执业临床医师和学者与经验丰富的侦探共事。我意识到自己对这一方式实际如何运行一无所知，也不知道罪犯心理画像师到底做什么。我寻求帮助的那个人是迈克·贝里（Mike Berry）医生。虽说我"窃取"了他的工作方法，但我要说句公道话，他的个性在每个方面都与托尼·希尔医生有着巨大区别！

与大卫·坎特一样，迈克·贝里也是一个在英国警方开始重视罪犯心理画像的时候参与其中的心理学家。他从医多年，在守卫森严的精神病医院治疗患者，随后到曼彻斯特大都会大学教授鉴证心理学。如今，他住在都柏林的皇家外科学院。

"我在临床科进行临床训练和实习，负责的是成年人——患有学习障碍症——和儿童，还有神经心理学，然后到布罗德莫精神病院学习了六个月的选修课程，与托尼·布莱克和同事共事。"布罗德莫是一家高安全级别的精神病医院，位于伯克郡，自1863年成立以来，收治了英国最危险的罪犯，其中包括查尔斯·布朗森、罗尼·克雷和彼得·萨特克里夫——又名约克郡开膛手。多年后，迈克前往默西赛德郡的艾希华斯医院，诊治一些行为极端的患者。

　　对于在同一时代开始职业生涯的两人来说，迈克·贝里认为大卫·坎特的早期鉴证工作在将两个凶手绳之以法的过程中具有指导意义，也极大地激励了地域心理画像艺术。但他也看出了反面："地域心理画像厉害得过头了。它冒得太快了。媒体热衷于此，警方就会感到巨大压力。媒体会说：'七天过去了，你竟然还没抓到人？你打算什么时候找专家来啊？'人们逐渐有种期望，那就是敲敲心理学家家里的门，两个小时后就能破案。"

　　然而，严重破坏公众对罪犯心理画像的信任的案子出现了。1992年7月28日，大都会警察局找来心理画像师保罗·布里顿（Paul Britton）。他们需要帮忙抓住两周前在伦敦西南部温布尔登公地犯下恐怖罪行的凶手。瑞秋·尼克尔是一个23岁的模特，长着一双蓝色眼睛，留有金黄色头发，早上带着两岁的儿子亚历克斯出去遛狗。她正走过一片疏林区时，一男子冲过来，残忍地扎了她49刀。在自传《拼图人》（The Jigsaw Man）中，保罗·布里顿描述瑞秋"被凶手摆成了最丢脸的姿势，臀部一下子就映入眼帘……她的喉咙遭到严重切割，头好像被切断一样"。亚历克斯身上沾了泥土，但并未受伤。有人从树林里走过，看到他时，他正哭喊着："妈咪，快醒醒。"

　　犯罪现场调查员在瑞秋的尸体旁发现了一枚脚印，但未找到凶手的精液、唾液或毛发。目击者称，凶杀案刚发生不久，看到一个大约二三十岁的普通男子在附近的小溪边洗手。媒体激起了人们对此案的巨大关注，当地妇女团体提供了 40 万英镑捐款来协助警方调查——不过警方不能接受。

警方要求布里顿做出罪犯心理画像。他相信凶手与受害者不相识，因为他不能冒着被亚历克斯认出的危险。他认为凶手"就算有过恋爱关系，也是失败或令人不满意的……可能有某种形式的性功能障碍，比如勃起障碍或早泄……"鉴于这次袭击的疯狂程度与无条理性，加上凶手无意于隐匿尸体，"他的智力与受教育程度低于常人。如果有工作的话，也是从事无技术要求或体力劳动。他单身，生活方式相对与世隔绝，与父母一方或独自居住在公寓或起居兼卧室两用的居室里。他有些独居者的爱好与兴趣。这些爱好与兴趣非同寻常，可能对武术与摄影略微感兴趣"。在心理画像报告的末尾，布里顿留下了一条警告："在我看来，由于上述的极度变态行为和强烈的幻想欲求，此人几乎难免会在将来的某个时刻再次杀死一个年轻妇女。"从许多方面来，这是一份十分宽泛的心理画像，符合这一描述的男人数目相对较大。

谋杀发生的一个月里，警方收到了公众的 2500 通电话，案子的文件浩如烟海，令他们沉溺其中不可自拔。他们利用布里顿的心理画像来缩小嫌疑犯范围。当 BBC《犯罪观察》（Crimewatch）以凶手的面貌复原为专题节目——其中包括心理画像的修订版——播出时，共有三个不同的人指出了科林·斯塔格。23 岁的他独自居住在离温布尔登公地不足一英里的庄园。他跟邻居说，瑞秋被杀 10 分钟前，他曾走过那片疏林区。

9 月，警方到斯塔格的公寓问询，发现前门上贴了一个标志——"基督徒退散，此处住着异教徒"。进了公寓，他们找到了色情杂志和神秘学书籍。他们审了斯塔格三天，问及杀人案当天他穿着哪双鞋子时，他说在被拘捕两天前扔掉了。他曾跟几个女人有过关系，但跟哪一个都是"硬不起来"。瑞秋被杀后的那些日子里，他说自己只戴一副太阳镜，全身赤裸地躺在温布尔登公地，叉开双腿，对着路过的一个女人淫笑。斯塔格反复否认谋杀尼克尔，不承认在附近小溪洗手的人就是他。

斯塔格极为符合布里顿的心理画像，因而成为警方的首要嫌疑犯，但警方并没有足够的证据来证明他有罪。他们又去找布里顿，看看他能不能提供一些建议来帮忙结案。后来提出的计策是让一个貌美如花的卧底女警来实施"美人计"（honeytrap）。

布里顿通过几期一对一的课程来培训这位警员——称作"利兹·詹姆斯"（Lizzie James）。她要让斯塔格知道，她愿意做一些其他人不愿做的事情，给他空间来畅所欲言。最后，她要告诉他，她年少时被诱加入过一个神秘团体，在那里被人虐待，还被迫目睹一个年轻女人和小孩被性虐杀。自从离开那个团体后，她与男人的关系均以失败告终，因为他们都没有能力或魄力来满足她的幻想。

利兹给斯塔格写了信，斯塔格立即回复。她给他寄了一张自己的照片，两人的交流增多，利兹不断鼓励斯塔格把她作为幻想对象：

> 你要我说说收到你那些特殊信件时的感受。好，首先，我甚感兴奋，但我禁不住想到你在快要爆发时还表现出克制，表现出自控。我想要你爆发，我想要体会到你的强劲和霸气，这样我才能彻底地屈服于你，毫无芥蒂，尊严尽失。

斯塔格回信道：

> 你需要一个实实在在的男子汉来好好云雨一番，而我就是……在这个世界上，我是唯一一个能给予你的男人。在我虐待你的时候，

你必然会发出痛苦的嚎叫。我要摧毁你的自尊心，让你再也不敢正视别人的眼睛……

4月29日，他们才第二次通电话，斯塔格就给她讲了个故事。在这个故事里，他从背后进入利兹，用皮带把她的头拽到背后。第二天，他寄来一封信，承认自己曾作为尼克尔一案的嫌疑犯被抓过。"我不是个杀人犯，"他补充道，"因为我相信，从最小的昆虫到植物、动物和人，所有的生命都是神圣而独特的。"

自两人通信开始5个月后，斯塔格和利兹在海德公园第一次见面。她给他详细讲述了那段神秘团体经历，斯塔格则交给她一个棕色信封。信中生动地描述了斯塔格、另一个男人、利兹、小溪、林地、痛苦与滴血的刀构成的幻想。后来，斯塔格解释说，写这封信是因为他以为利兹会"为之动情"。警方为这一进展深感兴奋，布里顿告诉他们："你们要找的这个人是罕见的极度性变态狂。瑞秋被杀时，温布尔登公地有这样的两个人的几率是极小的。"

1993年8月，警方逮捕了科林·斯塔格。一年多以后，当这件案子最终走上法庭的时候，奥格内尔（Ognall）法官检阅了与此案相关的700页卷宗，对警方与布里顿给斯塔格下的套表示悲观："这种行为不仅表现出过度的激情，也是以最令人不齿的主动欺骗方式来构陷嫌疑人。检方试图以该行为的目的是让被告人有机会洗脱嫌疑或牵涉进凶杀案来说服我。我得说，这种说法是十分虚伪的。"奥格内尔裁决所有信件与录音无效，斯塔格被无罪释放。

1998年，利兹·詹姆斯因调查所带来的创伤后患抑郁症而在33岁内退。2002年，因在瑞秋·尼克尔一案调查中提供不被科学实践所接受的建议，并夸大其方法的有效性，保罗·布里顿受到英国心理协会的公共纪律聆讯。然而，两天后，委员会撤销了该案，认为八年已过，要想让布里顿得到公正的听证是不可能的。在这两天时间里，委员会还听说"美人计"得到了大都会警察局最高阶人物的批准，布里顿的工作还受到弗吉尼亚州匡提科联邦调查局心理画像小组的审查。

同年，警方组织了一支悬案复审小组来调查瑞秋·尼克尔被杀案。科学家们重新检查了瑞秋的衣物，在新型超感科技的协助下提取了DNA物质。这份DNA不属于科林·斯塔格，而是来自罗伯特·纳珀——一个狂躁的精神分裂症患者，被关押到布罗德莫精神病院之前，曾在伦敦强奸了多达86名妇女。1993年11月，即瑞秋·尼克尔被杀16个月后，纳珀在萨曼莎·毕塞特及其4岁女儿杰斯敏的公寓里将两人残忍地杀害。2008年12月18日，纳珀被认定也杀害了瑞秋。

鉴证病理学家迪克·夏泊德给瑞秋和毕塞特母女做了尸体解剖。他说，在毕塞特母女的尸体解剖过程中，他记得自己说过："'这家伙曾经犯过案，不管此人是谁，这绝不是他第一次杀人。你们要找的是一个下流胚——会不会是杀了尼克尔的那个人？这看起来似乎略有进步。'结果大家都说，'噢，不会，尼克尔一案已经有斯塔格了，我们有人24小时盯着他。'"当被问及这两起凶杀案是否有关联时，保罗·布里顿说它们是"完全不同的事情"。

警方在1994年5月搜过纳珀的家，找到了他那双阿迪达斯幻影限量版运动鞋，但直到10年后，他们才将这双鞋与留在温布尔登公地上瑞秋·尼克尔尸体旁边的鞋印相匹配。2008年12月，《泰晤士报》（The Times）的一篇评论文章结尾写道："之所以不愿为了尼克尔被杀案去调查纳珀，只能是因为警方、保罗·布里顿和英国皇家检察署的律师们都相信自己已经抓到了凶手。在他们看来，科林·斯塔格是有罪的，于是就忽略了和纳珀有关的证据。"斯塔格是个孤独的人，他急于和一个漂亮女人发生关系，以摆脱处男身份。他所写的最露骨的性故事之所以与瑞秋被杀案如此相似，乃是因为他觉得利兹喜欢暴力性爱，所以从他所知的当地一宗凶杀案的网站上得到了灵感。

　　除了对于尼克尔和毕塞特而言是个巨大的悲剧以外，这次搞砸了的调查也给大都会警察局带来了代价昂贵的尴尬局面。除了这次行动的总花费之外，科林·斯塔格被判获得706000英镑的补偿金（部分是因为他的名声受损过重，无法再找到工作）。如今，心理画像师都被称作行为调查咨询师（BIAs），必须得到授权才能执业。最能说明问题的是，肯特郡警察局行为调查咨询师的第一条指导原则为"了解职业技能及所在行业的范围，谨守其限制"。

　　与大卫·坎特给铁道杀手做出的心理画像相反，布里顿心理画像中最无益的说法就是杀死尼克尔的凶手"住在离温布尔登公地不远的地方，对这里非常熟悉"。事实上，罗伯特·纳珀只有在近期普拉姆斯特德附近的狩猎区被警方封锁之后，才被迫在那里下手。

　　迈克·贝里主张在与犯罪发生的相同时刻前往犯罪现场，因为他相信这样有助于对罪犯与犯罪现场的关系做出尝试性判断。他说："我记得多年前到一个小镇公园查看犯罪现场。出租车司机给了我一把手电筒，然后说道，'我不能让你一个人进去，不然就有去无回了。'当时正值午夜，公园里漆黑一片，这对我的心理画像产生了巨大影响。我说，'噢，好，我只需要这些就够了。'尸体是在公园中央的一个池子里被人找到的。显然，杀死那位妇女并且有能力将她带到那种地方的必定是当地人。白天拍的照片不能够说明那里有多漆黑。"

　　尽早收集简单信息可以为做出准确的罪犯心理画像提供坚实的基础。在鉴证证据较少的情况下，对当地的情况了解就变得更加重要。"我记得有一件案子，"迈克说道，"我们跟当地的一位巡官聊，他说年轻人从附近城市的夜总会回家，得乘出租车到山林的山顶，再沿着山林里的一条路走下去，找个空地，喝杯酒，抽支烟，然后走回他们居住的村庄。他说乘出租车绕过山林回村子里得花两倍的钱，所以受害者——16 岁的女孩——一点都不用担心和人一起走在树林里，因为他们确实在树林里走了。这位巡官不知道自己所说的话有多重要，但他对这种反常行为给出了解释。由于受害者身穿牛仔裤和衬衫，且无证据表明有发生过性行为，说明她拒绝了他的求爱，而他大发脾气，抓住她的喉咙，将她勒死，然后回了家。"这以及其他因素表明冲动、临时起意的杀人行为很可能是由常住或暂居村子里的人犯下的。值得注意的一点是，警察找来凶杀调查组的时候，小组的人都对这个街区不熟悉，所以跟当地巡官聊聊就能得到许多信息。警方在数个小时内就从村子里找到了嫌疑犯。他完全符合心理画像，后被定罪。

自第一次见面起，我就一直很喜欢听迈克讲述他如何进行心理画像。我赋予托尼·希尔的心理画像方法是从他的行为方式获得的灵感。迈克办公室的书架上摆满了鉴证心理学书籍，其中包括一些心理画像师详细记述个人经历的回忆录。迈克十分清楚他们一些人所遇到的困境。"你总是得说这是疑似凶手的性格特征，并非一定就是凶手的性格特征。心理学家不应该试图去说某一个特定的人就是凶手。"

迈克的心理画像一方面基于他对罪犯的大量研究，一方面基于他在治疗和侦查过程中与罪犯打交道的多年经验。这给他做心理画像提供了丰富的背景材料，但和 1888 年的托马斯·邦德医生一样，除非完全有把握，他也会用"可能""或许""大概"等词汇来修饰。

看过犯罪现场之后，迈克会研究照片和警方笔录、目击者口供、解剖报告和解剖照片等凡是能到手的相关信息。至此，警方千万不能透露嫌疑犯的信息，心理画像师才能不受调查员的偏见影响。最有价值的心理画像要能够避免任何偏见或成见。

对于迈克来说，接下来的这个阶段就要在他头脑里进行了。"我坐在一张白板前思考，这是提出最初假设来做心理画像的步骤之一。我出去走走，脑子里反复琢磨，偶尔碰到我信任的同事，就向他们透露一些想法。之后就到了否决模式。好，能否假定凶手是男性？当然，如今女性凶手逐渐普遍起来……我明白在心理画像里可以说什么，还要否决什么……如果是性侵案，嫌疑犯就可能在十岁到六十岁这个区间内。但一般来说，凶手可能比那些初尝禁果的小年轻们年纪大一点。要先从特别粗略的事情开始。如果用到了安全套，你会想，'为什么？'因为他具备犯罪常识、犯罪经验，不想留下证据……我建立起一个模式，不断地去尝试否决它，我会问自己，'这一项的证据在哪里？'你在一样东西上忙活了几个小时，别的东西来一句，'不对。'那你就得排除掉。我觉得，有时候警员和心理画像师之所以犯错，是因为他们灵感突发，还不肯放弃这个灵感。我们都要学会放手才行。如果证据不支持某个假设，你就把它排除掉，从假设 B 着手，一直验证到假设 Z。"心理画像要以多个特征为中心，如性别、年龄、种族、职业、感情状态、交通工具类型、爱好、犯罪行为、与女性的关系、与受害者的关系、如何选择受害者、社会等级教育、犯罪后行为、问询时行为等等。

思考完有关犯罪的所有问题后，有些心理画像师会预先准备一系列问题来自问自答。大卫·坎特会问：犯罪细节表明罪犯的智力、知识与技能程度如何？他是临时起意还是有条不紊？他是如何与受害者打交道的，这是否能透露出他可能会以怎样的方式与其他人打交道？罪犯是否对自己所犯下的罪行或实施犯罪的现场很熟悉？

心理画像师的作用不是找出特定的人，比如科林·斯塔格，他们的目标应当是为高级调查官提供一份报告，使潜在嫌疑犯的数量变得更加可控。例如，约克郡开膛手问询产生了 268000 个有名有姓的嫌疑人供调查员调查，他们总共进行了 27000 次登门询问。迈克·贝里说，"如果是涉性谋杀犯，那就是 3000 万个男性嫌疑人。减去年龄太大和太小的，就缩小到了大约 2000 万个……"对于警方而言，只要是为了确实减少嫌疑人个数，心理画像师所做的任何事都有着巨大价值。迈克说："有些人仍然对心理画像有误解。他们认为，心理画像师要出面说明凶手是左撇子，长着姜黄色头发，身高 5 尺6 英寸，支持曼城队。但更多人如今把它看做侦探工具袋里的一样工具，就像 DNA 和病理学一样。它更像是一样工具，而非主要的信息来源，我觉得这种想法是很正确的。"詹姆斯·布鲁塞尔和克拉丽丝·史达琳所带来的魅力与刺激是否还存在？"心理画像是一个挑战，而且令人殚精竭虑，因为有时候你遇到的是非常可怕的罪犯。当然，刚开始做心理画像的时候，我总觉得如果不能给警察提供正确信息去抓住真正的凶手，那就是我的错，但一段时间过后，你意识到自己只能说'这是凶手可能具有的特征'，而收集数据、抓捕罪犯仍然是警方的职责。如今，许多高级调查官会直接联系布莱姆希尔（Bramhill）警察学院。警方越来越能够自给自足，用自己人的可能性也更大。现在已经很少找心理学家公开做心理画像了。"

当然，鉴证心理学家做的不仅仅是帮忙寻找凶手而已。大多数心理学家都要应付收治在医疗机构中的罪犯与病人，有些则参与刑事与民事审判。迈克·贝里说他与同事一年里很少有出庭超过五次的（但在同样的时间段里，他们可能要做上百份报告，其中有五份被提出异议，因而就要到法庭上辩护）。出了法庭，鉴证心理学家要在安全单位和精神病医院跟罪犯打很多交道，有时候要帮他们做好准备去过外面的日子，还有时要从他们口中套出信息，以协助侦破其他案件，比如简妮·卡特勒和约翰·达菲一案。迈克说："我跟罪犯和受害者打交道，这是件非常有挑战性的事情。你面对的挑战是分析一个故事，从中理出头绪……有时候好几个月或好几年都没办法听到完整的情节。"

迈克·贝里也对学术型心理学家的介入称赞不已："学术型的人比较可能

会问'证据在哪里？'他们研究的领域十分宽泛，比如强奸犯的语言分析、连环案犯的活动、询问——这些都是非常有用的，我们可以从中汲取好的部分，应用到心理画像中去。"询问罪犯、受害者和目击者，听他们完整讲述事件过程，在大卫·坎特看来——贝里称他是'该领域的主力军'，这是心理学家在犯罪调查中贡献最多的领域。询问的宗旨就是让人去回忆，众所周知，回忆是一种特别棘手和容易出错的活动。心理学家研究了询问的艺术，并提出了侦探应该遵守的一些要点：要为询问目标营造开放的氛围，以提问的方式重建事件的情境，提出不能仅以'是'或'否'来回答的开放式问题，避免中间打断目标的话，对目标的每一句话都要抱有兴趣，尽管这些话显得并不相关。人是不一样的，鼓励受询问方来讲述真相通常取决于难以捉摸的信任与尊重等品质。提高嫌疑人坦白几率的另一个经实践证明的方法，是让他们完全明白对其不利的证据的分量。然而，与电影中正好相反，武力胁迫恰恰会使受询问方缄口不言，或者说假话。当然，如今询问都有录音录像，任何武力胁迫行为都会导致证据不被法庭接受。

鉴证心理学家也在逐渐参与到"心理解剖"——试图去探索某人死前的精神状态——中去。病理学家可以通过实际解剖来判断死亡原因，但并不一定能判断出是自杀、凶杀还是意外死亡。心理学家则通过查看日记、邮件、网络活动、逝者家人的精神健康史，还可能询问与逝者关系亲密的人。

2008年，迈克·贝里针对轰动一时的西约克郡迪斯伯利女学生夏侬·马修失踪案做出评论（为 Sky 电视台）。他对事件的分析正是基于对言语表达和行为的细微差别的敏感，而这些都是心理解剖所必需的。"我发现，当她母亲（凯伦）和她的年轻伴侣在沙发上受访的时候，一个孩子老想爬到她怀里，而她总是把那孩子推开。我就想，如果一个孩子刚刚失踪，按理说应该紧紧抱着其他孩子才对，可她没有这么做。她还说'等找着她，街坊邻居肯定会很高兴’，而不是说‘我会很高兴。我会欣喜若狂’。”结果，原来是凯伦给 9 岁的女儿下了羟基安定（一种安定药），然后把她交给一个同伙，后者在他附近的房子里关了她一个月。原本的计划是由凯伦的男友“找到”夏侬，再和凯伦瓜分赏金。然而，收到举报后，警方在同伙的家里找到了被捆着放进长沙发抽屉里的小女孩。

1976 年，霍华德·休斯——古怪的美国商人，18 岁从父亲手中继承德克萨斯州休斯敦的家族生意——死亡后，一次比较常规的心理解剖实施了。六十岁时，休斯已经成为世界上最富有的人，但却生怕患上传染病。他移居墨西哥，给自己注射可待因（镇痛剂），赤身裸体，任由头发和手指甲脚趾甲疯长，从来不洗澡，也不刷牙，上一次厕所能用 20 个小时。由于这种隐居和古怪行为，他的遗嘱受到质疑，这引起了美国精神病协会会长雷蒙德·富勒（Raymond Fowler）的关注，而富勒正在拟写一份报告，判断他是否因患有精神病而做出忽视现实的举动。富勒得出结论，尽管休斯患有精神障碍，行为十分古怪，但他一直知道自己在做什么，并非精神病人。他的遗嘱被承认了。

在 1827 年的论文“论谋杀：一种高雅艺术”（On Murder Considered as One of the Fine Arts）中，作者托马斯·德·昆西（Thomas de Quincey）戏谑地说谋杀应当被从美学的角度看待，而非法律的角度。从某种程度上来说，这正是鉴证心理学家的做法。她（85% 的鉴证心理学家都是女性）是在试图绘制一幅弄懂他人思想的图画。这幅图画可能远远算不上美丽，但它对于熟悉这些思想的人来说就很有意义。我们对同胞脑中的陌生世界了解越多，就越能在他们犯错之前将他们医治好。

12

规则的束缚：法庭
THE COURTROOM

"与检方需要提供证据来证明不同的是，辩方只需引入疑问就可获胜。"

蒂姆·普理查德，

《观察者报》2001 年 2 月 3 日

　　作为从业 13 年的律师，菲奥娜·雷特（Fiona Raitt）把科学证据仅仅看做"司法程序的另一步骤"。然而，当回到邓迪大学时，她开始向科学家和心理学家请教"证据是如何从犯罪现场收集的，如何储存，如何使用，如何最终呈上法庭"。如今，作为证据与社会公正学教授，她所写的是关于每个取证阶段所面对的紧张气氛："每个人对科学的如何使用都带有不同的既有兴趣，从科学被发现的最初阶段到它出现在法庭上，皆不例外。"当警方觉得证据有助于帮他们实现定罪的时候，就会对证据特别严苛。检方律师可能会忽略一些令被告人显得无辜的事实。与此同时，辩方律师会忽略被控事实，试图说服法官排除重要目击证人。在这场法庭拔河战的正中间，悬着的正是证据自身和倾尽专业技能来找出并解读证据的鉴证科学家们。如果时机合适的话，律师会先毁掉科学家的证词可信度，然后再毁掉他们的好名声。

咱们拿一个典型的证据来做例子吧，比如凶杀案嫌疑人的夹克衫。犯罪现场调查员会尽快用胶带从夹克衫上提取可疑的纤维或毛发，然后将夹克衫放入塑料证物袋内，送到实验室科学家那里，从上面寻找血迹之类的东西。经过妥当的测试后，科学家把夹克衫装入"红袋"存储起来，以备将来可能要呈上法庭。如果科学家找不出什么有用的东西，夹克衫会被放入储藏室，等着下一次科学大突破的到来，那时候或许就能够找出有用的证据，比如超感 DNA 检测。

这就是 1993 年伦敦东南部一次无端的种族袭击中，谋杀 18 岁男生史蒂芬·劳伦斯的那个帮派成员的夹克衫的命运。史蒂芬正在学习高中课程，希望能成为一名建筑师。他和朋友在外玩了一夜，准备回家，正站在埃尔特姆的一个公交车站前，一群年轻人把他推倒在地，然后刀刺致死。其中一个帮派成员——盖瑞·多布森——穿着一件灰色紧腰夹克衫。他和朋友们一直否认参与谋杀，而他们给警方提供的不在场证明后来被发现是假的。其他的间接证据也对他们不利，比如警方在多布森家里安装的隐藏式摄像头拍到的画面。虽然这伙人从未在视频中讨论过杀人，多布森确实称拿走他棒球帽的一位同事为"黑杂种"。那个同事轻拍他的腿后面时，多布森说他抽出斯坦利刀威胁道："再拍我一次，你个蠢货，我就他妈的割了你。"

多布森在 1996 年出庭受审，但因缺乏实际证据而被判无罪释放。不过，随着鉴证检测灵敏度的提高，加上 2005 年重复起诉法的废除（指的是如果第一次审判时尚无法得到证据，新的证据出现后，可以因同一犯罪行为对罪犯进行第二次审判），警方准备在 2006 年进行一次大型悬案证据复审行动。他们将内含紧腰夹克衫的证物袋交给英国政府化学家实验室。这一次，科学家们发现了令人信服的新显微证据——足以让警方再次以谋杀罪起诉多布森。

2011 年 11 月审判时，检方律师马克·艾莉森（Mark Ellison）向陪审团播放了多布森的种族主义言论，同一个摄像头还拍摄到另外一个帮派成员说："我去卡特福德之类的地方，我告诉你，手里拎着两把半自动机枪，我的意思是，随便找一个人，剥了那黑杂种的皮，哥们，再折磨他，给他点着了……我把他们两条腿两条胳膊全给轰掉，再跟他们说'动起来，游回家去吧'。"艾莉森还找来目击者向陪审团重述谋杀行为。但指控多布森的关键证据是英国政府化学家实验室的爱德华·贾曼（Edward Jarman）在他紧腰夹克衫上找到的东西。

贾曼花了两天时间来用显微镜观察那件夹克衫，在衣领的织物内发现了一个直径为半厘米的微小血迹。DNA 检测后，陪审团听到贾曼说该血液不属于史蒂芬的概率低于百万分之一。血迹要么是史蒂夫刀伤的新鲜、尚未干燥的血液造成，要么是刀上的血液留下的。贾曼还在证物袋的底部发现了一些属于史蒂芬的干燥血片。血片中嵌着夹克衫和史蒂芬死亡当晚所穿球衣的一些纤维。另外，通过重新检查谋杀后被用来从多布森夹克衫提取纤维的胶带，他在上面发现了更多匹配史蒂芬衣服的纤维。

实体证据从犯罪现场到法庭的这段路程并没有得到太多的媒体关注。但审判是对鉴证证据的终极考验：若记录不善，证据将无法在法庭上立足。如此一来，鉴证科学家——数字分析师、病理学家、昆虫学家、指纹专家和毒理学家——的所有努力都将付诸东流。在多布森一案审判中，辩方律师蒂姆·罗伯茨（Tim Roberts）费尽心机地对夹克衫的历程提出质疑。在对陪审团的开庭陈述过程中，罗伯茨说："针对盖瑞·多布森的指控是根据不可靠的证据提出的。史蒂芬·劳伦斯被袭击之时，盖瑞·多布森正待在父母的家里。他是清白的。该案的卷宗繁多，但提出该指控所依据的实体证据，即纤维和碎片，连一勺都没有。"

18 年来，这件夹克衫静静地躺在封口的纸袋里休眠。罗伯茨指出，在20 世纪 90 年代早期，嫌疑人和受害者的物品通常都存于一室之内。多年来，许多科学家在全英国多个不同的实验室检测过史蒂芬·劳伦斯的物品，但这些科学家并非个个都穿了白色塑料保护服。罗伯茨称，夹克衫领口的血迹并非新鲜血液留下的，而是粗心的科学家拿过史蒂芬的物品后，将干燥的血片

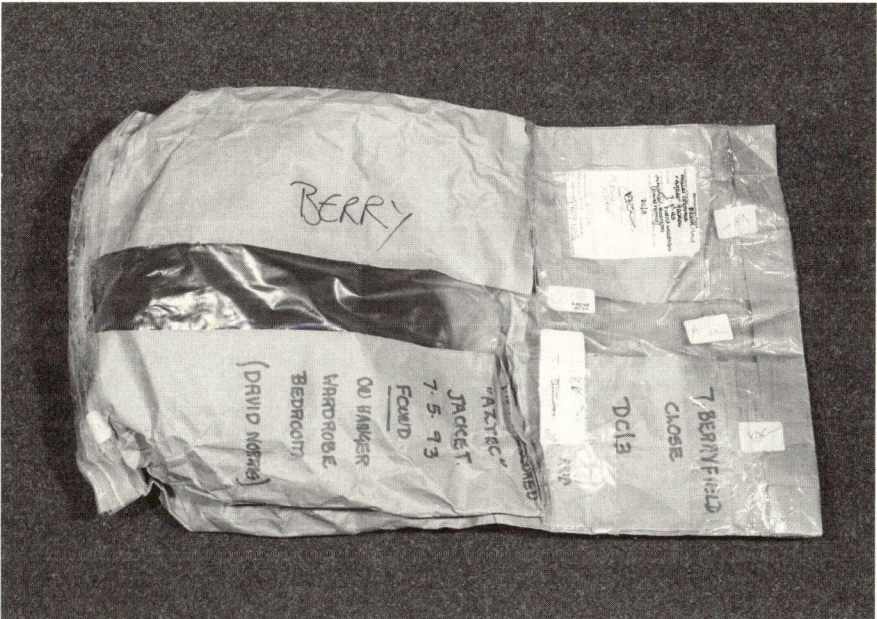

这是曾用来存储盖瑞·多布森紧腰夹克衫的棕色
纸袋。夹克衫上沾有史蒂芬·劳伦斯的血液。
供图：Rex Features

弄进了证物袋。他认为血迹是科学家们进行唾液检测时血片溶解留下的。爱德华·贾曼予以反驳，说他曾使用对照血片验证过这一理论。血片变成了"凝胶状"，因黏性过强而无法被纤维所吸收。双方的争论涉及面特别广，内容也巨细无遗。多布森6周审判过程中一直在场的一位记者说："在11月末那漫长的举证期间——律师们充分地争论了棕色证物纸袋的安全性——陪审团有些厌倦了。"

罗伯茨还迫切地要让法官裁决下一位证人——罗莎琳德·哈蒙不得作证。英国政府化学家实验室指派她前去检视这件夹克衫的证据连续性。他认为，作为英国政府化学家实验室的雇员，她的说法不可信。法官予以否决，准许她出庭作证。她作证道，尽管这件夹克衫历经波折，血液和纤维受污染并"无实际可能性"。2012年1月3日，盖瑞·多布森被裁决为谋杀罪成立，被判至少15年监禁。他逃脱正义、逍遥法外了18年又256天——这比史蒂芬·劳伦斯的一生还多了35天。作家布莱恩·凯思卡特（Brian Cathcart）在审判后说："某天可能判罪的想法一度不过是个幻想。重新检视证据，找出能够定罪的显微物质，这真的是太神奇了。"该帮派的另一位成员——大卫·诺里斯——在盖瑞·多布森受审时也被绳之以法，很大程度上是因为谋杀当晚他穿的牛仔裤上发现了史蒂芬的一根头发。目击者证词表明，还有另外三或四名男子涉嫌该起凶杀案。他们的名字已知，但并无鉴证证据表明他们当时在场。

在史蒂芬·劳伦斯一案中，检方通过辛勤工作找出了给两个残暴的种族主义杀人犯定罪的证据。"连一勺都没有"的证据干掉了盖瑞·多布森，闭路电视视频录像起到了"落井下石"的作用。但证据是一把双刃剑，有时候律师们会想方设法来利用它妨碍正义。

陪审团成员对闭路电视视频录像情有独钟，因为审判中的许多证据可能多有争议，视频证据却能一览无余、无可辩驳地展示所发生的事情。但这种不偏不倚的特性又意味着它会将所有的事情都录下来，而非仅仅是检方愿意看到的东西。在2010年出版的《为罪犯辩护》(*Defending the Guilty*)一书中，刑事律师亚列克斯·麦克布莱德（Alex McBride）描述了一件案子。在这件案子里，他充分利用闭路电视录像视频，帮一个人摆脱了法律的惩罚。"贾尔斯"被高清闭路电视录像视频拍到重击了一男子的面部。他弯下腰，任何人都可以从他的唇形读懂他打完那一拳之后几秒钟内所说的话："你他妈的还想再尝尝我的厉害吗？"

当麦克布莱德观看这段视频为辩护做准备时，他的心沉了下来。他沮丧地看到了视频末尾，直到画面归于一片黑暗。突然，视频画面又回来了。麦克布莱德惊奇地发现一个警员把贾尔斯的同案被告戴夫按在墙上，抓住他的衬衣，一下子摔到地上。戴夫的女朋友试图插手，那个警员把她也撂倒了。她想爬起来，却被那个警员一直踩在脚下。

麦克布莱德给戴夫的辩护律师看了这段视频，两人一同提出了一个计划，即不向那位实施非法逮捕和袭击的警员提起诉讼，换取撤销对他们当事人所提起的所有指控。令他们高兴的是，检方同意了，戴夫和贾尔斯被无罪开释。为了帮当事人逃脱罪责，麦克布莱德使用了犯罪证据确凿的视频中的未播出片段。"辩护的黄金法则，"他写道，"就是证据越少越有利——除非它与检方目击证人宣誓后所说的证词相矛盾。"

皇家检察署是一个国家机构，其与警方的关系使得它能够在辩护过程中抢得先机，但在法庭上，它也必须与另一方共享其发现。证据共享原则与"平等武装"（equality of arms）这一法律概念有关，即同样的材料必须让检方和辩方都能接触到。若没有平等武装，公平审判也就无从谈起。

平等武装指的是，在理论上，检方和辩方应当能够找来专家证人，就证据的意义给出意见。但是，法官越来越倾向于鼓励检方和辩方专家在证据分析结束后聚到一起，通过预审会议来讨论双方的发现。这就涉及了平等武装原则，因为它节省了时间与金钱，而考虑到英国最近削减了法律援助的经费，这两点都已经极为不足了。节省下来的金钱可以用来支付其他专家的费用。但这不仅仅是为了平等武装，正如一位鉴证心理学家所说的："我提交一份报告，对方也提交一份报告。如果两份报告差异较多，我们会聚到一起喝杯咖啡，推敲差异所在，得到较为中意的结果。这样一来，我们不必跑到法庭上，用三天时间讲些陪审团成员一窍不通的不同理论，惹得他们心烦。"

鉴证人类学家苏·布莱克深表赞同。"提前会面，找出一致与差异所在，这是非常重要的。它有助于斩掉法庭上的故作姿态。"在最近的一件案子里，苏担任辩方专家，双方未进行预审会议，结果"检方专家从头到尾都十分被动"。有那么一刻，法官问双方的专家是否可以聚到一起聊聊，可辩方和检方的律师都认为双方一致之处太少，会面毫无意义。检方指控被撤销，而这"对谁都毫无益处"。

专家们并不总是需要亲自作证：不管是由一个还是两个专家写就，一份书面报告通常就足矣。血液专家瓦尔·汤姆林森曾说："经手的案子远超我想象……其实我每年站到证人席可能也就2到3次。"当证人这种经历会带来各种各样的情绪——激动、自豪、满足感、恐惧、厌恶和羞辱。至于会遇到哪些情绪，就要看案子的性质——还有专家自身的性格了。

即便是最棒的实验室科学家，也可能无法在证人席上展现出自控与信心。病理学家迪克·夏泊德说："许多科学家能够找到证据，但站在证人席上，以原先一窍不通的陪审团所能理解的方式来呈现证据，这需要一种独特的技能。"人们常说，诉讼程序很像剧院——正因如此，像伯纳德·斯皮尔伯利这样人格魅力出众的"演员"才常常给陪审团留下最好的印象。

虽然专家们只可回答律师提出的问题，却也被鼓励给出个人看法。他们的工作是找到并解读事实，而非鹦鹉学舌般地复述事实。当然，事实与看法之间的区别是很模糊的，专家证人的一个重大责任就是不能说些可能会误导陪审团的事情。如果一位专家说这个特别模糊不清的指纹属于乔·布洛格斯，这是事实，还是一个看法？或者，如果一个血迹专家说血滴模型表明受害者遭受致命一击时正躺在地上，那么陪审团如何评定这一证据？

再进一步来说，科学本身就具有假定性：各种理论恭候着辩驳，在新证据出现时，又能接受改进。菲奥娜·雷特说："许多专家证言直指科学发展的核心，而科学是一个不断发现和精炼的过程。今日所知之事，有时会与昨天所知之事有天壤之别。"

专家证言指的是超乎公众一般知识之上的证言。无论专家证人对证据的把握有多大，有罪无罪的"终极问题"都要交由陪审团来回答。从某种程度上来说，这也是一个语义学问题。瓦尔·汤姆林森不能说"DNA证据表明里德兄弟就是凶手"，但她可以说（也确实说了），"在我看来，对DNA检测结果的最合理解释，是那些刀子由特伦斯·里德（即泰瑞·里德）和大卫·里德分别携带至受害者家中，且刀柄断裂时，两人正手持着这些刀子。"

"超乎公众一般知识之上"（knowledge beyond the general）原则源于1975年，是在特伦斯·特纳一案之后出现的。特纳正和女友温蒂坐在车里，他以为她肚子里的孩子是自己的。可他们争论起来，盛怒之中，她说在他蹲大牢期间，她一直在跟别的男人睡觉，所以孩子是其中一人的，不是他的。暴怒之下，特纳抓起主驾驶车座旁的一把锤子，往温蒂的头部和脸部连砸了15下。之后，他下了车，走到附近一家农舍，跟一个人说他刚刚杀了自己的女朋友。在法庭上，他说他不知道自己在做什么，那只手不自主地握住了锤子，"我从来没想过要伤害她。"

特纳的辩词简直就是挑衅。若陪审团听信了的话，那他们就会做出误杀裁决。但他们最终做出谋杀罪成立的判决。他以法官不允许陪审团听取一位精神病学家的报告为由，对该裁决提起上诉。这位精神病学家曾经写过，特纳并无精神疾病，但对他人的情绪特别敏感。他的"人格结构"（Personality Structure）使得他易受怒火的影响，而由于他与受害者的关系，这种怒火是人之常情，是可以理解的。如果她的坦承突如其来，他可能是在"盲目的怒火爆炸性释放"之中杀了她。

他的律师辩称，如果陪审员被允许听取那个报告，他们肯定能更好地理解特纳的行为。劳顿（Lord）法官提醒上诉法庭，"陪审团成员不需要精神病学家来告诉他们，未患有任何精神疾病的普通人可能会因生活抑郁和压力而做出反应。"如果所有案件都可以找来精神病学家和心理学家，证明被告人可能说了实话，他说："陪审团审判制度很可能将会被精神病学家审判制度所取代。"特纳的上诉被驳回。菲奥娜·雷特解释道："专家要证明他们的行业被贴上'专业技能'的标签是名副其实——笔迹学显然是一种专业技能，而对炸药的了解也是专业技能——但涉及人类行为时，法官们总是会含糊不清。"

对于大多数案件而言，鉴证科学家要给陪审团提供重要信息以供参考，还要帮助他们去理解这些重要信息。最能引起法官们和菲奥娜等学术型鉴证人员深思的就是那些错判误判的案件。这些案件是所有关注者的痛点，但也为下一个相似的审判铺平了更好地寻求正义的道路。著述颇多、拥有许多名号的专家在法庭上因人们的期望而承受着巨大的负担。总的来说，陪审团会对他们的观点给予额外重视，特别是当他们颇具人格魅力的时候。

最近的一个范例名叫罗伊·梅朵——以定义代理型孟乔森综合征而出名

的儿科医生。该病指的是父母亲通过伤害子女来获取医生的关注。但在英国，梅朵因与婴儿猝死综合征（Sudden Infant Death Syndrome，又称"婴儿猝死病"）的联系而最为知名。这种病指的是明明身体健康的婴儿不因任何明显的医疗原因而突然死亡。根据梅朵的说法，"一个婴儿猝死是悲剧，两个就显得可疑，出现三个，若没有其他原因，就是谋杀无疑。"英国社工和儿童保护机构谨记"梅朵法则"，几个家庭的惨剧令他们无法忘怀。

1996年，一个11周大的男婴在柴郡家里的婴儿睡篮上猝死。两年后，他弟弟哈利年仅8周就死于同样的情形。病理学家在这两个婴儿的身上都发现了创伤痕迹。他们的母亲萨莉·克拉克是一个警察的女儿，因双重谋杀而被逮捕和起诉。

1999年11月，萨莉出庭受审。几个儿科医生作证称两个婴儿可能是自然死亡，认为他们身上的创伤可能是尝试心脏复苏时留下的。但检方律师认为萨莉是一个"孤独的酒鬼"，怀念她那份待遇丰厚的律师工作，因孩子们把她困在家中而心怀愤恨。检方专家，包括罗伊·梅朵爵士在内，最初都认为两个婴儿是被摇晃致死，不过后来认定他们是被闷死的。梅朵认为一个富裕家庭中连续发生两次婴儿猝死事件的几率是7300万分之一。他用一个比喻来强调这一信息："这就好像是在全国越野障碍赛马中，连续四年给一个赔率为80:1的冷门选手下注，每次还都能赢。"根据这位新晋爵士的医生提供的惊人数据，陪审团以10:2的多数票裁决萨莉·克拉克犯有谋杀罪。

英国皇家统计学会称梅朵的7300万分之一的估算是"严重的数据错误"后，萨莉对这一判决提起上诉。为了得到这一数据，梅朵仅仅是把富裕而不抽烟家庭中活婴与猝死比率——8500:1——翻了个番。这一点没有考虑到猝死婴儿的兄弟姐妹拥有极为相似的基因和环境，因此比其他猝死人口面临着更大的危险性。英国婴儿死因研究基金会称，在英国，同一家庭发生第二次婴儿猝死"几乎每年一起"。然而，2000年10月，法官们声称梅朵的数据纯属"细枝末节"，没有影响到陪审团的裁决，故而驳回了萨莉的上诉。

接着，马格斯菲特医院出现的新证据表明，另外一位出庭作证的专家证人——病理学家阿兰·威廉姆斯（Alan Williams）——未披露对血液样本所做检测的结果，而这些检测结果则表明其中一个婴儿是死于金黄色葡萄球菌病毒感染，并非死于摇晃或窒息。萨莉再次上诉。这一次，即2003年1月，她的判决被撤销，得以无罪释放。上诉法庭法官评论称，尽管梅朵的数据错得离谱，却是马格斯菲特医院的发现——由一位免费工作的律师——使得他们推翻了原判。对于阿兰·威廉姆斯之所以认为血液检测结果不重要的解释——他认为该男婴并非自然死亡，而血液检测结果与这一想法不符——上诉法庭的法官们给予严厉申斥。

萨莉获释引起了摇晃致死婴儿案件的复审。另外两位妇女，即多娜·安东尼和安吉拉·坎宁斯的原判也被推翻，并被释放出狱。坎宁斯的三个孩子都在满20周之前死亡。当发现她奶奶的两个婴儿、祖奶奶的一个婴儿也曾猝死之后，她提起了上诉。杜普迪·巴特尔也是被指控谋杀了自己的三个孩子，后于2003年7月被无罪开释。在这些案件中，罗伊·梅朵爵士都曾就单个家庭中多起婴儿猝死案件的不可能性作证过。"一般而言，"他曾说，"意外的突然死亡是不会在家族内遗传的。"

随后，罗伊·梅朵和阿兰·威廉姆斯因"严重违反职业操守"而被英国全国医学总会（General Medical Council）除名。2006年，梅朵上诉要求复职获胜，其根据是他犯下的数据错误乃出于好意。但与伯纳德·斯皮尔伯利不同的是，他的名声于他在世期间就已经被玷污了。2009年，梅朵亲自要求从英国全国医学总会除名，也就意味着他不能再在英国行医，也不能以专家证人身份出庭作证。英国法庭也不再根据单个专家证人的证词来对婴儿猝死

罗伊·梅朵到英国全国医学总会，因数起婴儿
死亡案件中提出的证据而面临职业操守审查。
供图: Rex Features

的父母提起诉讼。

　　萨莉·克拉克再也未从这场磨难中恢复过来。她不仅失去了两个小儿子，还被媒体当做孩子杀手，在监狱的三年里，又被其他狱友以恶魔的典范来对待。2007 年，她因酒精中毒去世，年仅 42 岁，留下第三个儿子孤苦伶仃。

　　科学家们喜欢给自己的理论贴金。在刑事案件中成功运用这些理论，有助于提高他们在学术界的地位。苏·布莱克早已学会了对此谨慎以待。"有一次我去法庭作证，双方一致同意，无论我说什么，他们就听从。我不是说这是好现象，因为在某些情况下，过于依赖专家证人是件很危险的事情。"考虑到有时候犯下的各种细微错误，菲奥娜·雷特想知道，"专家在何种程度上

萨莉·克拉克获释后站在最高法庭外。
供图：Rex Features

会被收买？你总想着不会存在这种事情，但这个世界并不如你所愿。"

全盘接受专家的意见明显是很危险的事情，但如果法庭走了另一个极端，把所有的高新科技都看做过于新颖、不可靠而加以驳回，这也是极危险的。在理想情境中，法官和律师把证人席上的科学家先置于压力之下，探索一种技术的极限，给他们新的指导，以便重新回到实验室进行探索。当苏·布莱克在一起虐童案中首次尝试通过手上的血管分布模式来确认被告身份时，被告的律师斥责她使用了前所未见的技术。深恐使用这种技术导致了被告无罪释放，苏知道自己需要更多的数据才能充实完整血管分布模式分析。最后，该技术被用于给一个拍下虐待少女过程的娈童癖定罪。

交叉询问给鉴证技术施压，使之得到改进，这就是一个很好的例子。如果证据确凿，理论无误，看到证据经历检验而不打折扣，陪审员会对它更加相信。但事情并不总是这样的。事实上，长久以来，人们一直在质问审判系统在寻求真相上意义。法国律师、哲学家蒙田在 1952 年去世前不久写道，"我们先是对事怀有敌意，接着又对人怀有敌意……双方互相辩驳使得我们的辩论成果变成了对真相的破坏和湮没。"换句话说，当律师对证据的攻击失败，就会将炮筒转向提供证据的人。跟我聊过的一位鉴证科学家乐此不疲。"我喜欢律师交叉询问所带来的挑战——刚开始的时候是这么说的，'年轻人，根据你那有限的经验……'如今，我常常因为其中的策略而从和律师的互动中得到乐趣。"罗伯特·弗雷斯特（Robert Forrest）对此十分泰然："受不了别干啊。"

一位跟我聊过的刑事律师认为，如果专家们不必面对交叉询问所带来的压力，那将是"巨大的耻辱"："怀疑一个专家证人的资质，这在问询原则中是极为合理的。但这一招很冒险，因为它会令陪审团不快，而一旦输掉陪审团的支持，你的案子就完了。给辩护律师提个建议，别班门弄斧，而要把他们摆到一个无法确认自己的分析的位置。专家们有时候确实也会犯错，所以他们才要对自己报告中的每一个细节都加倍小心。"

一位病理学家注意到，这些年来律师们越来越热衷于找出他的破绽，他认为这种行为或许过犹不及了。"回顾我的职业生涯，人们曾经比较理解专家证人是来奉献全部知识的，如今我们还要给出参考。你不能再随意说，'哦，听我说，这样的案子我见过 20 起，我认为可以用同样的方式处理。'因为他们会这么回答你，'哦，这个东西你发表了吗？同业审查期刊论文在哪里？你可能这 20 次都错了，对不对？'如果我说，'这行我已经干了 30 年了，我看过 25000 次检查，但从没见过这样的结果。'他们会说，'这不过是个偶然事件。'"

我为了写书而交谈过的所有专家都是经验丰富的法庭证人。瓦尔·汤姆林森 30 年的职业生涯中出庭次数已经记不清了——"几百次吧，可能是。出庭可是很吓人的。我记得有一件案子，一个小伙子被一群年轻人踢了一顿，死了。还有一次，一个小伙子的运动鞋上多处有血，但是很难看出来，因为血液跟苹果酒混到了一起，还冒了许多气泡。显然，律师最喜欢做出的推理之一就是，'我的当事人身上没有血，所以不是他干的。'我被问及这双运动鞋，我说上面有血迹。走下证人席台阶的那一刻，我感觉良好。接着，律师对我说，'哦，汤姆林森女士，你说起那双运动鞋那会儿，我本想让你拿给陪审团看，可我又不想打断你的话。你可以现在拿给他们看吗？'于是运动鞋被拿了出来，我朝陪审团走去，站在他们面前。我刚开始说，'这上面的血迹看不太清楚，但都在这附近。'身后的律师就打断了我的话。我已经作证完毕，可以离开法庭了。我不应该跟陪审团说话的。我听到背后一阵嗡嗡声，我看向法官，他说，'给他们看就行，汤姆林森女士。'于是我站在陪审团面前，记得我还稍微皱了皱眉，疑惑着背后发生了什么事。出了法庭，坐在车里，我心想，刚刚到底发生了什么事？我身后发生的那摊事实在太荒唐了。显然，那个律师是想让我站在那里走个过场，让陪审团说，'哎，我们什么都没看到。'"

对于鉴证昆虫学家马丁·霍尔而言，交叉询问"总是令人紧张的时刻。心跳会加速。专业意见受到质疑……你被人密切审查"。指纹专家凯瑟琳·特维迪最讨厌的就是"没人问准问题，无法讨论证据。你得坐在那儿等着问题，有些事情还不能展开来讲。有时候可以展开来讲，但大多数时候是不可以的。而且，对方显然时时刻刻都提防着你去展开讲，因为他们不想让别人理解你的看法……他们可能会完全不得要领，或者甚至在你知道密切相关时，故意去忽略它。至于哪些能给陪审团看，你根本决定不了"。

病理学家需要时间才能弄明白对峙法庭究竟是怎么一回事。"只有出庭举证的那一刻，我才真正理解，检方律师和辩方律师只在乎法庭辩护技巧，根本无意于寻找真相。你发誓尽其所知，所述之言纯属实言并且无任何隐瞒。他们的角色是提出一个论点，如果你所说的话哪怕有一点与之相左，他们要么借此攻击你，要么就直接忽视掉。"

证人只能就被提到的问题"尽其所知"。超出这个范围，他们就会遇到麻烦。正如一位科学家所说，"作为一个专家，说'对不起，你忘了一件事'是很困难的。我在法庭上这么做过几次，可法官和律师看你那眼神——不是'哦！干得好，老伙计，真是太棒了，我们确实忘了，真该死！'相反，法官会说，'哦，这样一来，我们就得考虑考虑这事了，对吧？'可他心里肯定在想，'这人怎么老在我的地盘上捣乱？我们本来进展顺利，大家各司其职，直到这个笨蛋乱来。'接下来的 45 分钟里，你被人丢来丢去，玩弄一番之后，只得竖起白旗，打道回府。"

苏·布莱克认为法庭有可能成为"回报丰厚"的地方，但总体来看，她觉得它"是这份工作最无趣的地方，因为规则不由我们定，那不是我们能玩的游戏。许多专家转行，原因在于一进法庭，就只剩下了你作为学者的名声，有时候，我们这套对峙体系似乎就是为了毁掉你的这一名声。它会变得对人不对事，变得极为咄咄逼人，出法庭的那一刻，你要么还是顶天立地的专家，要么就成了世界上最大的笨蛋，而我这两样都曾经历过……"

"最近有一件案子，我的年轻同事前去举证，被问及'你与布莱克教授是什么关系？'他说，'她是我的部门主任。'辩方律师答道，'哦，我觉得不止于此吧，是不是？'后来，他跟我说，由于那种问话方式，他感到自己的耳朵都红了。那种问话方式实在太猥琐了。他告诉律师，'我不知道你什么意思。'律师说，'那个，我说她是你的博士生导师。'他说道，'对。'律师又说，'我说那位趾高气扬的教授，环顾自己的泱泱大国，眼睛落到了她最心爱的小博士生身上，然后勾起手指说道，'跟我去一趟太平间如何？'是这么回事吧，对不对？'可怜的他转身说道，'不，完全不是这么回事！'"

"一旦变成了这样的人身攻击，唯一受害的是正义，因为专家们会说，'我绝不容忍这样的行为。'今年我一直在想，为什么要干这行，为什么不断让自己遭受这样的侮辱？"

遭受此等人格毁损的何止苏·布莱克这样经验丰富的行家，抑或像她同事那样勤勉的年轻专家们。优秀的律师总会在案件中寻找最弱的一环——有时候这最弱的一环就是受害者。一位加拿大辩护律师曾经给同事出过一个狠招。"如果你在诉讼中摧毁了原告……你就等同于毁掉了头目。把公诉方的头目干掉，这个案子就结了。"

菲奥娜·雷特与互助组织性侵害危机（Rape Crisis）共事，帮助强奸或性侵案受害者提起诉讼。由于平等武装原则的存在，被诉强奸犯的辩护律师必须和检方律师一样能够接触原告的所有病历。"知道这样的情况后，女性会很吃惊，"菲奥娜说，"她们会想，'他们是如何拿到的？'辩方律师会说，'这件案子是大约 3 年前，你因为精神健康问题吃药，哦，我再看看，服用镇静剂那会儿吗？'不知不觉间，他们就开始把你塑造成一个不可信的人，此人记忆力可能不太好，现在依然还在吃药。不管怎样，病历最长的证人总是最易攻破的，辩方就开心了。原告有权避而不谈她们的病历，但一般不会这样，因为她们没有把握住披露这些病历的意义。"

2013 年 1 月，小提琴手弗朗西斯·安德雷德（Frances Andrade）以强奸和猥亵罪对其年长的音乐教师迈克尔·布鲁尔（Michael Brewer）提起诉讼。在证人席上，她不断地被辩方律师称作骗子，交叉询问期间还被弄哭了。在发给一个朋友的短信里，她说作证这种经历"就像再被强奸一次一样"。作证后不到一周，审判尚未结束时，她就在萨里郡吉尔福德市的家里自杀了。布鲁尔因五起猥亵被定罪。

利兹大学法学教授路易斯·艾莉森（Louise Ellison）用当地社区的 40 名成员组成了模拟陪审团，找来演员和律师在他们面前重演强奸案审判，发现陪审团成员会受到原告在法庭上的举止——情绪激动或平静以待——和强奸发生多久后报警这两方面的影响。然而，当法官或专家解释了对意外性行为的反应各不相同，陪审团就不太可能因原告的镇静举止或延迟举报强奸行为而做出有罪裁决。

但法官的本职工作是保持缄默，菲奥娜说。"在有些案子中，即便证人在证人席上崩溃，泪流不止，法官也不会干预。他们说，'咱们稍事休息，给她拿杯水好吗？'他们尽力不做一些显得有所偏袒的事情。他们要特别小心谨慎。但是……我觉得他们实际上可以更好地保护证人。"法官们之所以在干预问题上特别小心谨慎，原因在于哪怕有一点偏袒的迹象，这件案子的判决就可能被上诉法庭撤销。

陪审员应当自主拿定主意，这是任何对峙刑事司法系统的核心。但这一点并未得到很好的检验。真正的陪审团如何看待证据和他们所看到的争论，像菲奥娜·雷特和路易斯·艾莉森这样的学者是不被允许对此进行研究的。艾莉森的研究引出了一个问题：一个应对强奸案受害者经验丰富的法官，是否比从公众里挑选出来的陪审员更有能力做出判决？

还有些因素会使得法庭成为陪审团难以应付的场所。在一场可能维持数周的审判中，陪审员权衡所看到的错综复杂的鉴证证据的能力如何，关于这方面尚未有过研究。菲奥娜记得有一段时期，"陪审员不能携带便签本进入法庭，因为他们应当时时刻刻关注法庭中的一举一动"。科学家们给出新概念，律师们尝试去解读这些概念，其他的科学家又给出了与之相矛盾的说法，这肯定会导致一些陪审员迷惑不解。陪审团的裁决并不一定总是正确的，有时候他们对某个证据的倚重是错误的。密歇根州和宾夕法尼亚州法律专家和统计学者于 2014 年进行的一项研究表明，在美国被判死刑的罪犯中，有 4.1% 的人都是无辜的。

有些人觉得交叉询问这个诉讼环节弊大于利，想把它彻底摒弃掉。相比英国和美国所使用的对峙体系，许多国家，如法国和意大利，采用了陪审团审判和纠问制相结合的办法，即不由双方律师提出辩论的对立面，而是由法官亲自调查案件的事实。法官在审判前向证人和被告（或其律师）提问，当且仅当她找出足量的有罪证据时，才会进行审判。至此，她将收集的所有证据交给检方律师和辩方律师。审判时，她可能再次向证人提问，以澄清他们在预审作证环节所说的话。检方和辩方律师不得对证人进行交叉询问，但可以就他们的观点向陪审团做出总结陈词。

这两种体系各有其优劣点。陪审团审判制度源于古希腊和罗马，自 1219 年的英国开始。随着权力的不断扩张，陪审团被视作社会的支柱：一群和你相当的人可以判你入狱，但议会里那些戴假发的议员们却不能。到了 18 世纪，法律规定，陪审团的职责是防止国家滥用职权，避免将那些不招他们待见的人投入监狱。

1973 年北爱尔兰问题期间，北爱尔兰的迪普洛克法庭曾尝试废除陪审团制度，以防止对陪审员的骚扰。有些人认为，迪普洛克法庭的法官们一个人判案的准确率大于错误率，而且常常比陪审团更能准确判案。迪普洛克模式，用菲奥娜的话来说，"效率高，高得多"——想想开庭一日所要花费的数千英镑，其重要性不言自明。但蒙田对这种司法体系也有着中肯的想法："法官可能遭受痛风的痛苦折磨，妒火焚身，或者被小偷小摸的男仆惹得怒气冲冲——他的整个灵魂受到了荼毒，沉浸在怒火之中——毫无疑问，他的判断会因愤怒而带有偏见。"

跟我聊过的一个律师为这种对峙体系辩护。"对峙体系的真正好处在于，只要双方都称职，再者推敲出了所有问题，就可以合理地对簿公堂。辩护律师所秉持的道德观是无惧无畏、理直气壮地去辩护。"在科学家们看来，纠问制将终结"故作姿态"和他们所憎恨的咄咄逼人的人格毁损。然而，有些科学家也会反对这样的巨大变革。回顾一下彼得·阿诺德在本书开端所说的话是大有裨益的，"其实我明白公众对这种对峙系统的需求。我是受到了询问，但这最终有助于案件，因为这个证据显然没有任何问题。10 年后，这件案子的被告不会提起上诉，说那个证据被人污损了。我很乐意现在就展示给大家，接受大家的询问，直面彻底的检查。"

有些科学家认为，律师针对他们进行的巨细无遗的审查将会得到更好的引导。正如其中一人所说，"有个辩护律师到我办公室说，'那个，你知道，我们知道他确实有罪，但挑你的错是我们的职责。'这种事情是让我最不爽的了。不，他们的职责不是挑我们的错，而是着眼于证据本身。"

在一个跟我聊过的火灾专家看来，"诉讼是律师与专家之间的一场游戏。就算把最好的科学摆在律师面前，他们也可能会曲解，然后向陪审团传达出与之不同的信息。"同样的，菲奥娜·雷特也看出遵守对峙体系和追求真理之间的错位："我觉得，那些维护对峙体系的人，并不打心眼里相信这就是寻求真理的最佳方式……我觉得它其实扭曲了真相。政府从内心里不愿去探讨陪审团的行为。结果可能太过令人胆战心惊，因为他们会发现，陪审团其实偏见特别严重。许多偏见都源于他们的思考方式。从根本上来说，最强劲有力的陪审员是主导，其他成员只不过跟风而已。"

帝国时期，英国向外输出了对峙审判和陪审团制度。这两种制度现在依然是美国、加拿大、澳大利亚和新西兰等国家的司法方式。美国是对峙体系最为知名的国家，这在一定程度上是因为他们允许摄像机进入法庭拍照。美国法庭的律师和专家谁出钱多就给谁出力，这一点比英国是有过之而无不及。最佳范例就是1995年的O.J.辛普森一案。他召集了全明星法律团队，针对刺死其妻尼克·布朗·辛普森和另一男子罗纳德·古德曼的指控进行辩护。

在那场臭名昭著的审判中，首席辩护律师约翰尼·科克伦（Johnnie Cochran）以一身色彩多变的西装、尖锐的交叉询问和光彩四射的人格魅力赢得了陪审团的支持。有一次，检方要求辛普森戴上从他房子里找到的一只手套，而这只手套——根据检方的说法——沾满了受害者的血液和辛普森自己的DNA。在法庭上，辛普森发现这只手套很难戴上。科克伦昂着头对陪审团说，"如果戴不上，你们必须撤销指控！"检方说手套缩水了，因为在

DNA 检测过程中，它曾被冷冻和解冻过数次。他们拿出一张辛普森在谋杀发生前几个月戴着这只手套的照片。但这只手套或其他能够证明其有罪的证据都不足以阻止辛普森被无罪释放，不过，在随后由布朗和古德曼两家提起的民事诉讼中，他被判负有偿付责任。

比较普遍的情况是，被告并非人人都是家财万贯的体育明星。雇佣律师和专家时，大多数人不得不量入为出。民权运动领导者克莱夫·斯塔福德 - 史密斯（Clive Stafford-Simith）的《非正义》（*Injustice*，2013）一书描述了引人注目的"克里希"（Kris）——克里希那·马哈拉吉（Krishna Maharaj）一案。克里希是英国商人，因 1996 年迈阿密一个酒店房间里的双重谋杀案被定罪。陪审团裁决克里希谋杀他的牙买加生意伙伴德里克·墨阳（Derrick Moo Young）及其子邓恩·墨阳（Duane Moo Young）罪名成立。现年 75 岁的克里希因这一罪名在佛罗里达州监狱蹲了 27 年。

审判时，检方律师约翰·卡斯滕内克斯（John Kastenakes）向陪审团进行了强有力的开庭陈词："你们会看到有关指纹、弹道证据、商业记录等方面的科学证据……所有这些都表明被告——别无他人——就是凶手。"凶杀案发生的房间里找到了克里希的指纹，克里希说，这是因为他当天早些时候在这里参加了一个商务会议。卡斯滕内克斯召来一群目击者和专家，其中包括一位承认在谋杀发生数月前卖给克里希一支 9 毫米口径史密斯 & 维森手枪的警员。卡斯滕内克斯举证充足，话里总是带着"精心谋划""残忍行为"和"证据确凿"等词汇。

轮到辩方律师埃里克·亨顿（Eric Hendon）传唤证人时，他震惊了在场的所有人。他只说了一句，"被告陈述完毕。"亨顿有六个证人能够证明谋杀发生时克里希和他们在一起，而这个地点距那个酒店房间有 40 英里远。但陪审团从没有听到这些证人作证。亨顿彻底失去了给卡斯滕内克斯的陈述引入质疑的机会。

陪审团合议了一小会儿，裁决克里希一级谋杀罪罪名成立，他一下子晕倒在座位上。不久后，同一个陪审团返回法庭，将他判处死刑。

在美国，无辜的凶杀案嫌疑人遇到亨顿这种货色的律师并不鲜见。顾名思义，无辜者不太可能知道刑事司法体系要求他们做些什么：他们认为自己的清白不言自明。为了洗刷自己的冤屈，他们匆匆忙忙地出庭受审，根本没想着找一个能够胜任的团队来费神分析检方的指控。克里希付给亨顿2万美元的固定佣金。（相比而言，O. J. 辛普森则在他的辩护队伍身上花费了1000万美元，也就是每个专家每人每天16000美元。）用斯塔福德－史密斯的话来说，"死刑意味着没钱的人就得受惩罚①。"至于请专家，克里希更是出不起钱。就算在从加勒比地区往英国出口水果的生意中挣了些钱，克里希也会在上诉法庭上搞得自己和长期遭受折磨的妻子全都破产。

或许亨顿的无能表现不仅仅是缺乏金钱刺激的问题。根据为克里希辩护时与他共事的一位调查员的说法，他在开庭几周前收到了一通威胁电话。打电话的人说，如果他太努力帮克里希开脱的话，他儿子就会出事。

检方的诉讼依赖的不仅仅是首席律师约翰·卡斯滕内克斯可观的佣金和他生龙活虎般的精力，证人们也起到了一定作用，其中最显眼的就是弹道专家托马斯·夸克（Thomas Quirk）。凶器的问题一直萦绕于陪审团的脑海中，因为警方根本没找到它。夸克说，墨阳尸体内找到的子弹是9毫米半自动武器发射的，可能的枪支类型共有六种。他在实验室中试射了这六个类型的武器，发现子弹上的痕迹——可能是由枪管内螺旋形"膛线"造成——与那些

---

① 原文为"Capital punishment means those without the capital get the punishment"。而"capital punishment"指的是死刑，capital 还可指金钱。此处是双关语。

致命子弹上的痕迹一致。

接着，夸克说起犯罪现场调查员在酒店房间里收集的弹壳："根据我在实验室的射击标准，与现场那些弹壳上的形态相匹配的只有史密斯＆维森39型。"考虑到一个警员早已当庭说过克里希在凶杀案发生前数月买过这种枪，这些话可谓把他的罪给定死了。

最后，夸克向陪审团展示了一把银色史密斯＆维森手枪的照片。这张照片填补了尚未找到的凶器所留下的空白，并深深地铭刻于他们的脑海中。亨顿对夸克展示该武器表示抗议，说它与事实无关，但法官呵斥道，"那是示范用的！"然后让他继续说下去。当亨顿对夸克进行交叉询问时，他得以让后者承认，自20世纪50年代以后，美国共生产了大约270000支史密斯＆维森手枪，而这些子弹可能发射自其中任何一支。但至此为止，陪审团从某种程度上来说已经算是见过凶器了。

夸克的那一套科学吗？他真的可以将子弹的来源缩小到一支史密斯＆维森39型手枪上吗？或者墨阳父子是被6500万支横行于1986年的美国的另外一支手枪所杀呢？弹道专家将子弹与枪支匹配，即弹道指纹鉴定，自其在19世纪起源以来都未受到过像样的挑战。与指纹检查员和鉴证毛发专家一样，弹道专家也不愿质疑他们赖以为生的职业的科学基础。直到2008年，纽约联邦法官杰德·拉科夫（Jed Rakoff）终于决定举行听证会，就弹道证据的法律地位进行调查。他认为，当年子弹由私人模具制造的时候，弹道证据比较可靠，但在大规模量产的时代就不怎么样了。"不管怎么称呼弹道学，"他说，"都不能一口咬定它就是'科学'。"

审判结束后，人们发现夸克经常以胸有成竹的口吻作证。例如，迪特尔·利奇曼因于1987年10月在迈阿密海滩出租汽车前座上杀死其女友被起诉，他就作证说那颗致命的子弹发射自三种枪支中的一种，而利奇曼正好拥有其中两种。利奇曼因此被定罪，并被判死刑。在 10 年后的上诉听证会上，夸克承认他只在迈阿密警察局的数据库中检索了子弹的细节，而没有在可能性更多的联邦调查局数据库中检索。

通过自己的慈善组织"缓刑组织"（Reprieve），斯塔福德－史密斯 10 年来一直在调查墨阳父子被杀案。他从警方卷宗和该案涉及的人那里找出了许多新证据。

在墨阳父子被射杀的酒店房间里，有一些文件详细记录了他们为哥伦比亚极为暴力的麦德林贩毒集团洗白 5 亿美元黑钱的信息。他们想从中抽取 1% 留为己用，而这可能惹怒了该贩毒集团。最为重要的是，从来没有人告诉最初的陪审团，墨阳父子对面房间里那个人——一个哥伦比亚人，因行李中藏匿 4000 万美元而正遭到调查——正准备逃往瑞士。凶杀案发生当天，那一层没有别的住客。

2002 年，克里希被改判终身监禁，等到他 103 岁时才可能保释。2014 年 4 月，迈阿密一位法官基于新证据的力度，批准给克里希举行全面的证据听证会。根据"唤醒组织"的说法，"这代表着自 1987 年被定罪以来，克里希向无罪释放迈出了最大的一步。"

在对峙体系中，平等武装使公平审判得以实现。最起码，克里希·马哈拉吉应该被指派一个好律师和一名好的弹道专家。若要人们相信一个推定——不管是有罪推定，还是其他推定——它都必须由称职的局外人进行严格的审查和评价。这种科学的方法需要此类审查和评价。

若没有法庭的严格审查，鉴证科学们所代表的科学就毫无意义可言。鉴证科学的职责是在从犯罪现场到法庭的各个阶段都支持法律体系，但一切都依赖于最后阶段的严格审查和不偏不倚。这不仅仅最符合科学的利益，也最符合我们所有人的利益。

结语
END

本书记录了过去二百年时间里鉴证科学领域的惊人发展。如果把如今法庭上习以为常的科学证据拿给迈克尔·法拉第或帕拉塞尔苏斯，这些谨慎细致的研究者肯定要把它们当成魔术看待了。科学的发展也带来了维护正义的相应进步。

1888年，当巡官约翰·尼尔到达开膛手杰克的第一个犯罪现场时，他面临着无法克服的困难。在8月的那个夜晚，白教堂区错综复杂的街巷上没有一个人目睹凶手的面容。这场犯罪没有明显动机，也没有明显的嫌疑人。玛丽·尼古拉斯的尸体提供了与凶器、凶手自身的力气和扭曲的思想等有关的证据，但这些都无益于得出决定性的结论。

若尼尔和他的同事能拥有现代鉴证调查员的技能和技术，经过对现场的一番处理，几乎肯定能让他们跟着福尔摩斯所谓的"凶杀案的红线"，稳稳当当地找出那个在暗夜中杀死这些白教堂区妇女的凶手。但由于缺乏最基本的科学资源，警方在黑暗中跌跌撞撞，胡摸乱找。他们对此心知肚明，公众也是心知肚明：当时的一幅流行漫画上，一个戴着眼罩的警员在大街上绝望地跌跌撞撞，满大街的开膛手在嘲笑他、刺激他。

开膛手有名有姓的受害者为玛丽·安·尼古拉斯、安妮·夏普曼、伊丽莎白·斯泰德、凯瑟琳·艾多斯和玛丽·简·凯利。对于凶手逃脱制裁的无数男男女女和孩子们来说，他们只是一小部分，而这仅仅是因为无法解读凶杀案现场复杂的情境。但警方和鉴证机构已经从这些失败中吸取了教训，使这些失败最终能够用于保护他人。即便是那些在 19 世纪初慢慢被"毒理学之父"马修·奥菲拉慢慢毒死的上千只狗来说，它们也都扮演着重要角色。

在为本书做研究的过程中，我最受震撼的莫过于所遇到的鉴证科学家们的正直、聪明才智和慷慨大度。他们对自己的案件关注之切，使得他们心甘情愿地每天与人类行为的最黑暗面、最恐怖面打交道。与尼亚姆·尼克·妲伊德一样，他们心甘情愿地在一场致命火灾湿漉漉的废墟中一待就是几个小时；与马丁·霍尔一样，他们心甘情愿地从死亡数周的尸体上收集蝇蛆；或者像卡洛琳·威尔金森一样，他们心甘情愿地去复原一个与她女儿同龄、遭残杀的小孩子的面部。他们做出种种牺牲，只为保证我们活得安心：若我们成为犯罪的受害者，凶手一定会被绳之以法。他们不会满怀妒忌地守护自己的知识，而是尽可能地去分享传播，希望自己的哪一个同事能以之为跳板，更上一层楼。

他们的工作如此重要，使得他们在面对棘手的鉴证难题时特别地富有创造力。过去二百年里，犯罪调查员可用的鉴证工具大量涌现，这绝非震惊就可以形容的。虽然它们并非全都完美无缺，但几乎每一样都强化了刑事司法体系。我们说过了 DNA 分析初期的"木桶科学"；如今，利用盐粒百万分之一大小的血迹，瓦尔·汤姆林森或吉尔·塔利这样的科学家不仅可以弄清楚是谁的血，还能找出此人家族中可能在数年前曾犯过罪的成员。面对一个只能看到性侵者的手，却看不到其面部的视频，苏·布莱克成为通过前臂血管分布模式和手臂上的斑点来找出嫌疑人的第一人。面对犯罪调查的挑战以及必须小心谨慎的要求，这些科学家的想象力得到了刺激，而非限制。

若在二百多年前，犯罪现场证据没有被迫通过法庭那严格的可靠性考验，也不会在今天得到如此有效地应用。科学家的理论首先会受到科学同僚的压力，这些人迫使他们要么放弃，要么就接受挑战，强化这个理论。接着，到了法庭上，律师们竭尽其能，激发陪审团的怀疑心理。证人席上的人来自各种职业，律师或许会忽视他们的科学方法，反而质疑他们的人格。但是，不管鉴证科学家在作证时可能感到多么压抑，法庭就是科学任人宰割的砧板。准备充分的律师就像刀子，鉴证技术是不折不挠，还是一斩就断，就全靠它自己的本事了。

当然，正如本书的部分章节所说的那样，一切都不是一帆风顺的。但当真的一帆风顺时，灵感的火花飞迸，新的想法萌发，暴力犯罪者耍花招的空间就要再缩一分。

科学与司法的运作方式有着许多共同之处。两者都试图解决困难，消除不确定性。往好了说，两者的核心目标也是一致的，都是为了超乎假设，通过显而易见的事实来得到真理。然而，由于鉴证科学由各个层面的人构成——罪犯、目击证人、警员、犯罪现场调查员、科学家、律师、法官、陪审团——它难免会偶尔与真理失之交臂，或者歪曲了真相。风险总是高居不下，毕竟生命与自由都有赖于它。希望本书能够展示出各个学科的鉴证科学家们在维护我们所有人的正义时所具有的想象力、开拓思维和极度的正直。这无疑又让我想起一样所知已久的想法——这件工作本身就很棒，做这件工作的人，说实话，都很厉害。